Kevin Hawkins
ケビン・ホーキンス

伊藤　靖
芦谷道子
-訳-

マインドフルな先生、マインドフルな学校

Mindful Teacher,
Mindful School:
Improving Wellbeing
in Teaching & Learning

Ψ
金剛出版

翻訳についての緒言

　妻のエイミー・バークと私は，2015年にタイで，学校で若者にマインドフルネスを伝えるために世界中の教育者をトレーニングしていました。そのときに知り合ったのがYashi（伊藤靖，MBSR研究会共同代表：事務局，関西医科大学心療内科学講座）です。彼は医師であり，教育者ではありませんが，マインドフルネスを追求する過程で，教育者と若者にとって，自己認識と理解を深める手立てであるマインドフルネスを学ぶことの有用性を感じての参加でした。その後彼の招待により，2018年3月に日本への特別な旅をすることになりました。

　同僚のKazumi（山本和美，MBSR研究会共同代表）のサポートで，私たちの来日を調整し，Michiko（芦谷道子，滋賀大学教授）を紹介してくれたのです。こうして，大阪，滋賀，東京で，日本の教育関係者にプレゼンテーションを行うことが可能となりました。私たちは，初めての日本への旅をとても嬉しく思い，また神戸や京都の散策が心に刻まれています。しかし何よりも，熱心でプロフェッショナルな先生方やティーチャートレーナーの方々にお会いできたことをとても光栄に思いました。生徒の精神的，社会的，情動的なウェルビーイングを向上させようとする取り組みに，私たちは深い感銘を受けました。

　私たちの親愛なる友人であり同僚であるYashi, Michiko, Kazumiの継続的なコミットメントのおかげで，この本は日本中の教育関係者に日本語で提供されることになりました。この『マインドフルな先生，マインドフルな学校』の翻訳に貴重な時間を割き，推敲を重ねて下さった翻訳者の皆様，そして，出版に携わったすべての方々に，心からの感謝とお礼を申しあげます。歴史

的にみても，私たちの生活様式や存在そのものが脅かされている今，若者や
その親，教師へのプレッシャーはかつてないほど大きくなっています。日本
の教育関係者や保護者の次世代の育成にかける献身的な活動が認識され，評
価されることに，本書が多少とも貢献できることを，そしてこのかけがえの
ない地球でより健全に，持続可能に，賢明に生きる方法を発見することに貢
献できることを，願っています。

2022 年 11 月
ケビン・ホーキンス（スペイン・バレンシア）

翻訳編集者まえがき

　本書の著者である Kevin Hawkins 先生に編者の一人（伊藤）が初めてお会いしたのは，中高生のマインドフルネスプログラムである .b（ドットビー）プログラムの研修を受けた時でした。2015 年のことです。その後，2018 年に Kevin 先生を日本にお招きし，大阪，東京そして滋賀大でワークショップを開催いただいた時にもう一人の編者（芦谷）との縁が生まれました。先生の存在や言葉からは，"be mindful, teach mindfully, teach mindfulness" を体現し，実行しておられることが感じられました。また，ワークショップの参加者からは，先生からいただいた深い学びへの感謝と，さらなる学びを求める声が多く寄せられておりました。

　その時からの念願であった本書の翻訳が，マインドフルネスを実践されている翻訳者の手によりこうして上梓されたのは心からの喜びです。この本には先生の珠玉の体験と智慧が込められており，この本のすばらしさは，欧米の教育およびマインドフルネスに関わる著名な専門家による推薦の辞によく表れています。また，この本には，大事でありながら，読み飛ばされそうな箇所に，「」や下線（原書ではイタリック体）が付けられています。こうした細かな配慮も読者の皆さまに感じとっていただければ幸いです。そしてこの本を手に取ってくださった皆さまを通して，日本の子どもたち，先生，そして学校にマインドフルネスが届けられることを願っております。

　なお，編集にあたっては，訳者のお一人である丸山勇さんおよび金剛出版編集部植竹里菜さんより数々のアドバイスをいただきました。深く感謝いたします。最後に，編集にあたり特に留意した用語を以下に記します。

2023 年 3 月

伊藤　靖・芦谷道子

英語	日本語訳	コメント
Compassion	コンパッション	Compassion は，仏教心理学の四無量心である慈・悲・喜・捨の「悲」の訳語として使われることもありますが，本書ではより広義に，開かれた，温かな心を意味する用語（Kabat-Zinn, 2017）としてカタカナ表記を使っています。原書では，compassion とほぼ同じ意味で heartfulness が使われていますが，これについてはハートフルネス（heartfulness）と表記しています。
Emotion	情動・感情	Social Emotional Learning（SEL）・Emotional skill など，学習に関連する場合には情動を訳語として主に使い，より広い意味では感情を主に使っています。
Flourishing	フラリッシュ	"Flourishing は，疾病や心的苦痛のない状態のことを指すのみならず，その個人が個人的・社会的生活において活力に満ちており，十分に活動できていることも含まれる"（APA 心理学大辞典）という原語の意味を活かすためカタカナ表記を用いています。
Guide	ガイド	マインドフルネスのプラクティスは教示されるものではなく，「もし良かったら」試してみてくださいという「招待（Invitational tone）」として伝えられるものであることから，ガイドという表現を使っています。
Meditation	メディテーション	一般には「瞑想」が訳語として使われていますが，「瞑想」については一般の方が特定のイメージを描くこともあるため，中立的な印象のあるカタカナの訳語を主に使っています。
Mind/Heart	頭脳（Mind）・心（Heart）	"Mind" は狭義には，"知覚, 注意, 思考, 問題解決, 言語, 学習, 記憶など認知的な活動と機能のみを意味するのに使われることが多い"（APA 心理学大辞典）とされており，Heart と対比して使われている場合には，それぞれ頭脳（Mind）および心（Heart）と表記しています。Wandering mind（さまよう心），mind（心）and body（身体）のような常用される用語については，mind に対しても心をあてています。

英語	日本語訳	コメント
Mindful awareness	マインドフルに意識する	Awareness は "気づき" と訳されることもありますが，"気づき" は "積極的な注意を対象に向け把握し続けている瞑想時の心的状態とは隔たりがある"（林隆嗣，2019）との見解に基づき，本書では "意識する" を訳語としています。
Pay attention	注意を向ける	「注意を払う」が一般的な表現と思われますが，マインドフルネスでは，特定の対象であることを強調する意味で Directing attention という表現がよく使われることも考慮し，「注意を向ける」という訳語を選択しました。
Practice	プラクティス	マインドフルネスのプラクティスには練習と実践の両方の意味があることを表すためにカタカナ表記を用いています。
Sit/Sitting	座る	Sitting meditation は静座を訳語としています。
Thoughts/ emotions/ physical（body）sensations	思い・考え，感情・気持ち，身体感覚	これらの用語は複数形で使われることが多く，抽象名詞としての「思考」等ではなく，左の訳としています。

なお，比較的稀な人名・英語以外の外国語等の表記については，原著者に確認の上，発音に近いカタカナ表記としました。また索引については，原著で引用されているページを尊重し，該当する訳書のページを引用しています。

著者について

　ケビン・ホーキンス（Kevin Hawkins）は，英国やヨーロッパ，アフリカの国々で教師，校長，そしてソーシャルワーカーとして，さまざまな環境に置かれている子どもや青年と共に歩んできました。またロンドンでは，ドラッグ使用者のカウンセリングや若いホームレスに再定住を促す活動に携わっていました。公立学校やインターナショナルスクールでさまざまな年齢の子どもたちを教えてきましたが，そのフォーカスは，子どもたちの，学業的側面，社会情動的側面をバランスよく育む全人的な子どもの教育でした。タンザニアのアルーシャにある，モシインターナショナルスクール・アルーシャキャンパスでは校長として勤務し，またチェコ共和国にある，プラハインターナショナルスクールでは中等部の校長として 10 年間務めました。

　ケビンは，2008 年にマインドフルネスを生徒や教師および保護者に教え始め，2012 年にはマインドフルネスや社会性と情動の学習を通じて，教育界でのウェルビーイングを支援するマインドウェル（MindWell：www.mindwell-education.com）を共同で創設しました。ケビンは講演やコンサルティングまた教師のトレーナーとして独立して活動しています。3 人の成人した子の父であり，仕事上のパートナーでもある妻のエイミー・バーク（Amy Burke）と共にプラハ（2023 年現在は，スペイン）を活動の拠点にしています。

序　文

　私は，幸運なことに複数のマインドフルネスの第一人者と共にトレーニングに従事してきましたが，マインドフルネスのエキスパートを自認するつもりは全くありません。私は，マインドフルネスという自らの人生で価値あるもの，大きな実用的利益が証明されたもの，意義を感じるものに出会った教師であり，学校のリーダーです。マインドフルネスの意義は大きく，なぜ今まで学校で教えていなかったのか不思議に思うほどです。マインドフルネスについて，自分自身が経験を積んだ後，周囲を見渡し，トレーニングを生徒，そして教師，さらに保護者に提供できないかを検討しました。この本は，その道程から誕生したものであり，一人の教育者として，これを他の教育者——教師，サポートスタッフ，カウンセラー，心理士，学校長，管理者——そして興味をいだく保護者に捧げるものです。本書が，教育におけるマインドフルネスに対する一般の誤解を解き，明確さと一貫性をもたらし，どう学校というコミュニティに役立てられるかを明らかにすることを願っています。

　私は自らの人生でマインドフルネスの意義を実感し，また，それが他の多くの人々に資しているのを見てきたことにより，学校においてマインドフルネス（mindful awareness）と社会・情動性のスキル（social-emotional skills）を育むことに熱意をもって取り組んでいます。しかし，私が「マインドフルネスはこれを可能にする」とか「マインドフルネスはあれをするのに役立つ」と言ったとしても，それが万能薬だと言うつもりはありません。またそうだとも思っていません。これは，適度な運動や健康な食生活や熟睡などと同列のウェルビーイング全般に関わる要素の一つとして捉えられるべきものです。多くの人の役に立ち，一部の人にとっては人生を変えるほどの

インパクトがあるかもしれません。しかし，メディテーションとマインドフルネスについては多くの誤解があり，時にこの誤解は人々を，試すことからすらも遠ざけてしまうこともあります。私は，この本を読むことで，読者の皆さんがオープンな心で，まず自らのために試した上で評価することを願っています。すべての章の終わり（最初と最後の章を除く）には，参考文献とご自身のために試してみていただきたいことが書かれています。多くの実践例や提案を載せていますが，この本はマニュアルでもセミナーでもなく，どちらかというと教育者へのガイドといった性格の本です。この本が扉を開き，あなたの目で見て体験し，ご自身や生徒そして学校にとって何か意義があるかを決める機会を提供することを願っています。もしあなたがすでにマインドフルネスに足を踏み入れているのでしたら，この本の中の言葉やアイデアや経験が，学校のフォーカスをシフトするためのエビデンスと支援を提供するものとなることを願っています。それはつまり，これまで多くの学校で主流となっている教育システムで，長い間重要視されてこなかった，現在世界が非常に必要としている能力を育てる可能性がある分野への焦点シフトです。

謝　辞

　本書で，言葉や経験，アイデアや画像の使用を快諾いただいた下記の皆さまに心からお礼申し上げます。ティム・バーンズ（Tim Burns），デイビット・ロック（David Rock），リチャード・バーネット（Richard Burnett）・クリス・カレン（Chris Cullen），クリステン・フォート・カタニーズ（Krysten Fort-Catanese），ジェイソン・テイト（Jason Tait），ジェイソン・ペンデル（Jason Pendel），ペトル・ディミトロフ（Petr Dimitrov），ソランジ・ルイス（Solange Lewis），キャサリン・オッタビアーノ（Catherine Ottaviano），アンディ・メネック（Andy Mennick），リチャード・ブラウン（Richard Brown），カティンカ・ゴッチャ（Katinka Gøtzsche），ヘラ・ヤンセン（Helle Jensen），アナ・マイ・ニールセン（Anne Maj Nielsen），ピーター・センゲ（Peter Senge），メット・ボール（Mette Böll），ルーシー・ホーキンス（Lucy Hawkins），キャサリン・ウィーア（Katherine Weare），キャサリン・グレイ（Kathlyn Gray），エイミー・サルツマン（Amy Saltzman），ミーナ・スリニバサン（Meena Srinivasan），リンダ・デュセンブリー（Linda Dusenbury），マーク・グリーンバーグ（Mark Greenberg），シュイ・フォン・ラム（Shui-Fong Lam），スタンリー・チャン（Stanley Chan），エマ・ナイツベット（Emma Naisbett），エイミー・フットマン（Amy Footman），リズ・ロード（Liz Lord）。

　私が教えることと学ぶことについて知ることの多くは，他の先生方や生徒たちから学んだものです。私は以下の学校の素晴らしい教育者，カウンセラー，管理者，生徒，保護者やサポートスタッフと共に働くことができたこ

とに深く感謝します；ヨークシャーのキースリー高等学校，スワイヤー・スミス中等学校，ウェイバリー中等学校，タンザニアのモシインターナショナルスクール・アルーシャキャンパス－Hamjambo＊1！，そしてプラハインターナショナルスクールの，特に中等部の先生方とアーニー・ビーバー（Arnie Bieber）。そして以下の人たちにも深く感謝いたします；ハーグアメリカンスクールのバート・ダンカーツ（Bart Dankaerts），キリ・レイ（Kili Lay），そして他の先生方，IBO のマルコム・ニコルソン（Malcolm Nicolson），ロバート・ハリソン（Robert Harrison），ルシア・カパソ（Lucia Capasso），フィリッパ・エリオット（Phillippa Elliot）とクリステル・バザン（Christelle Bazin）（素晴らしいチームに！），ELMLE のデレク・ハーウェル（Derek Harwell）と皆さん，ISCA のシェリル・ブラウン（Cheryl Brown）とブルック・フェズラー（Brooke Fezler）。

　教育の全体像（big picture）についての私の考えは，ジョン・アボット（John Abbott）とのかつての出会いにより，根本から新たな息吹を獲得しました。彼は，二度，無償で私のタンザニアの学校のコミュニティのために来訪してくれました。彼の教育の歴史・目的・可能性に関する深淵な思想は，この本の多くの部分の底流となっています。

　私のマインドフルネスの旅は，以下のような素晴らしい人々や先生方から直接学ぶ機会を得て，深く豊かなものとなりました；マーク・ウィリアムズ（Mark Williams），ティク・ナット・ハン（Thich Nhat Hanh），サキ・サントレリ（Saki Santorelli），ジョン・カバットジン（Jon Kabat-Zinn），クリス・カレン（Chris Cullen）といった方々です。また，深く感謝しなればならないのは，マインドフルネス・イン・スクールプロジェクト（Mindfulness in Schools Project）のトレーナーとスタッフ，特にクレア・ケリー（Claire Kelly），ジェームス・ギブス（James Gibbs）と，そしてもちろん，リチャード・バーネット（Richard Burnett）です。

　カラ・スミス（Kara Smith）には，MindWell を創設し，エイミーを見つけてくれたことに特別に感謝します。我々の MindWell のつながりは，喜び

＊訳注1）スワヒリ語で「元気ですか」の意。

とインスピレーションの豊かな源です。その中心にいてくれるクリステンにも感謝します。

　ありがたいことにサラ・ヘネリー（Sarah Hennelly）は後半の草稿をチェックしてくれて（間違いは全部私のものでした），有益で洞察に満ちたコメントをしてくれました，ありがとう，サラ。私のメディテーション仲間，マインドフルネスオペレーションの同志であり良き友人のトニー・アッカーマン（Tony Ackerman）は，アイデアや文体，コンマのミスについてフィードバックをくれました。トニーもヘレナも，助けてくれてありがとう。

　もっと穏やかにマインドフルになるよう，人にアドバイスする本を書いていながら，自分自身がストレスを感じているなんてあり得るでしょうか？もちろんあり得ます！　実際，マインドフルネスのプラクティスが，この本を書いている間の私に大いに役立ちましたが，私の共同研究者，仕事のパートナー，アドバイザーであり，かけがえのない妻であるエイミー・バークに深く感謝しなければなりません。彼女なしでは成し得なかったという決まり文句では，全く言い足りません。この本は，エイミーと私がともに発展させたものがベースになっており，彼女は，アイデアが生まれたところから最後の直しまで，全過程にわたって私のそばにいて貢献してくれました。彼女はいつでも喜んで原稿を読んでくれ，確認し，サポートし，質問してくれる素晴らしい編集者です。何よりも，エイミーの励まし，愛とケアに感謝しています。おかげで正気を保つことができました！

　SAGE で私を担当し，最初から最後まで賢明なアドバイスと期待と激励を届けてくれたジュード・ボーウェン（Jude Bowen）にとても感謝をしています。この本は，彼女の教示とフィードバックのおかげでとても良いものになりました。貴重なサポートをしてくれたジョージ・ノールズ（George Knowles），プロダクションのニコラ・キャリアー（Nicola Carrier），マーケティングのディリー・アティガリ（Dilly Attygalle）と SAGE の残りすべてのスタッフに感謝します。私は，初めての本をこれほど素晴らしいチームとともに作り上げることができてとても幸運でした。

　最後に，ありがたいことに私と成長と発見の旅を分かちあってくれた素晴らしい３人のわが子，ルーシー，ローザ，ビリーへの深い感謝の気持ちは，

いくら言葉にしても足りません。興味を持ってくれて，応援してくれてあり
がとう。特に，子どもというものや，人生，学び，愛というものについて，
あなたたちが私に教えてくれたすべてのものに感謝します。みんなが健康で
ありますように！

　　　　　　　　　　　ケビン・ホーキンス（Kevin Hawkins）

推薦の言葉

ピーター・M・センゲ（Peter M. Senge），マサチューセッツ工科大学
リーダーシップとサステナビリティ上級講師
　「もし，社会の深層からの変革を期待できるとすれば，それは間違いなく
我々の産業時代の教育システムの再考と再構築にかかわるものであろう。マ
インドフルネスは教育を人間開発の方向へ向けることに役立つ可能性があ
り，学校でのマインドフルネスへの関心の高まりは，この文脈の中で検討し
なければならない。一方，これもよくある教育界のブームの一つで終わる可
能性もないとは言えない。科学やマインドフルネスを涵養するプラクティス
に基づき，学校での豊富な実務経験に根差した，ケビン・ホーキンスの仕事
などは，その違いを明らかにしてくれるであろう」

エイミー・サルツマン（Amy Saltzman），医学博士，『A Still Quiet
Place : A Mindfulness Programme for Teaching Children and Adolescents
to Ease Stress and Difficult Emotions』（New Harbinger, 2014）の著者
　「この本は，教師により教師に向けて書かれた本です。ケビンは，教える
ことの喜びと，生徒の人生に本当の変化をもたらしたいという情熱を真に理
解しているのみならず，ほとんどの教師が日々経験している課題や燃え尽き
のリスクを真に理解しています。この本は，教師が仕事と私生活の両方を充
実したものにするためのセルフケアに，必須のスキルを提供しています。ま
たこの本は，まず自らがマインドフルであること，次にマインドフルに教え
生徒を引きつけること，そして生徒にマインドフルネスを教え，最終的には
マインドフルネスを文化として学校内に定着させるというわかりやすい自

然な展開を勧めるものでもあります。『マインドフルな先生，マインドフルな学校』は，個人的にマインドフルネスのプラクティスを始めたい，もしくは，より深めたい人，そして生徒および学校というコミュニティの中でプラクティスの共有を目指す人にとって素晴らしい資源です」

　マルコム・ニコルソン（Malcolm Nicolson），エリムス・エデュケーション（Erimus Education）理事長；国際バカロレアミドル・イヤーズ・プログラム統括責任者（2007-2013）；国際バカロレアディプロマ・プログラム統括責任者（2013-2015）
　「ケビンは，私がこれまで教育者向けの本で見たことがないことをやり遂げました。体験による信頼性を保ちながら，理論と実践，現場の話を結び付けたのです。マインドフルネスは間違いなく生徒と教師のウェルビーイングに大きな役割を果たすと思われます。学校にマインドフルネスを取り込む最も良い方法の一つは，教師が，教える前に実際にマインドフルネスを体験してそのモデルとなることです。この本にはまさにその方法が述べられています」

　マーク・T・グリーンバーグ（Mark T. Greenberg），理学博士，ペンシルバニア州立大学，ベネットチェアー・オブ・プリベンションリサーチ
　「『マインドフルな先生，マインドフルな学校』で，ケビン・ホーキンスは全人的に子どもを教育するための含蓄に富む発展的なアプローチを提示している。この本は，マインドフルネスがどのように教育や教師と生徒の人生を豊かにすることができるかを明示している。さらにホーキンスは，まず教師が時間をかけて実践し，マインドフルネスを育むことを節度を持って勧めている。この本には，教師とすべての教育者が日常生活でマインドフルネスを体現するためのプラクティスが満載されている。この本は素晴らしい贈り物（quite a gift）である！」

　リチャード・C・ブラウン（Richard C. Brown），ナロパ大学コンテンプレイティブエデュケーション教授

「『マインドフルな先生，マインドフルな学校』は，マインドフルネスをベースにした教育への新たなアプローチに関しての深い洞察に富んでいる。教師のセルフケアという中心テーマを発展させることで，ケビン・ホーキンスは読者に，マインドフルネスと社会性と情動の学習の豊かさを真に国際的な視点で探究するよう促している。彼は，研究とプラクティスおよび教育への応用，さらには著者自身や他の教師の体験を，読みやすく，奇をてらわない方法で，巧みに織り込んでいる。『マインドフルな先生，マインドフルな学校』は，深い色合いの説得力あるタペストリーであり，必読の教科書である」

シュイ・フォン・ラム（Shui-fong Lam），理学博士，香港大学心理学部教授
「これは学校でマインドフルネスを取り入れるための洗練された，かつ実用的なガイドである。ケビン・ホーキンスは，マインドフルであること，マインドフルに教えること，そしてマインドフルネスを教えることへの道筋を極めて明瞭，賢明かつ温かく指し示している。この本では，学校の文脈の中でのマインドフルネスの科学と実践の両方について，解説されている。また，ただ役立つ情報を教師に提供するのみではなく，自らを，生徒を，そして学校を変えるための具体的なステップも提示している」

ミーナ・スリニバサン（Meena Srinivasan），MA, NBCT,『Teach, Breath, Learn ; Mindfulness In and Out of the Classroom』（Parallax, 2014）の著者，オークランド統一学区社会性・情動学習局プログラムマネージャー
「『マインドフルな先生，マインドフルな学校』は教育者にとってかけがえのない資料である。彼自身の学校長や学級担任としての経験をもとに，ケビン・ホーキンスは学校を拠点とする環境で働くすべての人がマインドフルネスに触れることができるよう，包括的で示唆に富む，実用的なアプローチを提供している。それぞれの章が相互に関連して精緻に構成されており，マインドフルネスがいかに教育を変容させる手段となるかのみならず，いかに世界をより住みやすい場所にするための手段となるかを教えてくれる」

ウィレム・カイケン（Willem Kuyken），オックスフォード大学臨床心理学教授

「教育において本当に大切なものは何なのか？　それは，次世代の子どもたちに，知識のみではなく，好奇心・コンパッション・遊び心やレジリエンスに富んだ考え方を身につけられるように，頭脳（mind）と心（heart）を教育することであると，この本は論じる。深く豊かな教員経験をもとに，謙虚な姿勢で，ケビン・ホーキンスは教師と学校にとってかけがえのないツールを提供している。このツールを使う人は，教えることを体現している極めて洗練された教師の経験の上に立つことになる」

アーニー・ビーバー（Arnie Bieber）博士，プラハインターナショナルスクール

「彼の新しい本，『マインドフルな先生，マインドフルな学校』で，ケビン・ホーキンスは我々をマインドフルネスのアートと実践の根幹にある個人的，かつ普遍的な自己発見の旅へ強い説得力をもって誘う。この本を通して私たちは，マインドフルネスが生徒が今を生きることを学び，自己認識を向上させることを学ぶ手助けとなる強力なツールであることを学び，それが教育現場での適切な位置づけであることを学ぶ。ホーキンスは，世界中の学校からの逸話と彼自身の個人的な経験を通して，教師と生徒がよりマインドフルになるための現実的で実施可能なアプローチを提供している」

ロナ・ウィレンスキー（Rona Wilensky），マインドフルネスプログラム理事，パッセージワークス研究所

「本書は，世界中の K-12[*2] にマインドフルネスを導入するためには何が必要かを本当に理解したい人にとって，必要不可欠な書である。ケビン・ホーキンスは，マインドフルネスを，ただ現状に入れられるクラスアクティビティの一つと見なすのではなく，マインドフルに注意を向ける力が，私たちが教える内容（what）と方法（how）のより大きな変革の一部であるとする。

＊訳注 2）幼稚園から高等学校を卒業するまでの 13 年間の教育期間。

ホーキンスは，教育の目的を身体的，精神的，情動的なウェルビーイングを含むより広範なものにすべきことを提唱し，この大きな枠組みの中でマインドフルネスをまず大人，続いて生徒へと適用する触媒となるツールと位置づけている。『マインドフルな先生，マインドフルな学校』は，この分野に馴染みのない人が習熟するために，必要なすべての情報を提供してくれるのみならず，すでにこの分野で活動している私たちにとっても，極めて重要な事項を指摘している。これは必読書である！」

　リチャード・バーネット（Richard Burnett），マインドフルネス・イン・スクールズプロジェクト共同創設者兼理事長
　「本書が，学校でのマインドフルネスを真に理解している教育者によって書かれたものであることに疑いの余地はない。その最も明確な証左は，ホーキンスが抑制的であることから見て取れる。彼は，マインドフルネスは万能薬ではないこと，そしてこれを学校で成功させるには時間をかけた弛みないプロセスが必要であること，とりわけ，教師自身から始めなければならないことを認識している。同時に，ホーキンスは彼自身のさまざまな環境での教育者としての深い経験から，マインドフルネスがどれだけ大きな変容をもたらす可能性があるかについても認識している。彼の逸話が，本書に多彩な彩りを与えている〈私のお気に入りはビリーと蚊（Billy and the Mosquito）〉が，例えば第7章の実践への実用的なガイダンスなどは，極めて実用的価値に富んでいる」

　サキ・サントレリ（Saki F. Santorelli），教育学博士，文学修士，マサチューセッツ大学ウースター校医学部教授，Mindfulness-Based Stress Reduction（MBSR）Clinic 所長
　「本書はエレガントである。本書は教育者を目指す私たちに，深く受け継がれてきた13世紀の偉大な教師であり，詩人であり，神秘家でもあったジャラルディン・ルーミーが『2種類の知性』と表現したものを思い起こさせてくれる。その知性とは，一つは後天的に獲得する知性，そしてもう一つは，既に欠けることなく保持されている内なる知性である。これらの両方

が大事であることは論を俟たない。謙虚さと智慧を持って，長年教育に携わり，中学校の校長を経験し，マインドフルネスの実践者でもあるケビン・ホーキンスは『欠けることのないもの』の恩恵と，そうした生得のものがどのように『後天的なもの』に役立つかを思い起こさせてくれる。ホーキンスは私たちの子どもたちの教育，その教師，そして私たち親において，マインドフルネスが決定的に重要な役割を果たすことに光を当てる。そこでは教育学，心理学，神経科学が統合され，その本質がエレガントに描き出される」

MindWell ウェブリンク

http://www.mindwell-education.com

　ケビン・ホーキンスは，社会性と情動の学習およびマインドフルネスに関する優れたプラクティス（best practices）とエビデンスに基づくアプローチのグローバルネットワークを提供する MindWell Education の共同創設者です。

　本書で引用されているすべてのウェブリンクへのアクセスを含む，Mindful Teacher, Mindful School 専用のページについては，MindWell のウェブサイトも参照してください。

目　　次

第1章

フォーカスをシフトする

　現在の教育は強い圧力にさらされ，詰め込まれすぎているので，時には本質的ではないものをすべてを取り払って，基本に立ち返る必要があります。つまり単純化することです。私は時々新学期の始まりに，生徒や教師に以下のように問いかけることがあります。

> 　私たちは，一つの建物の中で過ごす大勢の大人と子どもの集団です。ここで，本当に大事な問題は，「どうしたら一緒の時間を一番意義のあるものにできるか？」です。

　こうした焦点を絞った質問は，大きな視点でものごとを見ようとする時やカリキュラムを作ろうとする時，また行動の規範を作ろうとする時に役に立つことがあります。この質問に教育者として，そして親として答えるためには，もう一つの質問を自らに問わなくてはなりません。

> それは，「本当に大切なものは何か？」という質問です。

　学校のプログラムについての要求が競合する中で，この問いかけが深いレベルで学校の役割と目的を探求する助けになります。すし詰め状態のカリ

キュラムと忙しすぎる学校の日々の中で，私たちは，あれもこれもと付け加え続けるのではなく，何かをしないことを学ぶ必要があります。全部をやることはできません。ですので，本当に大事なことをはっきりとわかっていなければなりません。

　親として，自分の子どものことを考え，あるいは教育者として自分が教えている子どもたちのことを考えながら，今自らに問いかけてみましょう。

　　「子どもたちのために何を本当に望むのか？」

　もう一度問いかけてみます——急いで答えずに——ちょっと時間をとって，一呼吸して，そして答えが浮かぶまで待ちます。

　　「子どもたちのために何を本当に，心の底から望むのか？」と。

　次に読み進む前に，思いついた大事なことがらの一番目から三番目までを，書き留めてみましょう。

　ワークショップでこの質問を保護者や教師に尋ねた時に，得られる答えは以下のようなものです：

自尊心	適切な決断力
コンパッション	好奇心
幸せ	想像力
ワクワクすること	喜び
ウェルビーイング	レジリエンス
充実していること	人生に対処する力
信念	

　時には保護者（もしくは教師）が「勤勉であること」や「成功すること」と言うこともありますが，こうした学校教育の伝統的な目的は，今では非常に少数派となっています。上に挙げたような言葉は，多くの革新的な学校の標語としての理念の言葉とよく一致するかもしれませんが，それらはその組織の中で過ごす生徒たちの日常の体験にどれほど合致しているでしょうか？

　人の学習効果を高めるためには，概念を把握し，後から中身を流し込む以外にできることがたくさんあります。上に挙げた，より深い資質を明確に認識することの重要性（内面の生活と学習者の体験のためにより多くのスペースを作ること）はこの本の中心的なテーマです。注意を向ける力をより深める方法，また自己認識をより高める方法を学べば，学力は向上し，学習がより意味のあるものとなり，そのインパクトもより強いものになる可能性が生まれます。

　したがって，我々の本質的な指針となる問いかけは，以下です：

> 「成長と発達の土台となるこうしたニーズをより効果的に実現させるために，学校教育のシフトを始められるだろうか」

　教師として私たちは，システム全体を変えるところから始める必要はありません。本書では，世界を変えようとする前に，まず私たち自身がフォーカスをどうしたらシフトできるかについて主に書かれています。実際，これが本当に違いをもたらすことのできる唯一のシフトなのです。そして私たちが自分たちの能力をより広く深く引き出すことができるようになれば，自然と生徒や学校の焦点シフトを助け始めることになるのです。

忘れ去られた分類法

　ブルームの学習の分類法（Taxonomy）は，教師と学校が教育で習得すべきスキルの枠組みを作る助けになるように，1950年代に作られたものです。

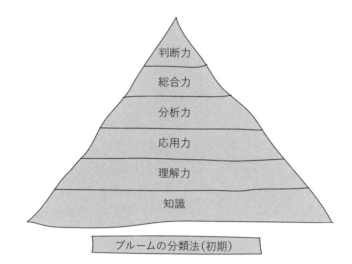

図 1.1　ブルームの分類法―認知領域

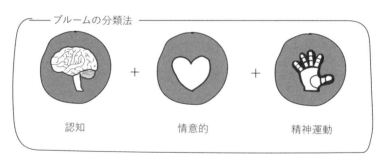

図 1.2　ブルームの分類法―学習の領域

　多くの教師がブルームの分類法に基づいた教育を受けて育ち，知っているか否かにかかわらず，ほとんどはその影響を受けてきました。もしそれが教育課程で明確に取り上げられていなかったとしても，あなたを教えた教師も，あなたの働いている教育システムも，その影響を受けているでしょう。また，それは学習というものについての前提の深い部分に，間接的に影響を及

ぼしているかもしれません。

　しかし，私たちに馴染みのある分類法は，当時ブルームの委員会で作成された三つのうちの一つにすぎないことを，多くの人は知りません。誰もが知っているのは，**認知（Cognitive）**領域の分類法で，それは<u>知識・理解力・応用力・分析力・総合力・判断力</u>を扱っています。なぜか，残りの二つのスキル――**精神運動（身体的）〈Psychomotor（physical）〉**スキルと**情意的（情動的）〈Affective（emotional）〉**スキルは，おおむね忘れ去られてきたのです。

　これら二つの分類法をなぜ私たちは忘れ去ってしまったのでしょう？これはたまたまではなく，全人的な子どもの発達を目指すことのない教育的アプローチの兆候とも言えるでしょう。今日多くの学校は身体的なアクティビティに重きを置き，また多くの学校で社会性と情動の学習（SEL）の要素をプログラムに取り入れ始めています。しかし全体として，若者が身体（body），心（heart），頭脳（mind）のバランスが取れた個人に成長するための学校教育・生活を提供できるまでには，まだまだ長い道のりがあります。

バランスを見つける

　本書の根底にある懸念，それは世界のバランスが崩れていることです。

- 私たちの集団としてのメンタルヘルスには，深刻な懸念があります。
- 種として見ると，私たち人間は非常に賢いものの，智慧に欠けています。
- 多くの教育システムは，このアンバランスの反映であり，それを固定化させてしまっています。

　私たちが健康に生活する能力（ability to live well and to be well），そしてこの惑星を上手に調和が取れる方法で共有し，自分の行動を賢く選択する能力には，根本的な問題があります。

　人間の成長と活動についてのこのアンバランスは，さまざまなところで見て取れます。私たちのテクノロジーに関する力は尋常ではありません。重力

波を測る測定機械が最近考案され，その感度は，私たちと最も近い太陽系の星との髪の毛の幅ほどの距離の変化を探知できるほどです。私たちは驚くほど賢いのです。しかし賢さのみでは十分ではありません。地球を持続可能な方法で共有することに関しては，私たちはそれほど賢いとは言えず，それどころか知識すら十分とは言えません。多くの場合，経済的インセンティブによって動かされる強力なテクノロジーの関連技術は，限られた人間にしか利益をもたらしません。また私たちの行動とその結果について，全体像を明瞭に把握できないことと，適切な決断を下すことができないことが相まって，私たち自身，他の種，そして地球にとって不健全な混在状態が作り出されています。

　主流となっている学校システムには，しばしばこのアンバランスな状態が反映されています。ほとんどの学校は，特定の能力とアプローチ，すなわち学業的，分析的，批判的側面の育成に長けてはいるものの，心（heart）と頭脳（mind）のバランスの保持に必須の協調的，社会性と情動のスキルの育成に長じているとは言えません。真の教育は，ただ賢くなるだけでなく，私たちのあらゆる能力を養うことを必要とします。ギリシャ人はそれを知っており，アリストテレスは以下のように言っています。

> 「心（heart）の教育なしに頭脳（mind）を教育することは，教育とは全く言えない」

　私たちに欠けているものは智慧です。私たちは，心と頭脳を統合する智慧によって，両者のバランスをとる必要があります。その智慧が，私たちが複雑な問題に向き合い，そしてすべての存在にとって利益となる賢明な行動を選択する勇気を見出す助けとなってくれます。

　本書は，個々の教育者や学校が，よりバランスが取れ，より心を中心に据えた（heart-centered）環境への焦点シフトを支援することを，主要な目的として書かれました。その環境とは，子どもたちが持っている能力のすべ

てを本当に呼び覚ますことのできる環境です。私たちは子どもたちに働きか
け，子どもたちにできる限りのことをしたいと願っているのです。
　複雑で，課題も多い世界において，私たちは，子どもたちがレジリエン
ス，自己認識，そして複雑なシステムを理解できる能力を伸ばせるように支
援する必要があります。私たちは，私たちの学校で無視されてきたこうした
能力を，意識的に育てることができるのです。

私たちはどれぐらい健康と言えるでしょう？

　健康であるため，また健康に生きるためには，経済的にある程度安定して
いることは確かに不可欠ですが，それは全体の一部にしか過ぎません。幸
運にも経済的に安定していれば，幸福感が高まるというわけでは必ずしも
ありません。世界保健機関は，2030 年までにうつ病が世界的な健康障害の
最大の要因になると予測しています（WHO, 2012）。また 2005 年の英国心
理学ジャーナル（British Journal of Psychology）の論文は，欧米人のうち
半数は一生のうちにうつを経験することを示唆しています（Andrews et al.,
2005）。
　特に高齢者のリスクが高く，近年は若者もリスクが高いとされています。
私たちは若者がメンタルヘルスの危機に瀕している時代に生きています。英
国の学校における最近のウェルビーイングとマインドフルネスへの関心は，
教育関係者よりはむしろ，若者における精神的不健康の広がりを危惧する公
衆衛生当局の関係者において高まっています。

- 英国に住む 5 歳から 16 歳の 10 人に 1 人は，現在精神疾患の診断がつけられる状態にある（Mental Health Foundation, 2015）。
- 世界的に，うつは思春期の疾病と障害の最大の原因であり，自殺は 3 番目に多い死因である（WHO, 2016）。

　臨床的なうつ病の発症年齢はますます若くなってきています。わずか 50
年前，うつ病の発症年齢で一番多かったのは 40 代，50 代でしたが，今は 20

代です。実際，うつ病の発症年齢のピークが 13 〜 15 歳だという研究も発表されています（Williams et al., 2012）。

　貧困は，これらの心理的要因に全く別の観点から影響を与えますが，不安とうつ病においては，経済的な境界はありません。恵まれた私立学校もしくはインターナショナルスクールにおいても，多くの若者は心理的ストレスの悪影響から逃れることはできません。

　メンタルヘルスの低下傾向が，以前にも増して若年者に認められている原因は明らかではないものの，学習と成長への影響には大きな懸念があります。結果が重要な意味を持つ試験（多くはそういったものでしょう）に重点を置いた教育システムは，間違いなく若者が感じるストレスに影響を与えているでしょう。私の 3 人の子はインターナショナルスクールで育ち，皆国際バカロレア資格を得ました。これは高く評価されている大学入学前の資格であり，学校の最後の 2 年間をバランスのとれたものにするために良く考え抜かれたしくみです。一方プログラムの全体的な考え方には敬意を表し，称賛はするものの，実際のところあまりにも要求が厳しいと言わざるを得ません。個々の教師は，担当教科で良い成績を残して欲しいと考え，その結果は公表されるので，教師にも大きなプレッシャーがかかります。これは多くの善意ある人々やアイデアが，複雑なシステムの中で，それらが役立つはずであった一部の個人に結果的にどれほど悪影響を与え得るかについての典型的な例のように思われます。国際バカロレア機構はこれらの懸念に気づいており，ストレスを低減させる方法を模索しています（Hawley, 2016）。もちろん，試験に伴う生徒のストレス対処の問題が，英国やその他の多くの国で同様に指摘されています（Ali, 2016）。これは，学校制度が，ますます競争が激化する大学進学のための選抜システムであり続けており，その過程で多くの犠牲者が出ているという，大きな問題の一部です。

　これらに加え，多くの現代の若者の睡眠時間が少ないことも指摘しなければなりません。彼らの生活は，デジタル化による一連の「大量の心をそらす兵器（weapons of mass distraction）」により支配されているかもしれません。豊かな国に住んでいる 10 代後半の若者の場合，人生の半分以上の間，スクリーン付きの多くのデバイスとかなり強いつながりを持ってきた可能性

が高いと思います。学校長として，私は IT プログラムの導入の任にあり，テクノロジーが私たちの学びの幅を大きく広げてくれたことに感謝しています。しかし，デジタル学習は，強迫的な衝動や注意散漫といった問題を生じさせるので，生徒に対処法を授ける必要性が生まれています。

　そして，この問題で苦しんでいるのは若者のみではありません——教師，保護者，あなた，私，誰でもがそうです。私たちは多忙であり，1 日 24 時間，1 週間に 1 日の休みもなくスイッチが入っていることが普通である時代に生きています。現代の生活はそうしたものであって，私たちは多かれ少なかれ情報技術に依存しています。大人である私たちでも，画面をのぞきこむ時間を制御することは大変なのに，10 歳の子どもたちに，画面に引き込まれることなく，タイミングよく戻ってくることを期待できるでしょうか？

　現代のストレスをすべてテクノロジーとソーシャルメディアのせいにするわけにはいきません。近年，社会全体に計り知れないほどの変化が訪れています。生活のスピードの増大が，ストレス体験の主な原因の一つとなっています。『サピエンス：人類の歴史の概説（Sapiens：A Brief History of Humankind）』（Harari, 2014）〈邦訳：『サピエンス全史——文明の構造と人類の幸福（上・下）』（河出書房新社，2016）〉に，一つ面白い例えが載っています。西暦 1000 年の誰かが，リップ・バン・ウィンクル（Rip Van Winkle[*3]のように 500 年間眠りに落ち，コロンブスが南北アメリカに向けて出航する時に目が覚めたとすると，ショックは受けても，世界は認識できる。しかしコロンブスの船員の 1 人が西暦 1500 年に眠りに落ち，500 年後に目覚めたとすると，彼は自分がどの惑星にいるのかもわからないであろう，という話です。私たちが，こうした生活のスピードの増大への対処能力を生まれつき持っているとは限りません。

　私たちの注意を散漫にする複雑なこの時代で成功し，レジリエンスを保つために，私たちが身につけなければならないいくつかの基本的な能力があります。能力の再発見と言っても良いかもしれません。私たちが意識して育成しなければならないのは，次に挙げるようなスキルです。

＊訳注 3）目を覚ましたら 20 年の月日が過ぎていたという物語の主人公。

- 注意（意識）を向けること
- 自己認識
- 感情制御

　現代の生活に伴うあらゆる問題に対応するため，こうしたスキルを学ぶ必要がある一方，現代に生活することで人間の行動についての多くの洞察を得ることができます。それは脳の働きや人の最善の学び方などについての洞察です。今私たちは，注意を向けることの重要性について以前よりも多くのことを知っています。タクシードライバーの研究（Maguire et al., 2006）とバイオリニストの研究（Elbert et al., 1995）から，私たちは脳の使い方を変えることで脳を変えられることを知っています。どこに，そしてどのように注意を向けるかは，効果的に学ぶ方法を理解する上で大切な要素となります。

　私たちの脳に関する理解は，この20年の脳のイメージング技術によって大幅に向上しました。そしてその技術は，人々が意識的に頭を使った時に何が起こるかを理解するのに役立っています。一つの「大きな理解」は，脳の可塑性についてです。**神経可塑性**は，トレーニングとそれを繰り返すことの価値を理解するのに役立ち，人間の可能性に対するビジョンを大きく広げてくれます。また私たちは，共感やコンパッションなどの情緒的スキルや能力をどのようにトレーニングすればよいか，また，注意の向け方や頭の使い方をどのように最大限に活用すればよいかについても，理解を深めています。

　しかし，主流となっている学校教育の知能の定義はあまりにも限定的です。また理解の程度を評価する方法としては，いまだに試験を使う方法が主体であり，このことは，教育のより深い目的について子どもたちに混乱するメッセージを与えています。

選抜システム

　私が10歳の時には，全員が1時間の知能テストを受けさせられたものです。このテストによって，その日，その時点で点数の高い子どもを，そうでない子から選抜していたわけです。私の友達のほとんどは点

数の高くない子たちでした。そのため，私は珍奇な帽子を被り，明るい緑色のブレザーを着て"特別な"グラマースクールに通うことになり，私の友達のほとんどは暗い緑色のジャケットを着て（帽子なしで），通りを下ったところにある，はるかに環境の厳しい中等学校（secondary modern school）に通いました。この変化は，私にとって後退，つまり比較的革新的な男女共学の小学校のクラスで，分別があり評価されていると感じられていた状態から，時代遅れのグラマースクールの 800 人の男の子の中で，最も年下で背が低い状態に後戻りしたようでした（11 歳の子にとって楽しい場所ではありませんでした）。そこは学校の成績だけが大事なところで，私は 13 歳から 17 歳の間に 13 の O レベル，三つの A レベル，二つの S レベル試験にパスしたものの，喜びはありませんでした。私は，批判的で分析的になることを学び，良い成績や大学に入学できたことについて，多少の満足感はもちろんありましたが，小学生の頃のように深い意味で成長したと感じることはありませんでした。私が大学で最後の成績をもらった時，「そんなに頑張らなかった割には，悪くないな」と思いました。その瞬間，他の誰も私の結果など気にとめていないと初めて気がつきました。何かの仕事につく時には使えるかもしれない，しかし数字なんて誰も気にしはしない。そしてそもそも，誰かがどう思うかなんてどうでもいいことだ。結局，それが私の教育，キャリア，人生でした。私は理解もしないまま，学校教育の階段を上っていたのでした。私は，自分の楽しみのために，また自分のために勉強したり，学ぶことができたのに，そんな可能性があると思ったことは一度もなかったのです。過去 16 年間，起きている時間の多くを費やした教育システムから離れる段になって，この 16 年がある種のゲームのように，その瞬間までプレイしていることを知らなかったゲームであったかのように感じられたのです。

友達や私がふるいにかけられた，子どもの IQ テストのような狭い知能の見方は，もうそれほど支持されてはいません。その時代から教育は進歩して

おり（幸いなことに），多くの国では，人生の重要な決断を，このような限られたパラメーターに基づいて，しかも若年で行うことはなくなりました。しかし，その進歩は十分とは言えません。私がこの原稿を書いている間にも，英国政府はグラマースクールを増やす計画を立てており，成績や点数などの外的な動機に執着し，発見することからくる感動や，学ぶこと自体の楽しさから遠ざかっています。学校は生きることを学ぶ場なのか，大学への選抜の場なのか，いまだに混乱したままです。

　人間の学習に関する合理的で科学的な理解という点で，「知的であること」に関しては，数十年前に考えていたよりも，はるかにたくさんのことがわかってきています。知能には多くの要素があり，IQ は氷山の一角でしかないことがわかっています。高い IQ はいい職につく手助けになるかもしれません。しかし，仕事で成果を出すためには，リーダーシップスキルを構築し，成長と進歩を促す感情的・対人技術といった別の能力が必要なのです。多くの企業はそれを理解し，また情動知能（emotional intelligence）を活用して採用を行ったり，その活動を推奨したりする企業もあります。しかし，学校は本当にこうした進展を反映しているでしょうか？

　　自分自身，すなわち自分の頭脳と身体と感情を理解することが，21世紀における鍵となるライフスキルです。

　この理解を育てていくことが，理にかなった学校の機能と言えるでしょう。頭脳をもっと効果的に利用する方法，注意を向ける能力をトレーニングする方法，意識する能力を涵養する方法，そして感情を制御する方法，こうしたライフスキルの価値を理解すれば，これらが学校のカリキュラムのより中心に位置すべきものであることがわかるのではないでしょうか？

私たちの子どもに何を望むのか，私たちに何が必要なのか

　この焦点シフトはどうしたら達成できるでしょうか？　その鍵はもちろんあなたがた教師の手の内にあります。

　私たちが，生徒のこれらの自己認識と自己コントロール能力の価値を認め，育てることは社会にとって重要になってきています。しかしこのことを実現するためには，こうした能力の価値を認識し，自らもそうした能力を育てようとする教師が必要なのです。情動知能や社会的知能が高く，同時に知的で学術的知識を持つ教師が必要なのです。

　多くの社会で，教師の果たす役割の重要性は十分には認識されていません。教師はしばしば保護者，学校，政府から過小評価され，そして自分自身でも過小評価しています。

　教師の役割は極めて重要であり，大きな影響力を及ぼします。私たちはそのことを認識しなければなりません。

　私がこう言うのは，私が教師だからではなく，この分野（特に社会神経科学）の多くの科学的研究の知見に基づくもので，さらに私自身の経験もこのことを支持しています。

ムアリーム

　私が大学を出たのは1970年代でした。その時の私は，自分が人生で何をしたいのかはわからなかったのですが，ただ一つはっきりしていたことは，人生の大切な時間を教えることに割きたくはないという思いでした。当時チチェスター男子高校の一部の教師に対して私たち生徒がいかにひどいことをしたか，私はよく分かっていました；教師は疲弊し，

挫折し，尊敬が約束された崇高な職業から離職したのでした。

　私は，教職を選んだ多くの友人が疲弊し，懐疑的になるのをずっと見てきました。

　しかし，『二十日鼠と人間』*4 の最良の計画は……

　30歳になった時，私はこれまでのキャリアパスを見直すことにしました（私は第3セクターのソーシャルワーカーでした）。そして検討の結果，「人並の道（road more travelled）」に進む選択をしました。私が中学校の教師になろうと決心した主要な理由は，私が幼い頃の小学校から中学校への進学が，あまりにひどい経験だったからです。間違いなく，あれよりましなやり方が必要だと思いました。

　私は，自身の新しいキャリアを，ヨークシャーのブラッドフォードの上級学校と中等学校でのESL*5 教師としてスタートさせました。そこで私は恵まれない都市の過密地域で働く何人かの刺激的な教師に出会いました。彼らは生徒とのつながりを大切にし，杓子定規な全国共通カリキュラムの教育を，生徒に合わせる方法を見つけていました。その何年か後には，私はなぜか東アフリカにいることになります。タンザニアのアルーシャにあった英語の小学校が大きくなり，その学校に付随する形で，9歳から13歳向けの小さな中学校を始めることになったのです。飛行機から降りた瞬間から，私は教師として尊敬され，尊重され，大事にされていることを感じました。それは，学校が設立された小さなインターナショナルコミュニティから感じただけではなく，一般的にタンザニアでは教育が高く評価されていたからです。当時の大統領，ジュリアス・ニアレレ（Julius Nyerere）自身が教師であり，彼のニックネームは「ムアリーム（先生）」でした。タンザニアでは，教師は低賃金で，資源も限られており，学校はただの木陰のことすらあるにもかかわらず，生徒は教育を受けるために何マイルもの道のりを誇らしげに歩いてくるほど，教育を渇望していたのです。当時の英国はサッチャー政権下

＊訳注4）『Of Mice and Men』，John Steinbeck の小説参照。
＊訳注5）English as a Second Language―英語を第二言語として学習する。

でした。政府は教師に対しほとんど軽蔑の目を向けるように，明確な不信感を抱き，地域の親たちは教育の重要性に無関心に見えました。そのような英国の，極めて困難な状況の学校の少し懐疑的な職員室からやって来た私にとって，当然のことのように尊重される体験は，落ち着かず，正直少し戸惑うようなものでした。

　教師をオープンに支え，尊重し，大事にしてくれる保護者のコミュニティがあることは，学校にとってとても幸運なことです。このアルーシャの古いバンガローの校舎の中で，たった30人の子どもたちと，地図帳1セット，辞書1セット，そして頼りにならないコンピューターで学校を始めたことは，私の教師人生の中で最高の出来事の一つです。不要なものをすべて取り除いた時，私たち少人数の教師にはっきりわかったのは，学校にとっての必須の要素は，生徒と教師と保護者，そしてそれらを結びつける関係性の質だということでした。

この本の主な目標は以下の通りです。

- 21世紀のニーズに本当に応えようとする学校において，情動に関する能力を通常の学校教育の中心にシフトさせることに役立つこと。この能力は，見逃されがちですが，二次的ではなく中核となる要素であることが，以前にも増して認識されてきています。
- 教師や学校が，マインドフルネストレーニングの有用性を理解することに役立つこと。これは，学校のコミュニティでウェルビーイングを増進するという包括的な枠組みの中で，このスキルを伸ばしていく活動の前提です。
- 一人ひとりの教師——特に若い先生方や研修中の先生方——に役立つこと。教師の役割の重要性を深く理解し，意欲を維持し，過酷でありながらやりがいのある仕事の中で，成長する具体的な方法を見つけることに役立つこと。

第2章

マインドフルネス：
それは一体何で，どのように役立つのか？

この章では：
- マインドフルネスがどのようなものかについて，特に現代の文脈の中で探索します。
- マインドフルに意識を向けるトレーニングがどのように「思い・考えるモード（thinking mode）」から「感じとるモード（sensing mode）」への切り替えに役立ち，またさまざまな状況への対応の仕方により幅広い選択の可能性を拡げてくれるのかを検討します。
- マインドフルネスが，痛み，ストレス，不安そして抑うつにどのように応用されてきたかを考察します。

「インドにいる若者よ，あなたは考え過ぎています」

　私が考え過ぎであることは既によく承知していましたが，ボンベイの波止場で頭にターバンを巻いた占い師の口からこの言葉が出てきたのを聞いた時は，その核心を深めたように思い，私はさらに悩みました。「私が考え過ぎであることはわかってる。しかし，どうしたら止められるのか？」そこがわからなかったのです。考えないように試みましたがうまくいきませんでした。

　1970年代，インドでの旅行中，ポンディチェリー（Pondicherry）で偶然に地元の人々と一緒にメディテーションの会に参加しました。この体験は私に強い影響を与え，ロンドンに戻った後もメディテーションを探求し続けました。人生の多くの時間をヨーガや太極拳に費やしてきは

したものの，メディテーションのプラクティスは時々行う程度でした。その後，中年のとても困難な時期，死や離婚から来る難題に向き合う準備ができていないと感じた時に，私はメディテーションとマインドフルネスを再発見しました。

　私は若い時に探求した自己認識に向かって，再びいくつかの道を旅していることに気づきました。そうすることで，私はある本質的なスキルと能力を開発し，深刻な人生上の出来事に対処し，その当時の仕事と家庭という人生のストレスに，よりうまく対応することができました。

　私は，悲しみ，怒り，罪悪感，そして悲嘆といった強い感情を認めて処理する方法を学ばなければなりませんでしたが，その過程で，自分が作りあげたストレッサーに注意を向け，徐々にそれらを手放し始めました。それまでは，困難に関して自分で作りあげたその「物語（stories）」には気づきにくく，水面下にあって，ただ事態を悪化させていたのです。困難の渦中にあってさえ，本当に意識して存在することの価値，そしてこれを超えて再び人生をより十分に楽しむ能力を感じることの価値を，私は自ら発見し始めました。

　このように，この若い時に受けた初めてのメディテーションの体験は，私にとって非常に重要な体験であったことが数十年後にわかりました。私は日々のプラクティスを確立し，さらにトレーニングを修了した後，次のステップはマインドフルネスを生徒，教師そして保護者に紹介することであるとはっきり感じました。次章から，私たちがどのようにこのことを学校で行えるのかを詳細に見ていきますが，まず初めにマインドフルネスとは何なのか，どこから来て，そしてどのように役立てることができるのかに焦点を当ててみましょう。

15 秒

　1960年代，「探求者たち（seekers）」（私自身の陸路旅行より10年も前に

旅した先駆者たち）の波が西洋からアジアへと旅立ちました。そのうちの何人かは東洋的実践との思いがけない出会いにより，価値ある異文化の学びの基盤を築き，それが今日まで数十年間，科学，心理学そして医学の主流に影響を与えてきました。1979 年，米国マサチューセッツ工科大学出身の分子生物学者であったジョン・カバットジンは，マサチューセッツ州バリーでグループでの静座の最中に，仏教瞑想の本質を社会の主流にもたらす方法について 15 秒間の着想を得ました。それが仏教瞑想を，文化的・歴史的な囚われから解放し，一般の人々に利用しやすいものにするきっかけとなりました。

　カバットジンは自分の洞察を現実的な方法で生かすことに力を入れて，マサチューセッツ大学医学部の上層部を説得し，紹介患者を受け入れるために地下階の一室の使用許可を得ました。彼は標準医療では「治癒（cured）」しなかった慢性の痛みや疾患を抱えた患者たちを引き受けました。何か違うことを試してみようとする覚悟のある患者たちでした。「何か違うこと（something different）」とは，ヨーガやメディテーション，特にマインドフルネスメディテーションを取り入れた毎週のセッションと自宅での多くのプラクティスと練習でした。

　カバットジンが考案した 8 週間コースは，後にマインドフルネス・ストレス低減法（Mindfulness-Based Stress Reduction：MBSR）プログラムになり，今日では世界 30 ヵ国以上で何千名ものトレーナーによって実施されています。マサチューセッツ大学医学部のマインドフルネスセンターだけでも，2 万 2 千人以上の人々が 8 週間コースを受講しています。信頼できる研究基盤が確立されると，MBSR の枠組みやアプローチは，その後のマインドフルネスの応用モデルとなり，今日主流であるメンタルヘルスや医療のさまざまな領域で用いられています。

それでは「マインドフルネス」とは何なのでしょうか？

　「マインドフルネスは，意図して，今の瞬間に，好奇心と優しさをもって，物事があるままに，注意を向ける時に生じる意識である」[*6]

　カバットジンによるこの実践上の定義は，マインドフルネスの本質的な性質を見事に要約しています。マインドフルネスは「教えられ（taught）」たり「与えられ（given）」たりするものではなく，私たちが何かに没頭している時や細心の注意を要求される状況にある時に，誰もが持つ自然な能力です。メディテーションを実践する時，人々はマインドフルに意識を向ける状態を育んでいるのです。

　すべての世界宗教には，沈思や心の平穏さを発現させる要素が含まれますが，仏教の伝統は，人間の精神におけるこれらの側面を探索することを特に重視してきたように思います。マインドフルネスプログラムはこれらの探索を活用しますが，開発される能力は生来的に内在する人間の潜在能力であって，本書で概説する学校のためのコースは宗教とは全く関係ありません。

　マインドフルネスは，忘れっぽさとは正反対です。私たちは，将来を思い悩んだり過去を思い返したり，しばしばあまりに考えることに忙しすぎて，今まさに起こっていることをないがしろにしています。オックスフォード大学マインドフルネスセンターのクリス・カレン（Chris Cullen）は，それを「追体験（Re-living）と事前体験（pre-living）」と呼んでいます。マインドフルネスのトレーニングをする時，私たちは，今まさに起こっていることにいつでも応じられるように常に準備して，現在の瞬間に出会うことを学びます。もちろん，今の瞬間は何かが起こる唯一の場所ですから，ここでより時間を過ごそうとすることには価値があります！

どのようにすればよいのでしょうか？

　マインドフルネスとメディテーションは，すべて頭についてのことと思うのも無理はありません。しかしいろいろな意味で，マインドフルに意識を向けるトレーニングの多くは，身体に焦点を当てています。つまり，意識的に頭脳と身体のつながりを育むことによって，日常の体験や行動のバランスをとることができるのです。私たちの頭脳は，今を離れて将来のことを心配し

＊訳注 6) Mindfulness is the awareness that arises when we pay attention, on purpose, in the present moment, with curiosity and kindness to things as they are.

たり想像したり，また過去に戻って後悔したり蒸し返したりしますが，私たちの身体は今ここにあるだけです。ですから基本的に，私たちが自分自身の身体により直接的につながるトレーニングを実践すると，日常の体験に余すところなく留まり，より多くの時間を過ごすことができるようになります。

心のモード

ここで，マインドフルに意識を向けることに関して，中心的な役割を果たす脳機能の二つの主要なモードについて考えてみましょう。次の一節を読んでみてください。読む際には時間をかけて想像し，描写された状況に入っていく様子を「感じて（feel）」みてください。（これはマインドフルネスのエクササイズではなく，2009年のデイビッド・ロック（David Rock）の例をもとにした簡単な視覚化です）

桟橋

想像してみてください。夏のある日，あなたは静かな湖の端にある小さな桟橋の上にいます。板敷の上で，両脚を水の上でぶらぶらさせて座っています。暖かい日で肌や顔に熱を感じることができます。手には爽やかな飲み物を持ち，日の暑さとは対照的なグラスの冷たさを感じることができます。微かに風が水面を吹き，あなたの髪や両腕の産毛を揺らしています。そよ風はアシや土，そして湖水のほのかな匂いを運んでいます。

雲が太陽の前を横切った時，ひんやりしたそよ風が水面を吹き，少し身体が震えて夏がすぐにも過ぎ去ろうとしていることを思い出します。新学期がもうすぐ始まろうとしています。自宅に戻ってから立てるべき授業計画がまだいくつかあることを思い出します。教えないといけない新しいクラスについて——「新しい教科書は予定通り届くかしら？」，そして期末にやり残したいくつかの仕事についても——「それらの古いファイルを一度も片付けなかったわ」と思案し始めます。

あなたがなんらかの感覚を実際に「感じた（felt）」かどうかは別にして，

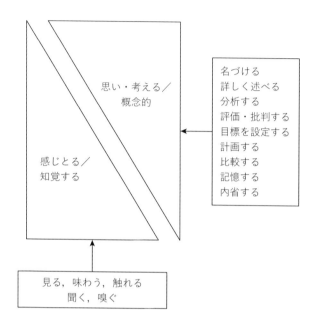

名づける
詳しく述べる
分析する
評価・批判する
目標を設定する
計画する
比較する
記憶する
内省する

思い・考える／
概念的

感じとる／
知覚する

見る，味わう，触れる
聞く，嗅ぐ

図 2.1　心のモード〈ウィリアムズ（Williams, 2010）から引用〉

そこで何が起こったかにおそらく気づかれたでしょう。私たちは今この瞬間の感覚をたっぷりと経験することから，内面の物語モードを使って未来を計画するという考えに移行しました。図 2.1 は二つの主要な心のモードを説明しています。

　これらの二つの主要な心のモード——**感じとる（sensing）モード**と，**思い・考える（thinking）モード**——については，脳のスキャンを使用して，その活動を観察することができます。私たちは皆，感覚を感じ取る能力と，思いや考えに移る能力とを持ち合わせており，通常は気づくことさえなく一方から他方へと素早く行ったり来たりしています。しかし，私たちは大抵，思ったり考えたりすることや心の中の物語に多くの時間を費やし，私たちの感覚を通して直接的に今の瞬間を体験することに時間を費やすことはほとんどありません。

　マインドフルに意識を向けるトレーニングにおける重要な要素は，私たちの注意をどのように思い・考えるモードから身体や感覚といった感じとるモードに移行させるかを学ぶことです。このトレーニングは，思考を止めるためや永久に身体の中に留まるためのものではなく，私たちの注意をどこに向けるかについてより幅広い選択を可能にするためのものなのです。その場にふさわしいものに応じて，感覚および認知の全般にわたり幅広く体験できるようになるためのものなのです。思いや考えに取り込まれている（圧倒されている）ことに気づいたら，注意を身体に向けることを学ぶことができます。未来に焦点を合わせたい時，例えば何かの計画を立てる時は，今この瞬間を十分に意識しながら，そうすることを選ぶことができるのです。

　親や同僚との関わりでストレスを感じたり，採点が必要なテストが山積みになりプレッシャーを感じたりするようなつらい日には，私たちは漠然と不快感を抱き，必ずしもベストな心の状態で教室に入るわけではありません。しかし，もし私たちがマインドフルな対処法を身につけていたとすれば，ほんの少し間を取って自分の身体や呼吸の感覚に入り込み，思いや考え，感情を受け入れ，深く息を吸って，いくらか緊張を手放せるかもしれません。このように短い瞬間でも，少し焦点をシフトさせることで，今まさに私たちの目の前にいる生徒たちに，もっと寄り添うことができるようになるのです。

痛みと共にある

　ジョン・カバットジンにより開発された初期のコースに参加した人の多くは，集中して今の瞬間を意識するプラクティスの実践により，病気や痛みの体験が大幅に変化したことを体験しました。痛みとの関係性が変化し，自分自身を病気の観点から見ることが少なくなり，人生により積極的に関わり，楽観的な見方が強くなった人もいました。また，実際に痛みが軽快する体験をした人もいたようです。これは単なる理論やアイデアではありません。現代科学と古くからのプラクティスというパワフルな組み合わせで，こうしたトレーニングが脳に変化を起こすことをしばしば観察することができるのです。研究者たちは，マインドフルネス・トレーニングを始めたばかりの成人

でも，脳の構造や神経回路に有意な変化を検出できることを発見しています
（Massachussetts General Hospital, 2011）。メディテーションの本来の目的
は，少なくとも仏教においては，人間の苦悩の原因を理解し，それを減する
ことでした。こうした古くからあるアプローチを現代的に応用することで，
科学的にもこうしたアプローチの妥当性が確認されたように思えます。

痛みと苦痛

　こうした研究や個々人の体験から，重要な何かがここで起こっていること
がわかります。しかし，実際に何が違いを生むのでしょうか？　マインドフ
ルネスを用いた多くの応用例に共通することは，苦痛を体験している個人の
より能動的な役割です――つまり，診断に伴う受け身の姿勢が弱まるので
す。また私たちの状態をそのまま受け入れて，対処することができるように
なるという側面もあります。逆説的ですが，この積極的な受容が，時として
その体験の強度を減弱する可能性があるのです。

ビリーと蚊

　中年になり，マインドフルネスを再発見する過程にあった頃，私は息
子ビリー（Billy）をエジプト旅行に連れていきました。彼は当時14歳
くらいで，私と同様に，すばらしい遺跡や物語そして人々に遭遇して興
奮していました。ある朝，私たちはラクダに乗ってルクソールの墓石群
まで行き，その後続けて他の近くの遺跡巡りをしました。彼は廃墟の中
で探検を楽しんだのですが，同時に，厄介な蚊に悩まされ，噛まれた箇
所を掻かずにいられませんでした。ついにはこのことが彼の体験をこと
ごとく妨害し始めました。

　壮大な古代の景観の真っただ中にあっても，ちっぽけな虫によって引
き起こされた苛立ちが，彼の中心にいすわってしまいました。二カ所の
間をバスで移動中，彼はますます苛立ち，私は塗り薬を持ちあわせてい
なかったので，学んできたテクニックの一つを試してみることにしまし

た。（彼の辛い思いが，試そうという気持ちにきっとさせるだろうと考えたのです！）

　「かゆみでイライラする代わりに，違う方法を試してみたいかい？」「どんなふうに？」「ちょっとの間，噛まれたところを掻かないでただ姿勢よく座って，目を閉じてかゆみを感じてみて……ただ静かに深く呼吸をして，目を閉じて，一番イライラさせるところに正確に注意を集中して……それからただ呼吸を続けてその皮膚の感覚にずっと注意を向けて，噛まれたところが皮膚の上でどう感じられるかを十分に感じとってみて……」しばらくたって私は彼に今どのように感じているかと尋ねました。

　「かゆみが無くなった！」しばらくしてからかゆみは戻ってきましたが，もうそれほど強烈ではなくなり，ビリーは次の遺跡へ行き，体験を楽しむことができました。数年後，彼は私に，身体の赤いずきずきした箇所を的にする鎮痛薬の TV 広告のように，彼の呼吸がかゆいところに向かうように想像したと話してくれました。その日は，かゆみが戻ってくる度にそこに息を吹き込むと，しばらくの間は再びかゆみが「消えた（disappear）」のだそうです。彼は不快に対して能動的に対応する新しい方法を学びました。

重篤な病気による痛みと，蚊に刺されたかゆみとを比べようとしているのではもちろんありません。また単純に痛みを受け入れることで，それをすべて克服できるわけでもありません。しかし困難に対する私たちの反応の仕方が，困難を凝り固めたり，助長させたり，さらに深刻化させてしまうことがよくあることも事実です。ネルソン・マンデラ（Nelson Mandela）やビクトール・フランクル（Viktor Frankl）のような並外れた人たちは，最も悲惨な状況においてさえも，個人がどのように苦痛を軽減し，さらに変容させる態度を選択できたかを示してくれました。

　こうしたところで起こっていることの一部は，次の公式で要約できるかもしれません。

苦痛＝痛み×抵抗

あるいは，それを「人生において痛みは避けられないが，苦痛は選択できる」と表現する人もいます。人生からすべてのネガティブな体験を取り除くことはできませんが，苦痛からどういった影響を受けるかについて，また特に痛みや病気に対する私たちの物語がどのように苦痛の体験を強め，助長するかについて，痛みと苦痛の境界で取り組むことは多少ともできるかもしれません。

痛みを扱う

過去 30 年の間で，痛みの体験に対する MBSR コースの効果に関する研究によって，生理的および心理的過程の関与が急速に明らかになりました。ここに最近の例があります。

新薬をテストする際の標準的な手法は，プラセボ（偽薬）との比較です。今ではプラセボ自体が有意な効果を与えることができることがわかっており，プラセボの作用機序を評価したいくつか興味深い研究もあります（Feinberg, 2013）。

2014 年，米国ノースカロライナ州にあるウェイク・フォレスト・バプティスト・メディカルセンター（Wake Forest Baptist Medical Centre）でフェイデル・ザイデン（Fadel Zeidan）と彼のチームは，マインドフルネスメディテーションと，痛みを緩和するプラセボとを比較する実験を計画しました（Zeidan et al., 2015）。

参加者は無作為に，マインドフルネスメディテーションまたは火傷の際に塗る中性クリーム（プラセボ）の使い方のトレーニングを受けました。その後，実験的に実際に腕に火傷を負わされた後で，クリームを塗布するもしくはマインドフルネスメディテーションを実施しました。プラセボクリームは，痛み感覚（－11％）と不快感（－13％）を有意に減少させましたが，マインドフルネスメディテーションでは両方のカテゴリーにおいてプラセボ効果を上回る結果（それぞれ－27％および

－44％）が認められました。

　簡単なリラクセーション法のトレーニングを受けた別のグループは，クリーム塗布と比較して，効果はより低かったのですが，研究者たちを最も驚かせたのは，痛みが脳内で緩和される様子がスキャンで明らかにされたことでした。

　「研究結果にはまったく驚きました。メディテーションとプラセボでは脳の部位に一定のオーバーラップがあると考えていましたが，マインドフルネスメディテーションが独特な方法で痛みを減少させることの斬新で客観的なエビデンスが，本研究で発見されました」（Wake Forest Baptist Medical Center, 2015）

　この研究の結論は，「研究結果から，毎日わずか20分程度のマインドフルネスメディテーションのセッションを4日間継続することで，臨床での疼痛治療を促進することができると考えられる」というものでした。

　MBSRで実践するマインドフルネス技法を痛みの治療に応用し，それを検証した研究がきっかけとなって，図2.2が示す通りその後さまざまな研究が行われることになりました。またマインドフルネスをベースにしたアプローチは，がん，摂食障害，依存，その他多くの苦痛を抱える人々を対象に研究され，多くで有意な結果が示されています。メンタルヘルスにおいては，特に抑うつ，不安そしてストレスに対する治療に応用されてきました。MBSRプログラムをベースにしたマインドフルネス認知療法（Mindfulness-Based Cognitive Therapy：MBCT）は，臨床的うつ病を患っている人々を対象とし，この領域において特に成功を収めてきました。

足を感じる

　さて，理論はこれぐらいにして，何かより直接的な体験をしてみましょう。マインドフルネスを本当に理解する唯一の方法は，それを体験することです。なぜなら私たちは非言語的体験を体験しようとしているのであっ

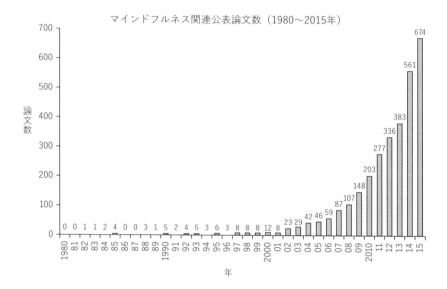

図 2.2　2007 年以降に公表論文数が指数関数的に増加している
〈米国マインドフルネス研究協会（American Mindfulness Research Association, 2016）〉

て，言葉の説明はただガイドにすぎません——しばらく言葉を脇に置けるか
どうか試してみます——もしくは感覚のボリュームを上げると同時に，思考
のボリュームを少し下げてみます。しばらくの間これらの思いや考えを手放
して，ただ私たちの感覚の体験の中で遊ぶことができるかどうか試してみま
しょう。

　これをするための最善の方法は，誰かにガイドしてもらうことです。ある
いは章末にある「試してみましょう！」のオーディオトラックを試してみて
もよいでしょう。

　自分自身でガイドを読んで試してみたいのでしたら，下記の指示に従って
少しスピードを落として進めてください。

　これを試すには数分（約 3 ～ 5 分）の時間と静かな場所が必要です。今す
ぐにはできない状況であっても問題はありません——後でもっとよいタイミ
ングを選べばよいのです。

あなたの足を感じとるプラクティス

準備ができたら，このプラクティスに集中する意図を固めることから始めて，手元で読みながらあなた自身に指示を与えます。

読む速度を少し落として
……時々間をおいて
……自分の身体を意識できるか試してみましょう。
……………………………………………………………………………………

それでは，
……足の感覚に優しく注意を集中してみましょう。
靴下や靴の感じを感じ取ることができるかどうか，試してみます。
それらがどのように足を包んだり締め付けたりしているでしょうか。
足の温度が温かいのか冷たいのかに注意を向けてみましょう。
そしてその重さ（または軽さ）
……今度は足の裏と床とが接触している感覚に注意を向けてみます。
……………………………………………………………………………………

少し読むのを止めて長めに間をおいて，（もしよかったらしばらく目を閉じて）足の内側から足をもう一度感じとってみましょう。

（もしよかったらもう一度目を閉じて）足と椅子によって支えられてここに座っている身体の感覚も含めてみます。

そして今，これをゆっくり穏やかに読んでいる間，身体の中に息が入ってくることに注意を向けられるか試してみましょう。

呼吸が最もはっきりと感じられるところの身体の感覚……
できたら，数回呼吸を繰り返して，ただそこに留まってみましょう。
……………………………………………………………………………………

最後に，この最後の部分を読み終えた後
少しの間，本を閉じて試してみます。
呼吸，そして身体を感じて
部屋の周りをゆっくり見回しましょう。
そして徐々にこの部屋のここに座っている自分自身を十分に感じてみましょう。

　どうでしたか？

　何に気づきましたか？

　疲れを感じましたか？

　それともリラックスしましたか？

　感覚に留まることができましたか？

　心はそれてばかりでしたか？

　やることは難しかったですか？

　全く足を感じることができなかったかもしれません。

　あるいは「なんて時間の無駄なんだ！」と考えていたかもしれません。

　上に書かれたこと，あるいはその他さまざまなことを，この数分間に体験したかもしれません。こうしたプラクティスに正しいも間違いもありません。この段階では，それがなんであれ注意を向け，意識することを学んでいるだけです。ですので，試すことが大変だったとしても，それが「間違っている（wrong）」と感じる必要はありません。身体に注意を向けると何が起きるかに意識を向けて，ただ探索しているだけです。もしこれがあなたにとって新しいタイプの経験なら，新しいスキルのトレーニングと同じように，あまりに頑張り過ぎたり自己批判的になったりしないことが大切です。物事がよりスムーズに進んでいる時に，私たちは学ぶことができます。それと同じように，困難な瞬間からも学ぶことができるのです。私たちは注意を向けるという意思を高めることに，取りかかり始めたばかりです。

さまようこと（Wandering）と不思議に思うこと（Wondering）

　私たちは将来について憂い，過去のことをくよくよ気にして，私たちが今いるところやしていることに本当に注意を向けずに，頭が作り出す物語にとらわれて，自動操縦から抜け出せずにいることがよくあります。今の瞬間に集中している時でさえ，ほとんど無意識のうちに，内なる批評家から断続的に批評を受けて（「私は全然良くない・賢くない・十分強くない」）落ち込んだり，他者と比べて（「少なくとも私は，彼や彼女らのように醜くない・背

が低くない・背が高くない・やせていない・太っていない・傲慢でない・内気でないなど！」），落としどころを見出して得意になるかもしれません。

　マインドフルに意識を向けるトレーニングは，私たちのさまよう心（誰もが持っています！）を扱うことに役立ちますが，心がさまようことの不思議さを高く評価したり称賛したりすることもまた可能です。私の最善のアイデアのいくつかは，心がさまようままに任せた時に，まさに偶然に浮かんできたものです。私の場合，このことがよく起こるのは，身体的な何かをしている時，例えば，歩いたり，サイクリングをしたり，シャワーを浴びたり，田舎を旅している途中で列車に優しく揺られながら窓の外を眺めていたりする時です。ですから，それに意識を集中していなくても，ある程度の「体現化（embodiment）」はあると思います。しかしこれは，夜明け前やストレスの多かった日に心が乗っ取られるような，より「身体から切り離された（disembodied）」，繰り返される思考とは異なります。

心配する遺伝子

　私たちは戦士（Warriors）の子孫であると同時に，心配性の人（Worriers）の子孫でもあります。それら心配性の遺伝子は，私たちの祖先を時として死の危険から救い，私たちに受け継がれてきました。私は時々生徒たちに話すのですが，私の母は素晴らしい女性であったとともに，非常に心配性でもありました。もし心配度合いを競うオリンピック競技があったとしたら母は英国の代表になることができたでしょう。「そして，私もその能力を受け継ぎ，それをそのまま新しいレベルで完成させました」と続けて語ります。心配は容易にやってくるし，それがまさに私の心の向かい方です。

　私は心配することが大変得意なので，それは私の神経回路に強固に備わりました。私の習慣的思考パターンは，常に用いることによって十分に髄鞘化*7（保護）され，慣れ親しんだシナプス間回路を下ります。これにより神経細胞の活動電位は「心配回路（worryways）」をより通過しやすくなります。

──────────
＊訳注7）髄鞘は神経細胞の軸索を何重にも囲んでいる密な膜構造で，髄鞘化により伝導速度が上昇します。

しかしトレーニングを通して，私はこのプロセスを意識するようになり，今ではこれらのデフォルトの神経回路を下らずに，代わりにより穏やかで快適な旅への助けになるような，より静かな脇道にそれる選択ができています。

　私たちの多くは，あまりに長く取り留めもなく考え続けているとネガティブな方向にそれてしまう生来的な傾向があります。特に根底にある気分の落込みや，恐れ，怒りあるいは悲しみといった強い感情にあおられた時，潜在意識のネガティブ思考に囚われてしまう危険性があります（Killingsworth and Gilbert, 2010）。認知行動療法家たちが解明したように，私たちがうつ病から抜け出そうと考える試み自体が，時に負のスパイラルにはまり込ませてしまいます。マインドフルネスのトレーニングによって，私は，楽しく創造的な空想と，ポジティブな目的に全く寄与しないまま繰り返される心配思考との違いに気づくことができました。

　さまよう心は，私たちが空想にふける時は創造的にも滋養にもなり得ますが（Callard and Margulies, 2011），強迫的になったり，破局化思考に傾くとネガティブな状態を助長することにもなります。時間と粘り強さがあれば，私たちは自分自身をトレーニングすることができます。その結果，心をさまようままに任せることを選択したり，逆に，もし心のさまよいが自らに問題を起こしたり，いつの間にか自らを傷つけていることに気づいたら，プラクティスで培った感覚のアンカー（錨）を通じて，考えることから優しく今の瞬間に引き戻すことを習得したりすることができます。

　メディテーションを実践する人は，「心がさまよわない人たち（people whose minds don't wander）」ではありません；
　心がさまようゆえに，人はメディテーションを実践するのです。

　メディテーションを実践している人がたくさんいる部屋の画像を見ると，皆が非常に落ち着いて穏やかそうに見えます。しかし，実際は，全員が落ち着いて心地良いわけではなく，誰もが，ある瞬間に，あらゆる人間の感情と

感覚を体験している可能性があります。数分でも静かに静止して座ること
が，時にはどれほど難しいことかを理解しておくことが重要です——もしあ
なたがいつの日か，生徒にトレーニングをすることになるような場合は，特
にそうです。

　これらのプラクティスを大人や子どもたちに紹介する時は，彼らのさまざ
まな体験を普通のこととする（誰でもが体験することとして伝える）よう気
をつけます。若い人々が「マインドフルネスを試したけれど，心があまりに
さまようので，私には向いていません」と結論づけてしまうことは，一番避
けたいことです。私たちは彼らがさまよう心の性質を理解するのを助けるの
です——すなわち「心はそういうもの（what minds do.）」だと。

　次の章では，自分で行うマインドフルネスのプラクティスをもう少し深く
探索してみます。そうすれば自分で試してみることができます。プラクティ
スをすればするほど，心が心配を助長する時にそのことをより意識できるよ
うになり，そうすれば心を落ち着け，集中する方にあなたの成長する力を使
うことができます。それでは，短い簡単なエクササイズを試してみましょ
う。以前に行ったものと似ていますが，あなたに馴染みのあるところ，学校
で，どのようにマインドフルに意識することを自分のために活用できるかど
うかについて，試してみましょう。

呼吸休憩（ブレーク）

　あなたは1週間の休暇を終えて学校に戻ってきたばかりだと想像してみてく
ださい。休暇をとったにもかかわらず休めた感じが全くしません。レポートの
書き直し，1週間後に迫っている保護者会を控え，今週を乗り切るための十分
なエネルギーがあるか不安に感じています。今朝は教室に入る準備ができてい
ないことは確かです——特に休み前の最後の授業で，生徒たちが落ち着きなく
浮足だっていたのを思い出しています。

　その時，これまでのマインドフルネスの練習を思い出し，学校でするのに違
和感はあるものの，今試してみることを決心します。椅子を窓の方に向けて，
反対側のマンションをすれすれに横切っていく雲を背景に木々を見渡します。

　混雑した地平線の上の空間に注意を向け，深く息を吸い込みます。自分の心

や身体のまわりを流れるように過ぎていくさまざまな思い，気持ち，感覚が入り混じっているのを意識するに任せます。[このエクササイズは読みながら試してみてください。約3分]

　身体のどこで，どんな感情や感覚が感じられるかに注意を向けてみてください。それから……

　十分に長く息を吸って

　吐く息に意識を向けて

　最後まで意識して出て行くままにしてみましょう。

　息が身体に入ってくるのを感じてみます。

　もしよかったらしばらく目を閉じてみましょう。

　それから注意を集めて両足に降ろして，

　靴の中の足を感じてみましょう。

　そして，足の下の床。

　足に注意を集中している間，数回呼吸をします。

　それでは注意を拡げて，両脚，太もも，ここで椅子に座っている身体の感覚に意識を向けてみましょう。

　呼吸を意識しながら，目を開けてちょっとの間周囲を眺めてみましょう。

　もう一つ深く息を吸って吐きましょう。

　できるだけ身体に意識を保ちながら，ゆっくり立ち上がって，生徒たちに会う準備をして，挨拶しましょう！

マインドフルネスとストレス

　MBSR のアプローチは，痛みと同様に，ストレスへの対応において非常に効果的であることがわかってきました。それはコーピング戦略としてはもちろん，予防的に用いることもできます。ストレスに対するマインドフルネスを用いた一つの研究（以下に示す）は，おそらく「自己報告（self-report）」研究に懐疑的な人たちにも興味深いものと思われます。それは米国海兵隊で実施された生理学的指標のみを用いた研究です。（注：次章以降で，職場以

外でストレスにうまく対応するためのマインドフルネスの活用をより深く検討してみます）

マインドフルな海兵隊

　この研究（Johnson et al., 2014）は，カリフォルニア大学サンディエゴ校医学部と海軍ヘルスリサーチセンターの研究者たちによって実施されました。

- 無作為に選択された4小隊はマインドフルネス訓練に，4小隊は通常の訓練に割り当てられました。
- 小隊は，8週間のマインドフルネス訓練コースの前後および，その数カ月後に実施されたストレスの多い戦闘訓練中と訓練後に評価されました。
- 血液，脳，心臓に関する生理学的指標を用いた評価で，以下の結果が得られています。「健常人におけるストレス回復に関連するメカニズムは，ストレスにさらされる前に修正することが可能であることが示された。この結果はエビデンスに基づいたメンタルヘルスの研究と治療において重要な意味を持つ」

マインドフルネスとうつ病

　世界保健機関（WHO）によると，うつ病は世界的健康障害の主要な原因の一つです。近年，心理学者たちはうつ病治療にマインドフルネスを取り入れた効果的なアプローチを開発してきました。一つの主要な研究は，再発を繰り返す臨床的うつ病の既往を有する被験者を募集し，8週間のマインドフルネス認知療法（MBCT）群と対照群（MBCTを受けないグループ）とで比較したものです（Teasdale et al., 2000）。この研究および再現性を評価し

た同様の研究において，MBCT 群のうつ病再発率は，通常の治療を継続した対照群と比較して半分であることが確認されました。すべての人に有効とは言えないものの，臨床的うつ病の再発低下に関して，MBCT は薬による潜在的副作用がない薬物治療の代替療法として，実行可能な選択肢を確かに提供すると考えられます。実際に，現在英国において MBCT は確立した治療法として認められています。英国国立臨床研究所（National Institute for Health and Clinical Excellence, 2009）は，国民医療（National Health）が拠出するうつ病治療として，医師による MBCT の処方を推奨しています。

脳を変える

- 「今に注意を向ける：マインドフルネスメディテーションは自己参照の明確な神経モードを明らかにする」と題した 2007 年の研究（Farb et al.）で，マインドフルネスのトレーニングは「内臓－身体（viscero-somatic）」処理を増加させ，「物語に基づく（narrative-based）」処理の連結を解くことを明らかにしました。つまり，ジェティ（Jetty）のシナリオで紹介した二つの心のモード（感じとるモードと思い・考えるモード）は，身体感覚をより意識するトレーニングによって，より簡単に「切り離す（uncoupled）」ことができるのです[*8]。うつ状態で考えを反芻しがちな人々にとって，この切り離すことは，うつのエピソードが始まりかけた時に気づき，積極的に再発を防ぐための措置をとるのに役立つかもしれません。

- マサチューセッツ総合病院の研究（2011）は，8 週間のマインドフルネストレーニングプログラム（1 日平均 27 分のプラクティス）後の

[*訳注 8] 自己参照には大別して経時的な自己参照（self-reference across time）と現在の瞬間での自己参照（self-reference in the present moment）の 2 種があるが，本論文では MBSR を体験した群でこれらが独立していた（uncouple）が未体験群では相互に連結（couple）していることが報告されている。経時的自己参照は，思い・考えるモード，現在の瞬間での自己参照は感じとるモードに対応していると考えられることから，マインドフルネスのトレーニングが思い・考えるモードと感じとるモードの連結を解くことが示唆される。

脳スキャンで，感情制御とストレスに関連する脳の領域の構造に変化
が認められたことを明らかにしました。スキャンで示されたのは以下
の事象です。

➤ 海馬の灰白質密度の増加（記憶と学習容量を増加させる可能性を示
唆）

➤ 扁桃体の灰白質密度の減少（恐怖反応を低減させる可能性を示唆）

　思考の反芻が抑うつ状態にどのように関与するかを理解することは，私た
ち全員に関わることです。それは，うつ病が 21 世紀のよくある疾病である
からだけではなく，誰もがネガティブな気分や心の状態に取り組んでいかな
ければならないからです。私たちの頭や身体，そして感情の機能についてよ
り理解することで，そのような困難に対応するための方策をより学ぶことが
できるのです。

健全な懐疑論

　私たちがマインドフルネスを教師や生徒に紹介する時，関連する研究や期
待に対して「健全に懐疑的（healthily sceptical）」であることを勧めていま
す。何か少し違ったことを試す前に，疑ったり心を閉ざしたりせず，逆にマ
インドフルネスはあらゆる問題に対する答えであると即座に結論づけるほど
（実際は，この結論に至る生徒は多くありませんが，中年の大人では起こり
得ます），オープンになりすぎないことです。

　心や身体の状態により，メディテーションは必ずしもすべての人にとって
最善の選択ではないかもしれません。例えば，喘息のある人は呼吸に注意を
向けることを心地良く感じないかもしれないので，プレッシャーを感じない
ようにすることが大切です。〈一方，喘息があっても興味があるなら，マ
インドフルネスが肺機能や生活の質を改善する可能性があることを研究した報
告もあります（Pbert et al., 2012）〉。また MBCT プログラムは，うつ病を
患っている人への効果を示す報告があるものの，元々は大うつ病の症状があ

る時ではなく，再発予防として使うために考案されました。

ウェブリンク：「健康的に懐疑的」な態度でマインドフルネスを体験してみた人の例として，CNN のアンダーソン・クーパー（Anderson Cooper）の短い動画をご紹介しましょう。
http://www.cbsnews.com/news/the-newly-mindful-anderson-cooper/

　自分に役立つものを選ぶことは，セルフケアで大事なことです。健全に懐疑的に何かを試してみる準備をしたら，初めは大変であったとしても，信頼する誰かからの励ましや助言，研究に対する理解に基づいて，継続することを選択できるでしょう。しかし最終的に何が役に立ち，何が役に立たないかは，私たち自身の経験に基づいて自らで決めることです。

一般への広がり

　科学的研究結果が広まると，マインドフルネスは次第に一般の人の興味を引くようになりました。『うつのためのマインドフルネス実践―慢性的な不幸感からの解放（The Mindful Way Through Depression）』（Williams et al., 2007，邦訳：星和書店，2012）の MBCT の本に続いて，2011 年にはマーク・ウィリアムズ（Mark Williams）とダニー・ペンマン（Danny Penman）による，臨床的要素を減らした，より一般に入手可能な本『自分でできるマインドフルネス―安らぎへと導かれる 8 週間のプログラム（Mindfulness : A Practical Guide to Finding Peace in a Frantic World)』（邦訳：創元社，2016）が出版されました。この卓越した独習 8 週間コースの本は，現在 20 言語以上に翻訳されて国際的ベストセラーになり，マインドフルネスへの興味が臨床的に抑うつや痛みのある人々に限られたものではないことを示しました。すべての人がゆとりと休憩時間をもっと必要としており，私たちの多くにとって，生活でよりバランスをとるための実用的なガイダンスは役に立

つと考えられます。欧米では，東洋の伝統的な瞑想法を，元型のまま，あるいは非宗教的な形でさまざまに適合させました。そして，これらと脳スキャンの技術を組み合わせることで，メンタルヘルスの介入に新しい展望を開きました。心理学者と教育者は，「マインドフルに意識を向けるトレーニング」を心身の健康に適用するという上記の進歩が，学校の子どもや若者たちにも役立つのではないかと，最近になってようやく考え始めたのです。

メンタルヘルスと若者たち

　教師として最も懸念することは，子どもや若者たちのメンタルヘルスの問題が憂慮すべき割合で増加していることです。

- 米国のメタ解析[*9]では，1980年代の子どもや大学生の不安の平均レベルが，1950年代の若い精神病患者の平均より高いことが報告されています（Twenge, 2000）。
- 大うつ病は思春期に始まるということが，現在非常に頻繁に報告されています（Williams et al., 2012）。
- 2012年の主席医務官（Chief Medical Officer）の報告によると，英国の子どもたちの10％に診断可能な精神障害があるとされています（Murphy and Fonagy, 2012）。
- 2014年，米国における830の大学カウンセリングセンターの調査では，「深刻な心理的問題（severe psychological problems）」が94％増加したことが報告されました。主に不安障害や心理的危機であり，あるセンター長は，カウンセラーは「もはやセラピーはできず……ただ重大な危機を選別するしかない」状況になっていると述べています（Gallagher, 2015）。
- 英国での子どもや若者たちの自傷の割合は，過去10年で急激に増加しています（Murphy and Fonagy, 2012）。
- 世界保健機関（World Health Organization, 2016）は，「うつ病は青年

＊訳注9）　過去に独立して実施された複数の研究結果を集めて統合し，それらを用いて解析を行う方法のこと。

期の若者の疾病障害原因の第一位であり，自殺は死因の第三位である」
と報告しました。自殺数は若者たちの苦悩の氷山の一角を示している
にすぎず，米国の 15 歳から 24 歳の若者の間では，100 ～ 200 回の未
遂につき 1 回の割合で自死を認めています（Goldsmith et al., 2002）。

　現代の生活スタイルがバランスを失っていることは，調査や統計の結果を
見ずとも明らかです。私たちの多くは既に自分自身で精神疾患を経験してい
ますし，また私たちは過去に苦しんだり，現在苦しんでいる家族や友人，生
徒を知っています。世界保健機関（WHO, 2016）は，この領域に関する教育
を拡充すべきであると，次のように提唱しています：「子どもや青年期の若
者たちのライフスキルを構築し，学校やその他のコミュニティで心理社会的
サポートを提供することは，良好なメンタルヘルスの推進に役立つ」

　マインドフルネスに基づく介入に関する研究のほとんどは，これまで大
人が対象でしたが，状況は変化しつつあり，まだ「新興の領域（emergent
field）」ではありますが，若者や子どもたちを対象とした研究で肯定的な結
果が示唆され始めています。第 5 章では，いくつかの研究のエビデンスを調
べて，教師たちが大人のマインドフルネスプログラムを学校でどのように子
どもや 10 代の若者たちに適用し始めたのかについて探索しています。

　この章では，マインドフルに意識を向けるトレーニングを，医療やメンタ
ルヘルスに活用することについてフォーカスしてきました。最後の締めくく
りに私が強調したいことは，この作業は，困難を扱ったり，絶望や人生の問
題を避けたりすることがすべてではなく，人生を楽しむことや，この美しい
惑星に生きて存在する素晴らしい機会を実感するためでもあるということ
です。マインドフルに意識を向けるトレーニングは，困難な経験や苦しい感
情，思いや考え，感覚に対応するのに役立つだけでなく，ゆっくりした時間
を過ごすことの安らぎや喜びのために使うことができるのです。そうするこ
とで私たちはもっと身体に留まり，この瞬間を本当に実感できるようになり
ます。

「私の人生は，今という瞬間の積み重ねでした。これからも一つひとつの瞬間を生きていくでしょう。年月の積み重ねではありません。私に与えられているのは今という瞬間だけ。それ以外にはありません」

ナディーン・ステア（Nadine Stair）85 歳（Kabat-Zinn から引用，1991）

本当に大切なこと

- マインドフルな意識を育む古来の技は，痛み，不安そしてうつ病への効果が証明されて，医学およびメンタルヘルスの主流で応用されています。
- この技は，現在，教育環境における一連の新たな取り組みにつながり，若い人たちや教師のポジティブなメンタルヘルスのために適用され，その可能性が探求されています。

試してみましょう！

- 55 ページのアクティビティをまだ試していないなら，今週 10 分間の時間を確保してゆっくりエクササイズをやってみるか，ガイド付きのオーディオ www.mindwel-education.com. に従って試してみてください。
- 続く章では，マインドフルな意識を育むさまざまなプラクティスの具体的な方法をみていきます。もし少し探索してみたいなら，今のところは，一日の中に静かな瞬間を作ることを考えてみてください。
  - ➤ シャワーの後や朝食の前に，2 分間ただ静かに座って意識して数回呼吸をしてください。床の上で足を組んで座る必要はありません。普通の椅子でもできます。

➤ 朝にいつもお茶やコーヒーを飲むなら，飲みながらその日の計画を立てたり新聞を読んだりする代わりに，ただ座って飲む体験を楽しみながら感じとるために，その時間を使うことを検討してみてください。

➤ タイマーを5分にセットして静かに座ってみましょう。そして身体と呼吸の動きが感じられるところの感覚を感じとってみてください。心は他のことにそれるものですから，それに気がついたら，注意を呼吸や身体の感覚に優しく戻してください。

➤ 毎日，マインドフルな環境を整えるものとして，オーディオリンクを使ってみてください（約5分）。

これらすべてのエクササイズをするにあたり，自分自身に優しくあることを覚えておいてください。望んだように，また計画した通りに結果が出なくても，自分自身を責めたりしないでください！　私たちが育もうとしているマインドフルネスの本質を思い出してください。

「マインドフルネスは，意図して，今の瞬間に，好奇心と優しさをもって，物事にありのままに注意を向ける時に生じる意識である」

さらに学ぶための参考文献とリソース

Kabat-Zinn, J.（1991）*Full Catastrophe Living : How to Cope with Stress, Pain and Illness using Mindfulness Meditation*. London : Piatkus.（春木豊訳（2007）マインドフルネスストレス低減法．北大路書房）
ジョン・カバットジンのMBSRアプローチについての見事な洞察とマインドフルネスについての素晴らしい入門書。下は彼の初期の活動についての感動的な動画。

Healing and the Mind with Bill Moyers（1993）Public Broadcasting Service https://vimeo.com/39767361

Williams, M., Teasdale, J., Segal, Z. and Kabat-Zinn, J.（2007）*The Mindful Way Through Depression : Freeing Yourself from Chronic Unhappiness.* New York : Guilford Press.（越川房子・黒澤麻美訳（2012）うつのためのマインドフルネス実践―慢性的な不幸感からの解放. 星和書店）うつ病の治療としての MBCT についての自習プログラムの概要と多くの洞察を含む本。

Gunaratana, B.（2011）*Mindfulness in Plain English.* Somerville, MA : Wisdom.（出村佳子訳（2012）マインドフルネス―気づきの瞑想. サンガ）高名な仏教者の手による瞑想についての読みやすくかつ示唆に富むガイド書。

第3章

マインドフルであること：
ストレス・マネジメントとセルフケア

この章では：

- マインドフルに注意を向ける力を養い，それを日常生活に応用するための意識的なプラクティスに着目します。
- そのようなトレーニングがストレスのマネジメントにどのように役立つか，そしてなぜセルフケアに焦点を当てることが教師にとって重要な要素であるのかを検討します。
- きちんと時間を取って行うフォーマルな（正式な）マインドフルネスのプラクティス，および日常生活の中で行うインフォーマルな（日常の）プラクティスについて，実際的な例とアイデアを紹介します。

教師のセルフケア

　教師は「人をケアする職業」に属しています。医師，看護師，ソーシャルワーカー等と同じです。多くの人にとって，このキャリアパスは天職であり，与えられた使命であり，天からの贈り物でさえあります。生徒たちに対するケアや，彼らの成長や学びを任せられることを光栄に感じることもあるでしょうし，次世代を育むための日々の努力に意義と目的を見いだすこともあるでしょう。教育者として，私たちは多くのものを提供します。仕事に時間とエネルギーを注ぎ，自分自身の個人的な部分もいくらか生徒たちに与えます。刺激的でやりがいを感じることが多いかもしれませんが，時間の経過とともに燃え尽き症候群の危険にさらされる可能性もあります。出席すべき

会議，返信を要するメールや引き受けなければならない責務，物事を教えるためのより良い方法の習得など，やるべきことが常に増え続けます。最終的に，私たちは充実感と刺激を感じる反面，消耗や疲労困憊も感じるかもしれません。教育には人を養う一方で教える側の人を枯渇させる可能性もあり，全体的なバランスが後者に偏る場合，持続可能性と健康が危険にさらされることもあり得ます。こうした求められるものに対処し，ストレスを管理するための最善の方法を知ることは，燃え尽き症候群を回避するのに役立つだけでなく，教育スキルを向上させることにもつながります。

> 「自分自身の心身の健康を常に意識することは，**生徒の学習意欲を高める体験的な条件を整える**上で不可欠である」

　この引用は，ルイ・コゾリーノ（Louis Cozolino）著『教育の社会的神経科学（The Social Neuroscience of Education）』（2013）に，ダニエル・シーゲル（Daniel Siegel）が寄せた序文からのものです。シーゲルは精神医学の教授として見解を述べているだけではありません。彼はまた，コゾリーノのこの著作の研究結果を要約しています。

　学習における人間関係の重要性が科学的に探求されてきたおかげで，今日私たちは，主な養育者への愛着を介する初期の発育について，より理解が深まっています。若い人たちは，多くの繊細なレベルで大人とつながる傾向があります。教師が子どもたちと一緒に教室にいる時，子どもたちのうちにこの傾向が働き始めます。つまり，教師が学術的，分析的，概念的なコンテンツに焦点を当てている時に，生徒たちはそれに加えてさまざまな身体的，感覚的，感情的な側面も察知しているのです。

　私たちが今この瞬間に集中し，自分自身や他の人と本当の意味でつながることは，私たちの教育の有効性にとって，そしてもちろん生徒たちの学習にとっても，あまり認識されてはいませんが，重要な影響を及ぼします。この多くは無意識下の事象ですが，研究は次のことを私たちに示してくれます。

私たちが<u>どのように</u>教えるかは，<u>何を</u>教えるかと同じくらい重要である。

酸素マスク

　飛行機に乗っていて何か問題が発生した場合，親として私たちは本能的に最初に子どもたちを助けようとする傾向があります。しかし実際は，他の人を助ける前に，まず自分自身に酸素マスクを付けて酸素の供給をうけるよう指示されます。教師のために行われる多くのマインドフルネス・トレーニングプログラムは，この比喩を用いています。なぜなら，教師としては，私たち自身のニーズよりも生徒のニーズに集中する方が簡単な場合が多いからです。しかし，私たちが自分自身を大切にする方法，つまり自分自身に栄養を与え，バランスを見出す方法を知っている場合にのみ，これらのスキルを効果的にモデル化し，生徒のスキルを育むことができるのです。

　2012年に，私はマインドウェル（MindWell：mindwell-education.com）の設立に関わりました。これは，学校や機関がそれぞれのコミュニティにおいて，マインドフルネス，社会性と情動についての学習，ウェルビーイングのための取り組みをしようとする時，それを支援する小さな組織です。私たちは，教育従事者との取り組みを構築するのに役立てるよう以下のフレームワークを作成しました。

教育におけるマインドフルネスの三つの側面
<u>マインドフルであること</u>
<u>マインドフルに教えること</u>
<u>マインドフルネスを教えること</u>
- 教育の分野において私たちのあらゆる働きの基礎となるのは，マインドフルであることです。

- マインドフルネスのプラクティスを深めることによって，注意を向ける能力が高められ，教室での私たちのあり方に影響を与えることが多くなり，そして，よりマインドフルに教えることができるようになります。
- この基盤ができたら，他の人にマインドフルネスを教えるためのトレーニングを提供することもできます。

　私たちのマインドフルネスのプラクティスが深まるにつれて，私たちは身体にもっと注意を傾けることができ，また教室の環境や他者との相互関係にもっと敏感に対応することができます。ストレッサーに対する私たちの身体反応に意識を向けることで，後々不健康に発展しかねない緊張にも気づくことができます。ですから，こうして意識を向けることを利用して，自分自身をより大切に扱うことができるのです。セルフケアにもっと重点を置くことで，自分自身とのつながりが深まり，生徒との関係が改善されます。ひいては，生徒たちの学習を向上させることにつながります。日常生活において，よりマインドフルであることは，私たちが自分自身を保ち，この教師という素晴らしいけれど骨の折れる職業において，健康や活力および積極的な取り組みを維持することを助けてくれます。

　新任教師が最初の教師トレーニングの中でこれらのスキルのいくつかを学び，その後，教師のセルフケアを支援してくれる学校で働くことができれば，より多くの教師がさらに活躍し，職業に長く留まることができるようになるでしょう。このテーマについては，第4章でさらに取り上げます。

　マインドフルであることは，正式な側面（静座，ボディスキャンなど）と日常的な側面（日常の活動や人間関係にマインドフルな注意を向ける）の両面において，私たち自身が行うマインドフルネスのプラクティスから育まれます。私たち自身のマインドフルネスは，教育におけるマインドフルネスのあらゆる側面の根底にありますが，だからといって，子どもたちに対するトレーニングを開始する前に，マインドフルネスに完全に精通している必要があるという意味ではありません。それは，私たちが生徒たちに対してすることは何であれ，すでに自分自身で試みたことを行うことを意味します。

　子どもにとってマインドフルネスが役に立たないはずはありません。しかし役に立つのは，それが正しい方法で行われた場合に限られます。もしそれが正しい方法で行われないと，本来の意図が歪曲されてしまうため，非常に慎重に進める必要があります（Kabat-Zinn, 2013）。

　マインドフルネスに熱心に取り組み，それを生徒に教えるためのトレーニングを受けたいと思ったものの，トレーニングコースによっては受講するために満たさなければならない前提条件にいらだちを感じる教師がいるかもしれません。あるいは，実際にトレーニングコースを受講した後，すぐに他の教師をトレーニングしたいと思う（あるいはそうすることが期待されている）場合があります。ほとんどの専門性開発研修ではそれができますが，マインドフルネスは平均的な専門性開発研修ではありません。最終的に生徒を訓練したい場合は，時間をかけてゆっくりと進み，まず最初に自分の個人的なプラクティスをきちんと確立するまで待つことが重要です。そうでなければ，最善を意図したにもかかわらず，何人かの子どもたちをマインドフルネスから遠ざけることになってしまうかもしれません。

学校における教師のセルフケアのサポート

　本書の中心的なテーマは，「教師のセルフケアに焦点を当てることが他のすべてに先行すべきである」ということですが，これは学校現場で聞き慣れているメッセージではありません。教師を大切にすることの重要性を本当に理解している学校の指導者であれば，学校は教師のセルフケアを最も円滑に進める方法を検討する必要があることが明確にわかります。これは，学校が教師のケアに直接責任を負う必要があるという意味ではありません。教師のセルフケアを奨励し促進する条件を明確かつ積極的に整備する必要があるということです。指導者や保護者がその重要性を理解していれば，教師自身がセルフケアの力を身につけることができるような取り組みを，支援することが可能になります。そして教師は，自分で身につけたものをモデル化して生徒に教えることができます。

　「地に足を着けて，風に吹きまわされない生き方を育ててくれたのは，すべて私がマインドフルネスを通して行ってきた学びによるもので，毎日のプラクティスがそれを助けてくれます。私たちは一生懸命働いていますが，教師というキャリアは私たちから多くを吸い取ります。自分自身の多くを与える必要があるため，静寂の時間は私自身を再充電してくれるように感じます。この仕事は社交的であることが求められますが，実際私はかなり内向的です。私は一人の時間を味わうことで充電します。そして，マインドフルネスのプラクティスを行うことで，丘の上を半日歩くのと同じような爽快感を感じることがあります」

（英国の小学校教師）

　一部の学校では，すでに専門性開発のための支援金を提供して，教師がMBSR，MBCTまたは同様のコースを受講できるようにしています。中には，教師が日々のメディテーションのプラクティスを習慣づけることができるようなアプリ（Headspace等）や，他のプログラムにアクセスするためのサブスクリプションにお金を払ったり，一部を支援する学校もあります。一部の教師はそこからさらに進んで生徒をトレーニングするようになりますが，そのことがこうしたプログラムをサポートする唯一の理由ではありません。啓発された賢明なリーダーは，ストレスをマネージする方法を知っていて，教師の価値を認識し，同僚，親，生徒とよりきめ細やかにつながります。そして，自己認識と教室での存在感を高めることを通して，自身の授業や行動を管理するスキルを磨くことができる教師の価値を認識しています。

　「マインドフルネスは，忙しい仕事と生徒のニーズのバランスをとるのに個人的に役立ちました。学校は忙しい場所かもしれませんが，私はある時に次の言葉を聞き，生徒に集中することに本当に役立ったのを思い出します。『以前は仕事が中断されることにイライラしていましたが，中断こそが私の一日

を作るものであることに気づいたのです』。マインドフルネスのアプローチによって，私は目の前にある 15 の報告書に取り掛かるよりも，人々と共にいることを学びました。不安を感じる時に，自分自身でそれに意識を向けることを学ぶことができ，実際にストレスを感じる最初の兆候が出た時に，気づくことができるようになります。以前はそんなふうに考えたことはありませんでした。ぐるぐると思いを巡らしていることに気づき，落ち着く時間を持つことで，私の内側の羅針盤を正しい方向に保つことができました」

（リズ・ロード，**特殊教育ニーズコーディネーター**，**英国**）

ストレス

　教師は，授業で教えている間は終日「オン」の状態（業務遂行に適した状態）でいる必要があります。また，それに加えて毎日多くの判断，授業の準備と課外活動，記録と報告，生徒や保護者，同僚とのやり取り等があります。これらすべてに対応するためには，私たちは自分自身を維持し大切に扱う方法を知る必要があります。

　21 世紀の人間にとって重要な問題の一つは，私たちの生理機能が，身体的な脅威と同様，精神的・感情的なストレッサーにも反応することです。この反応システムは，メールの受信トレイを開いたとたんに，何通もの未読メッセージを目にしたり，または手に負えないほどの長い To Do リストについて考えたりするだけでも作動します。現代を生きる私たちの多くにとって，心理的および社会的なストレッサーは身体的ストレッサーよりもはるかに一般的です。下記の語句をゆっくり読んだ時に何が起こるか，それに意識を向けることができるかどうかを確かめてみてください。そして，何が起きているかを少し理解できるようになったら，身体に起こる微妙な感覚に意識を向けることができるかどうか確かめてみてください：

＼

メール
　　締め切り
　　　家庭の中での責任
　　　　To Do リスト
　　　　時間不足

A 'New Normal'「新しい日常（ニューノーマル）」

　ティム・バーンズ（Tim Burns, Educare 創設者）は，さまざまな学校の
ために行っているプレゼンテーションの中で，社会が適応しつつある「新し
い日常（ニューノーマル）」について，ストレスレベルの観点から語ってい
ます（図 3.1 参照）。

バランスとストレスの生理学

　私たちの身体の生理状態は通常自己調節的であり，このバランス状態を維
持するための重要な要素は自律神経系（ANS）です。ANS は，必要な時に
エネルギーをくれ，そうでない時には速度を落としてくれる二つの対照的な
システムで構成されています。

- 交感神経系（SNS）は私たちのアクセルペダルです。
- 副交感神経系（PNS）は賢いブレーキシステムです。

　繁みの中でトラに追いかけられる等の緊急事態に対処しなければならない
時，または突然早まった期限に間に合わせなければならないような時，血液
は即座に糖質コルチコイドや他のホルモンで満たされ，こうした状況に反応
するためのリソースを総動員して身体中を駆け巡ります。SNS が私たちを
行動に駆り立てる時には貴重な燃料を使い果たすので，PNS は物事をスロー
ダウンさせて私たちを落ち着かせ，私たちがエネルギーを消化して貯蔵し，
バランスを取り戻せるようにする必要があります。図 3.1 が示すように，上

アロスタシス（変化による安定性の達成）

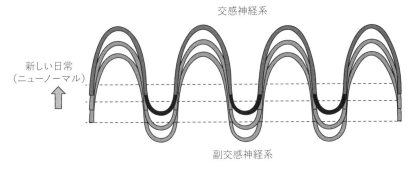

図3.1　慢性的なストレスレベルの上昇—新しい日常
（ティム・バーンズ氏提供，www.timburnseducare.com）

の曲線（SNSの作用の活性化を示す）は下の曲線（PNSによる休息と回復）よりも長くなっています。すなわち，私たちのライフスタイルはPNSよりもSNSを使っています。それが長期的な不均衡を生み出し，不均衡をほぼ「正常」な状態，つまり「物事はこんなもの」であると感じ始めるのです。

　したがって，身体的な脅威に対処するために進化したこれらのシステムは，ジャングルの中で異常なざわめきを検出した瞬間に，身体的にも精神的にも行動の準備ができるようにしてくれます。しかし，私たちのほとんどは，現代の心理的脅威のペースと頻度に効率的に対処するように組み立てられてはいません。長期的には，過剰に活性化されたこれらのストレス反応は神経系に過度の負担をかけます。短い休暇をとっても十分にリラックスできるとは限りません。スローダウンして自分がどれほど疲労やストレスを感じているかに不快感を覚えるよりも，むしろ緊張状態を続ける方が簡単な場合すらあります。

　ある程度のストレスは役に立ち，必要です。「ユーストレス」はポジティブなストレス（通常「刺激」と呼ばれます）を指す専門用語であり，第4章では，ストレス指標に対する認識を高めることが教育にどのように役立つかを見ていきます。しかし，私たちのストレス反応は，身体的なストレス状況

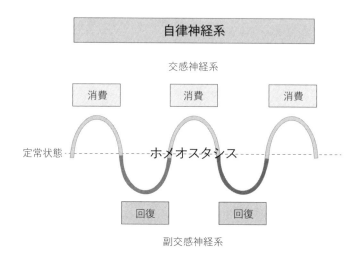

図3.2　ホメオスタシス（ティム・バーンズ氏提供，www.timburnseducare.com）

での短期間の使用のために進化したもので，長期的なストレスがもたらす有
害な影響については多くの文献が示唆しています。最近では，ほとんどの教
師が十分な「休息と回復」（R&R）の時間を取れていないため，バランスを
取り戻したいなら，意識的で意図的な行動を取る必要があります（図3.2参
照）。

ストレス解消

　確かにストレスを解消する方法はたくさんあります。走ったり，歩いた
り，泳いだり，ゴルフをしたり，ジムに行ったり，ヨーガをしたり，庭いじ
りをしたり，ゴシップを話したり，泣いたり，笑ったり，踊ったり，入浴し
たり，飲んだり，何かをシェアしたり，食べたり，スイッチを切ったり，あ
るいは叫んだり！
　ストレスに対処する健康的な方法を見つけて育むことは，とても重要で
す。リラックスしてストレスを解消する典型的な方法の多くは，身体活動を

伴うということは注目に値します．つまりそれは，身体に戻ることなのです．アルコールも私たちをリラックスさせることができ，確かに私たちを「頭」から離してくれますが，常に回復をもたらす方法というわけではありません！

　　中等教育の教師から寄せられた以下のコメントは，この点を示しています。

　教師としてのキャリアの大部分の期間，私は家に帰って夜に数杯飲んでくつろいでいました。日中は心も身体も忙しかったので，緊張を解いてリラックスするための何かが必要でしたが，ワインがその方法のように思えました。私はテレビを見たり，コンピューターで時間を過ごしたりしながらワインを飲みました。私はそれについてあまり考えたことがなく，そのパターンを数年間続けました。しかし，しばらくすると，朝だんだん頭に霧がかかったようになり，軽度の悲しさが継続したり漠然とした後悔を感じるなど，いくつかの影響に気づき始めました。「夜の大切な時間を無駄にしている」と感じていたことがその原因ではないかと思いました。そしてその感覚は，「その日を生きた」という実感のないままの就寝につながっていきました。もともと休息と回復のための方策であったものは，リラックスの方法というよりもストレスに対処するためのメカニズムになっていたのです。私は自分自身や自分の人生との関わりを失っていました。朝になっても気分がリフレッシュしませんでした。しかし同時に，私はメディテーションのプラクティスを実践していたおかげで，このパターンに気づき始め，それについて自分自身を優しく扱うようになり，ストレスをマネージするためのより健康的な方策に徐々に移行することができました。

　私が実際どのようにしてそのバランスを達成したかというと，それはいくつかの要因の組み合わせだったと思います。すなわち，飲むワインの量を減らす決心をしたこと，メディテーションのプラクティスを確立して自分の考えや願望をより明確に認識できるようになったこと，そして友人からの非常に実際的な提案をもらったことなどです。彼女は飲み物を注ぐ前に一呼吸す

るよう提案してくれました。そして次の時には二呼吸するのです。簡単です
よね？　実は何度も忘れてしまったのですが，このルーチンを確立できた暁
には，自分に根付いてしまっている習慣に対して意識的に働きかけることが
できるようになりました。呼吸をするだけで，行動する前に立ち止まって省
察することができたため，その飲み物が本当に欲しいかどうかについて十分
な情報に基づいた決断をすることができました。誤解しないでください。私
は今でもワインが大好きです！　しかし，私はそれについてよりバランスの
取れた考えができるようになったのです。

バランスを取り戻す

　マインドフルに注意を向けるエクササイズは，PNS を活性化してくれま
す。そして私たちがより多くを手放すことや生理機能のバランスを取り戻す
ことを学ぶにつれて，自然なかたちで呼吸をより深いものにしてくれます。
活動と休息，活性化と弛緩（リラックス）の自然な生理学的流れは，一回の
呼吸の中にも見ることができます。息を吸うと SNS が活性化され，心拍数
がわずかに上がります。息を吐くと PNS が働き，心拍数がわずかに下がり
ます（Sapolsky, 2004）。

　私自身のメディテーションプラクティスからわかったことがあります。15
〜 20 分ほど静座をすると，通常身体が暖かくなりリラックスした気分に
なってきますが，私は呼吸を続けることは単に感覚の対象に注意を向け続け
る心のトレーニングだと勘違いしていました。しかし今では，呼吸に集中す
ることによって心を集中する能力を養う一方で，私たちが生理的にとても必
要としている R&R（休息と回復）の時間を作ってあげているのだというこ
とがわかりました！

対処することを学ぶ──ある教師の物語

　若い教師として，私は多くの時間を泣いて過ごしました──学校に行く途中，学校で，そして学校から帰宅する途中も……。私はストレスで疲れ切って自分の仕事に圧倒されていたため，教え始めて3年目に非常勤（パートタイム）にしてもらいました。自分の置かれた環境や自分の位置づけをよく理解するためです。その後も教え続けましたが，数年後，私生活にさまざまな困難が生じ，休まざるを得なくなりました。離婚，そしてその直後の父の死です。これらすべてに対処するために，私には時間が必要でした。父は私が20代前半だった頃にメディテーションを紹介してくれましたが，私はそれをしっかり実践したことはありませんでした。父が教えてくれたスキルや概念のいくつかに，改めて注意を向けたのはこの時でした。

　しばらくして，私は自分の職業生活への影響に気づきました。ある日，学校で「授業の合間にもう泣いてない！」と思ったのを覚えています。自分のメンタルヘルスと心の安らぎのために私が行っていたプラクティスは，教師として教えることにプラスの影響を与えていたのです。自分自身とのつながりが深まったので，生徒たちとのつながりをも深めることができました。生徒たちと信頼関係を築くことができ，そのことによって，より深い学習ができるようになりました。教えることは相変わらずチャレンジングでしたが，何かが変わったのです。落ち着いて生徒と一緒にいることができ，生徒や同僚の教師に不満を持ったりイライラしたりしていると，それに気づくことができました。そして，何も考えずに反応してしまうのではなく（以前はそのような反応をしたためによく問題を起こしていました），よりバランスの取れたアプローチで対応できるようになりました。その上，実際私は生徒たちとの時間を本当に楽しめるようになってきたのです！

　またマインドフルネスによって，私は自分自身を仕事に追い込みすぎていることに気づくことができました。心と身体と感情がどう連携しているかについてより敏感に意識するようになったおかげで，ストレスが蓄積していることに気づき，自分自身を気遣うという選択をすることができました。これは，生徒に心を寄せるのに本当に役立ちました。マインドフルネスは実用的

なツールとして，私がより良い教師になり，自分自身にとってより良い友になることを助けてくれました。

（エイミー・バーク，カナダの高校教師）

　マインドフルネスがエイミーにどのように役立ったかについては，彼女の TEDx Talk でさらに詳しく知ることができます（以下 URL）。
　https://www.youtube.com/watch?v=2i2B44sLVCM&t=1s&ab_channel=TEDxTalks

マインドフルネスによるストレス・マネジメント

　それでは，まず次の二つの質問を問いかけることで，ストレス・マネジメントについて考えてみましょう。

- あなた自身，どんなストレスに疲れ切ってしまいますか？
- あなたは身体のどの部分でストレス反応を感じますか？

　私たちは，典型的なストレスの兆候をより敏感に認識し，身体を早期警告レーダーシステムとして使うことで，気づかずに緊張に駆り立てられるのを防ぐことができます。ストレスに対してあなたのよく知っている反応の仕方に心を向け，それを認識してみてもよいでしょう。特に（その瞬間に率直な好奇心を奮い立たせることができれば）身体のどの部分でストレスに反応をしているかに注意を向けるようにします。セルフケアの最初の重要なステップは，この認識です。身体の中にストレスが存在することを受け止め，それをどの部分で経験しているのかということに意識を向けてみます。そして次のステップは，それに対して何らかの対応をすることです。
　マインドフルに注意を向けるプラクティスを向上させていくことによって，あなたのストレス・マネジメント・ツールキット（道具箱）に貴重な

ツールを加えることができます。それは，たとえ目に見える出口が見つからない時でも，意識的に取り組むことができるものです。マインドフルネスはいつでも使えるポータブルなスキルです。マインドフルネスとお好みのくつろぎメカニズムを組み合わせれば，自分の体験を向上させることもできます。よりマインドフルにサイクリングをしたり，マインドフルに走ったり，マインドフルに食事をしたり，よりマインドフルにワインを飲むことさえできるのです！

呼吸法——セブン・イレブン法（1 〜 3 分）

　私たちが受け取ったフィードバックを見ると，試験やスピーチ，パフォーマンス，またはその他のストレスのかかる瞬間の前に，神経を落ち着かせる手っ取り早い方法が必要な場合に，この簡単な呼吸テクニックは生徒や教師の間で最もよく使われています。

- 息を吸う時に 7 つ数え，息を吐く時に 11 数えます。呼吸を数に合わせるのではなく，数を呼吸に合わせてみてください。必要なら，11 まで数える速度を上げても構いません。
- 本当にストレスを感じている時は，呼吸しながら 11 まで数えようとすること自体がストレスになり得ますので，数字の音節を分けて心の中で言うこともできます。
  「セ」「ブン」……「イ」「レ」「ブン」
  これは，二つで吸って三つで吐くというカウントです。
- どちらを行う場合でも，しっかりカウントに注意を向けるようにしてください。そうすることによって直面しているイベントや感情に関する架空の「ストーリー」から抜け出すことができます。
- これらを呼吸とカウントにしっかり集中しながら 3 〜 4 回行い，その後どんな変化があったか確かめてみます。
- 必要に応じて繰り返します！

　セブン・イレブン法はちょっとしたことですが，呼吸を少し伸ばすのに効果

的な方法です。ストレスを感じると，身体の内側の上の方にエネルギーを溜めるように思われます。何かショックな時に息をのんだ感じを想像してみてください。また，私たちがため息をつく時，長い息を吐きながらストレスを手放して副交感神経系を活性化します。そのことで心拍数が少し下がり，落ち着くのです。

　（注：セブン・イレブン法の呼吸は治療で一般的に使用されており，さまざまな方法があります。ここで説明するバージョンは，マインドフルネス・イン・スクールズプロジェクト（Mindfulness in Schools Project）の「.b」（ドット・ビー）プログラムで採用されたアプローチに基づいています）

教師のストレスとマインドフルネストレーニングに関する研究

　英国のナフィールド・ヘルス〈Nuffield Health [*10] (UK)〉は，学校にウェルビーイング・ディレクター（心身の健康に関する責任者）を設置するのを支援することを目指しています。

　生徒に対して「学校であなたが感じるウェルビーイングに大きな影響を与えるのは何ですか？」という質問をしたところ，驚いたことに，よくある回答が：「今日先生がどれほどストレスを感じているか」だったというのです。

　さまざまな状況でのストレスとその影響に関しては膨大な量の研究があります。

- 米国の教師の約40％が最初の5年間に退職します（Ingersoll and Stuckey, 2014）。
- 英国の教師の82％が睡眠不足に苦しんでおり，4分の3以上が不安に苦しんでいます。前年度に，教師のほぼ半数が医学的なアドバイスを求め，3分の1

＊訳注 10）Nuffield Health：ヘルスケア分野における英国最大の慈善団体。

以上が薬を服用し，5％が入院しました。女性教師の4分の3以上が「仕事がメンタルヘルスとウェルビーイングに影響を与えている」と報告しています〈英国教員組合（NASUWT），2016〉。

　教師の燃え尽き症候群の一般的な原因の一つは，難しい生徒や困難な状況に繰り返し対処することから生じ得るストレスです（Kyriacou, 2001）。第4章では，デンマークでの教師トレーニングの新しいアプローチについて説明します。そこでは，教師が困難な場面により良く対処し，自分の行動を上手にマネジメントできるように，最初の教師トレーニングでマインドフルネスを活用しています。2011年には，教師とストレス，および「マインドフルに意識するトレーニング」を結び付けた別のアクション・リサーチが実施され，以下のように非常に前向きな結果が見られました。

　コンパッションのトレーニングとマインドフルに意識するトレーニングを組み込んだ重要な研究（Kemeny et al., 2011）は，82人の教師をトレーニング群と対照群にランダムに割り当てて実験したところ，8週間後に黙想／感情トレーニンググループの教師には以下のような改善が見られました。

- ネガティブな感情の減少
- 抑うつ感情の低減
- 前向きな心の状態の増進

これらの参加者を対象とした追跡調査では，5カ月後トレーニンググループの参加者に次のような変化が見られました。

- 血圧の低下
- ストレスの多い作業からのより迅速な回復
- 他者に対するより強いコンパッションの気持ち
- 他者に対する敵意や軽蔑の低減

（注：「敵意や軽蔑の軽減」要因は，配偶者およびパートナーに対して測定

され，職場と同様に家庭内で関わりを持つ人々にとってもこのトレーニングが価値のあることが明らかにされました！）

　教師，ストレス，ウェルビーイングに関するさらなる研究成果は，キャサリン・ウィーア（Katherine Weare）教授による非常に有益な論文「マインドフルネスのエビデンス：学校教職員のウェルビーイングとパフォーマンスへの影響」（2014）に見ることができます。

> 　マインドフルネスは私の人生にとても有益でした。私はそれを教えるためではなく，私自身の必要のために学びました。約7年前に修士課程で学んでいた時，私は不眠症になりました。それが非常に深刻だったため，友人が私にマインドフルネスを紹介してくれ，私は MBSR コースを受講しました。それ以来，私の不眠症は大幅に緩和し，私のストレスレベルも軽減しました。マインドフルネスは私の仕事にも助けになったと思います。生徒の親と話をしたり，アドバイスや相談をしたりする時は，より親に共感することができると思いますし，親の努力に感謝したり，親が直面している困難を受け止めたりすることができます。私の共感力が高まりました。
>
> （スタンリー・チャン，教育心理学者，香港）

マインドフルであること

　ストレス・マネジメントは，私たちが教育者として効果的な働きを維持するためにきわめて重要であり，マインドフルネスのプラクティスを実践し向上させることは，ストレス・マネジメントに役立ちます。マインドフルネスの方法は「正式な」プラクティスと「日常の」プラクティスに分けることができます。

正式なプラクティス
　正式なメディテーションプラクティスは，マインドフルネスを養い向上さ

せるための基盤です。このプラクティスでは，手を休め時間をとって，しっかりと呼吸をし，よりマインドフルに物事を意識するための本質的な能力を覚醒させ伸ばしていくのです。正式なプラクティスの三つの異なるアプローチを見ていきます。

1. 静座

　静座においては，まずしばらく邪魔されずにじっと座っていることができる，リラックスした覚醒を促してくれる場所と姿勢を見つけましょう。最初は，無理のないようにプラクティスのための時間を取ってください。マラソンのトレーニングで，初日から 42 km を走ることはありません。たとえ 2 〜5 分から始めても，新しいルーチンと健康的な習慣を確立するのに役立ちます。また，毎日はやりきれないと思われる場合は，最初は 1 日おきに試してみてください。

　じっと座っているのは難しい場合があり，ボーッとしたり，不快な感覚や感情を感じることがあるかもしません。ですので，特に最初は，このプラクティスを無理なく始めることが重要です。また，もし可能であれば，やって良かったと感じたり楽しむ必要があります。私たちはすべての経験に心を開くことを目指していますが，惨めさを感じるためにこれを行っているわけではありません！

　良い姿勢をとると効果に大きな違いが生じます。私は，座ることで，身体の中心にある筋力がついて脊椎をまっすぐに立てやすくなることを発見しました。しかし最初は，（私のように）身体の中心の筋力が不十分だと，気持ち良く座って呼吸するまでに少し時間がかかるかもしれません。床にあぐらをかいて座る必要はありません。最初私は椅子に座って，椅子の背もたれを支えにしました。今では，椅子の前の方に座っても，座イスやクッションの上に座っても快適です。ここでは忍耐と優しさが鍵となります。

　生徒と一緒に，三つの姿勢（以下の最初のエクササイズ）を試して，それぞれが心と身体にどのようなメッセージを送るかを確認します（そして目を覚ましていようとする意図をサポートするのに，最も役立つ姿勢は何かを確認します）。自分でまずこれをちょっと試してみましょう。

姿勢を楽しんでみる（2分）

- まず，椅子に座っている場合は，完全に前かがみになり，できるだけだらしない姿勢を取ります。その姿勢を大袈裟にして，しばらくそこにとどまります。
- この姿勢はどのようなメッセージを心に送りますか？
- しばらくすると，居眠りしたくなるでしょう。
- 今度は，背筋を伸ばして座り，軍隊スタイルで背中をまっすぐにして，あらゆることに注意を向けてみます。しばらくその状態を保ちます。
- それはどのように感じましたか？
- おそらく意識がはっきりして緊張しているのではないでしょうか？　確かにこの姿勢は，もっと用心深くするよう心にメッセージを送っています。しかし，このような姿勢はどれくらい持続可能でしょうか？
- 最後はゴルディロックススタイル[11]。「ちょうどいい」中間の位置を探すことができます。
- 両足を床に平らに置き，（もしできるようなら）腰を椅子の背もたれから離し，足から床に根を下ろす感覚と，「坐骨」とお尻の部分で椅子に支えられているのを感じとりながら，落ち着いて座ります。

座る準備をする（2分）

- 地に足が着いた感覚に加えて，背骨を穏やかにすっと伸ばし，腹部を少し前に出し，腰の部分を柔らかくカーブさせます。肩は丸めずに，後方にリラックスして下がっていることを確認します。あごを少し引き，頭が背骨に支えられ，頭のてっぺんから天井に向かって引き上げられているような感覚を感じるようにします。
- この姿勢でリラックスしながら，注意力を維持します。
- わずかに身体を揺らしてみながら，脊椎が中央にあり，呼吸が自由にできることを確認します。
- 身体の位置が決まって静座を始める準備ができたら，ゆっくりと目を閉じる

＊訳注11）英国の童話「3匹の熊」の主人公の少女が，3種のおかゆを味見してちょうど良い温度のものを選ぶ。

か，目を緩やかにして床の1メートル程度先に視線を落とします。

さあ，静座の準備ができましたが，次に何をすれば良いでしょうか？ 以下は，正式な静座のプラクティスを身につけるためのいくつかの初歩的な提案です。

静座プラクティスを始めるために

- タイマーを入手する：私はスマートフォンで InsightTimer というアプリを使用しています。これは，多くのガイド付きメディテーションを含む便利な無料ツールです。

- ガイド付きメディテーションを使用する：少なくとも最初のうちは使うとよいでしょう。最初から，タイマーを使ってガイド付きセッションとガイドなしセッションを交互に試してみても良いでしょう。ガイドなしの場合は，意識をメディテーションに戻すのに役立つベルの音をいくつかランダムに設定してみてください。（ガイド付きメディテーションの例については，この章の最後にある「試してみましょう！」を参照してください）

- 指導を求める：静座のグループまたはメディテーションセンターに参加して，他の人たちと一緒に静座することを体験し，指導を受けましょう。

- リトリートに参加する：マインドフルネスのプラクティスの基本を確立したら，メディテーションのリトリートに参加することを検討してみてください。長めのリトリートが，実際のところ，本当に活動を休止し，内面の展開を可能とする一番の機会となります。そこでは安全に，支援を得つつ座ることができます。経験豊富な指導者からのガイダンスは，特に自分自身が時々打ちのめされるような経験をするような場合に非常に有益です。

- とにかく座る：たとえ座る気分でなくても，数日間うまくいっていなくても，とにかく座ってください！ 新しい習慣を身につけたり新しいスキルを習得したりする場合と同様に，正式な静座のプラクティスにはある程度の鍛錬が必要です。

- 座るための場所を決める：座るための場所を快適で心地良いものにすると，新しいルーチンを確立するのに大きな助けになります。

- 座る目的を毎日新たにする：このスキルを身につけようとしている理由を心に留めておきましょう。
- 自分自身の期待に応えられない時は，自分に優しくしましょう。自己へのコンパッションを養うことは，このプラクティスの鍵となる要素なのです。

意図と注意を向けること

　自分自身のプラクティスを確立する過程では，意図と注意を向けることの相互作用がますます重要になります。座る前に意図を明確にすると，心がさまよい始めたり疑問が生じたりした時に，どこに注意を戻したいかを思い出させてくれます。

　注意がそれた時に，そのことに気づくことが，集中を持続させる能力を強化してくれます。私たちの多くは，最初は注意が<u>それたこと</u>に気をもみがちです。「まただ……数秒おきにそれる。自分にはうまくできない」。しかし，時間が経つにつれて，注意がそれたことに気づくこと自体が，ポジティブな出来事であることがわかるようになります。注意がそれるたびに，同じ回数だけ，注意を戻すことができるのです。

　健康上の注意──メディテーションがあなたにとって最善ではない場合があります。メディテーションの教師であるマルコム・ハクスター（Malcolm Huxter）は以下のようなアドバイスをしています。

　　重度のうつ病や不安障害，あるいは何らかの精神病の傾向があったり，罹病している時にはプラクティスの指導や調整が重要かもしれません。またそうした症状がない場合も，賢明に，また適度にエクササイズに取り組むことが重要であり，経験者からの指導は常に有益です（2016：5）。

　セルフケアは常に最優先事項であり，自分自身を大切に扱うということの中には，時としてメディテーションをしないこと，または適切に訓練を積んだ経験豊富なメディテーションの教師のサポートをきちんと受けていることも含まれます。

2．ボディスキャン

　MBSR プログラムは，ストレスと痛みにうまく対応するのを学ぶのに役立ちます。そしてその際に中核として用いられる正式なプラクティスが**ボディスキャン**です。参加者は，毎日ガイドに沿って身体の部分部分の感覚を感じ取るプラクティスをします。そのことが，心と身体をつなぎ，人生のストレスや身体的な困難に対応するさまざまな方法を創り出す手助けとなります。ほとんどの人が感じる最初の課題は，身体のさまざまな部分に「注意を向けて維持する（aim and sustain）」ように導く心地よい声を聞きながら，快適な姿勢で仰向けになって目を覚ましていられるかということです。しかし，ほとんどの人たちは継続することで，時間の経過とともにやり甲斐が感じられるようになり，集中をより長く維持することが容易になります。

　先に，私が生まれつき持っている心配性の傾向について述べました。これはほぼ初期設定（デフォルト）のモードといえます。しかし，昔からある習慣を再訓練し，心の配線をつなぎ直す過程で，ボディスキャンのような正式なメディテーションプラクティスはとても役立ち，初期設定に代わる経路を形成してくれます。私の身体はボディスキャンによって注意を向けられることをありがたく思っているようで，今では，以前は気づかなかった緊張の軽減，暖かさやゾクゾク感などの心地よい感覚で報いてくれます。私たちが注意を向ける能力を強化するにつれて，不快な感覚や緊張にも留まれるようになり，オープンで，受容的な姿勢でそれらに注意を向けることができるようになるかもしれません。

　ボディスキャンを開始するには，この章の最後にある「試してみましょう！」で提案されているものを使ってみてください。

3．マインドフル・ウォーキング

　一般的に用いられる三つ目の正式なプラクティスは**マインドフル・ウォーキング**です。これは歩きながら行うメディテーションです。歩くのを遅くしたり，目的地なしに歩いたりすることに，最初は腹立たしく感じる人もいますが，マインドフル・ウォーキングは，身体と現在の瞬間に注意を向けるのに最も役立つ入門テクニックにもなります。私はかつてニューヨーク州

のオメガ・インスティテュートで集中的な MBSR トレーニング・リトリートに参加していました。100 人以上の参加者があり，その多くはメディテーションについて全くの初心者でした。私の隣に座っていたスペイン人の女性は，最初の 10 分間のマインドフル・ウォーキングのプラクティスから戻ってきた時に，（ブロークンな英語で）自分自身が変容するような経験をしたと語ってくれました。それは，単に歩く速度を落とすことでウォーキングに対して——そしてより深いレベルで時間や自分自身への感覚に対して——新鮮な視点を得たことによるものでした。

マインドフル・ウォーキングを始めるには，この章の最後にある「試してみましょう！」のガイド付きの提案を使ってみてください。

日常のプラクティス

おそらく，多くの人にとってマインドフルネスの最も魅力的な側面は，それをさまざまな場面に適用できることです。私たちがよりマインドフルに注意を日常の活動に向けることができれば，それは非常に爽快であり，さらには大いに心を解放してくれるのです。禅師のティク・ナット・ハンは，メディテーションはダイナモ（発電機）に動力を蓄えるようなものだと言います。その効果は静座のみならず，私たちの生活にもおよびます。よく整えられた注意力は動力となって，私たちを思考の領域から現在の瞬間へと導き，マインドフルに注意を向けることに戻し続けてくれます。

私たちの日常によりマインドフルに注意を向けることは，**日常のプラクティス**として知られています。ここでも**意図**が鍵となります。

中学校の校長をしている時，私はマインドフルの良さを再発見していましたが，最初は自分自身のプラクティスを仕事に取り入れることが非常に難しいと感じました。私は，同僚の 1 人であるトニー・アッカーマンが放課後に教師向けに提供していたセッションに週に 1 〜 2 回参加して，フォーマルな静座プラクティスをしていました。学校での忙しい一日を過ごした後は，トニーと私だけのこともよくありました。私はまっ

すぐに座っている間に眠りに落ちるという技をマスターしてしまいました。時々，身体が驚愕反射を起こして突然目を覚ますことがあり，自分がトニーの音楽室の静寂の中にいること，また彼が優しい声でエクササイズをリードしていることに気づきました（私は眠っていてほとんど聞き逃しましたが）。時間が経つにつれて，居眠りする傾向が弱まり，セッションを通して目を覚ましていることがより簡単になることがわかりました。

　私は多忙な学校管理者として，時折意識的に十分な呼吸をすること（胸一杯に息を吸い息を吐くこと）が良いと思っていましたので，勤務日にそれをしようとしばしば心に決めました。しかし，それでも，実際には一呼吸もすることなく，アドレナリンやカフェインを燃料とするような速いペースで一日を過ごすこともよくありました。

　それはどれほどクレイジーなことなのでしょう。

　特定の種類のストレスには中毒性があり，抵抗しがたいものがあります。そしてそれは（おそらくドーパミンの刺激によって）非常にやりがいを感じさせてくれます。多くの場合，私たちは立ち止まったり，ペースを落としたりしたくありません。しかし，後になって健康状態が悪化したり燃え尽き症候群になったりして減速を余儀なくされるよりも，今すぐ自発的にそうすることを学ぶ方が良いのです。では，日々の歩みを中断してマインドフルなひと時を持つために，私たちには何ができるでしょうか。

　オートパイロット（無意識的な反応）や考え過ぎから抜け出して，現在の瞬間に戻ることを忘れないようにするために，いくつか日中に試せることを提案します。

一日の中に織り込む

- たとえば鏡やノートパソコンの画面に，付箋用紙によるリマインダーを貼る。
- コンピューターに一定間隔またはランダムに鳴るベルやチャイムのアプリを入れる。

- 電子メールを送信する前に一呼吸するようにする。
- 歩く時に手や腕や足に注意を向ける。
- 特定の場所を決めて，身体と呼吸を感じるためのリマインダーとする。
  - ➤ 自動車から学校の正面玄関まで歩く
  - ➤ 玄関を入ったところで，一呼吸する
  - ➤ 廊下や階段で歩く速度を少し落とす
  - ➤ 屋外に出て新鮮な空気を吸う

「マインドフルネスはシンプルだが簡単ではない」とよく言われます。それは私たちが，定期的なプラクティスを確立し，それを一日の中に取り入れようとする時に，特によくあてはまります。あなたはやる気満々かも知れませんが，私のようにその実現にしばしば失敗してしまうかもしれません。そのような時には，忍耐力，粘り強さ，そして明確な意図こそ，よりマインドフルな生活と働き方を進化させていくのを助けてくれる非常に貴重な味方です。そして，時間の経過とともにこれらの新しい前向きな習慣は日課となり，それほど困難ではなくなります。

日中にオフィスで2～3分間の呼吸空間法を試し始めた時，誰かが入って来た場合に備えて，手をコンピューターのマウスに置きながら椅子にまっすぐに座っていたものです。「何てクレイジーなんだ」と私は思いました。「多忙すぎる生活が奨励される文化に身を置き，それを誰もたいして気にかけていないようなのに，一方自分は，もっとちゃんとした管理者になるための一時の休憩をとる姿を見られることに困惑を感じている。これは一体どういうことだろう？」

最終的に，私は物事がずっと簡単になったことに気づきました。静座では疲れを感じなくなりました。ほとんどの日には意識的に立ち止まることができましたし，私が実践していたボディスキャンは本当に効果が現れて，心身の回路を配線し直してくれるようでした。時として，すべきことを覚えている必要さえありませんでした。会議の合間に廊下を歩

いていると，腕や脚の感覚が自然と感じられるようになって，実際に身体がそこにあることを私に気づかせてくれましたし，その日私の心を占領していた事柄についてあれこれと絶え間なく考えることから私を呼び戻してくれました。先の会議について考えたり，次の会議を計画したりすることから私を引っ張りだして，しばらくの間「感じ取るモード」(sensing mode) に戻してくれます。そのような日常のプラクティスは私にとって非常に有益でしたし（今でもそうです），思考から抜け出して，ただここに存在するという貴重な瞬間に入るのをやさしく励ましてくれました。学校でもそんなことを学ぶことができれば，どんなに素晴らしいでしょう！

内なる批評家への対処

　私たちの多くは，内なる声を聞きながら生活を送っています。その声は，自分自身の失敗を（そして時には成功さえも）すぐに批判したり，周りの人々の欠点や迷惑な習慣に裁きを下します。物事がうまくいかない時に，その責任のほとんどを自分自身に帰してしまいがちな人もいれば，自分の不幸を世の中のせいにする人もいるでしょう。多くの場合，私たちの内なる声は物事を誇張し，破局化し，モグラ塚を山に変えてしまいます。時として，これら内なる批評家は有毒にもなりうるのです。

　あなたの毒が何であれ，メディテーションを始めると，これらの傾向にさらに注意が向くようになるかもしれません。メディテーションを重ねると，私たちはこうした不平ばかり言う声（moaning minnies）に注意を向け，喜んで受け入れることすら学ぶことができるようになります。これらの実体のない，しかししばしば威圧的な考えに，自分自身を重ね合わせないようにすることで，私たちの心は解放されるでしょう。こうしたプロセスをたどる上で指導やサポートを受けるためには，経験豊富なマインドフルネスの指導者が率いるグループに参加することがとても役に立つでしょう。

次のステップ

　地元で 8 週間のマインドフルネス・コースを受講できる場合は，受講することを強くお勧めします。経験豊富なインストラクターと一緒にコースを受講し，他の人とマインドフルネスの旅を共有できることは，マインドフルネス・プログラムを実行に移すうえで最善の方法です。グループコースに参加できない場所に住んでいる場合は，マサチューセッツ大学医学部のマインドフルネス・センターが提供している，優れたオンライン MBSR コースがあります。オンラインでコースにアクセスして，自分に合った時間にそれを行うことができます（www.umassmed.edu/cfm/mindfulness-based-programs/mbsr-courses）。*12

　また，前述のマーク・ウィリアムズとダニー・ペンマン著『自分でできるマインドフルネス—安らぎへと導かれる 8 週間のプログラム』（Williams and Penman, 2011，邦訳：創元社，2016）で紹介されている独習のプログラムを，自宅で（または学校の読書グループで）試してみることもできるでしょう。このコースは，セルフケアの側面について率直に説明しており，極度の疲労や燃え尽き症候群の初期症状を認識するのに特に役立ちます。また，私たちに滋養を与えてくれるものを大事にし，枯渇させるものには焦点を当てないようにする方法を示してくれます。マーク・ウィリアムズのオーディオは，平坦でないけれど最終的には非常にやりがいのあるマインドフルネスの道程を進むのに，安全でコンパッションに満ちた導き手です。

> 「幸せな教師は世界を変える」

＊訳注 12）2018 年以降，マサチューセッツ大学のスタッフの多くはブラウン大学に異動し，現在はブラウン大学が教育・研究の主要な拠点となっている。また，マサチューセッツ大学でトレーニングを修了後，日本で始めて MBSR8 週コースを開始した MBSR 研究会などもコロナ禍以降，オンラインのコースに移行している。

　マインドフルネスの第一人者であるベトナムの禅師ティク・ナット・ハンは，この言葉を彼の「ウェイクアップスクール」構想の指針として使っています。私たちが元気で，幸せで，自分の感情と向き合い，自分自身に滋養を与えることができれば，生徒たちに深い影響を与える持続可能な方法で教えることができるのです。そのことは私にはよくわかります。教えることは素晴らしい職業です。しかし，それは非常に厳しいものでもあり，時として私たちを疲れ果てさせるものでもあります。上手に教え続け，教えることを楽しむことができるように自分自身をケアすることは，私たちができる最も重要なことです。私たち自身の利益のためだけでなく，私たちが子どもや若者に与える影響のためにもそれは重要なのです。

本当に大切なこと
- 呼吸をし，ペースを落とすこと。
- マインドフルに注意を向けることと自分へのコンパッションを育むことを通して，自分自身を大切にすること。

試してみましょう！

- ストレス反応——今後数日間に発生しそうなストレスに対して，起こりそうな反応を感じ取ってみてください。特に，（もしできれば先入観なく好奇心を喚起して）身体の中でこれらのストレス反応を体験する部位に注意を向けます。
- 急にストレスを感じた場合，またはストレスレベルを上昇させるような人との関わりや「パフォーマンス」の前に落ち着きたい場合は，セブン・イレブンの呼吸法（85ページ参照）を試してみてください。
- 毎日短い静座を試してください。
  ➤ タイマーをセットします。

➤ アンカー（錨：注意を向ける対象）を決めます——身体，音，あるいは呼吸。

➤ 心がさまよっていることに気づいたら（必ずさまよいます！），アンカーに戻ってきてください。

助言が必要な場合は91ページの記述を参照してください。

● または，オンラインの<u>ガイド付きメディテーション</u>を試してみてください。さまざまな教師によるオーディオのセレクション（無料ダウンロード可能）を以下に記します（気に入ったものが見つかったら，携帯電話にダウンロードすればより便利でしょう）。

➤ コースブック『自分でできるマインドフルネス—安らぎへと導かれる8週間のプログラム』（2011）のオーディオ。13分間のボディスキャンが含まれています（http://franticworld.com/free-meditations-from-mindfulness/）。

➤ バンガー大学マインドフルネスセンターによる短いオーディオのセレクション。短時間および長時間のボディスキャンやマインドフル・ウォーキングなどが含まれています（www.bangor.ac.uk/mindfulness/audio/index.php.en）。

➤ UCSD マインドフルネス・センターはより長時間のボディスキャンを提供しています（https://health.ucsd.edu/specialties/mindfulness/programs/mbsr/Pages/audio.aspx）。

➤ UCLA マインドフル・アウェアネス・リサーチセンター（http://marc.ucla.edu/mindful-meditations）。

➤ Headspace アプリには Take10 と呼ばれる無料のガイド付きセッションがいくつかあります（www.headspace.com/）。

➤ オーストラリアのモナシュ大学。無料のオンラインマインドフルネスコース——ウェルビーイングと最高のパフォーマンスのためのマインドフルネス（http://www.monash.edu/health/mindfulness）。

さらに学ぶための参考文献とリソース

Williams, M. and Penman, D.（2011）*Mindfulness: A Practical Guide to Finding Peace in a Frantic World.* London : Piatkus.（佐渡充洋・大野裕監訳（2016）自分でできるマインドフルネス―安らぎへと導かれる 8 週間のプログラム．創元社）

これがマインドフルネスへの最も実用的で有益な入門書でしょう。

Sapolsky, R.（2004）*Why Zebras Don't Get Ulcers.* New York : Holt.（栗田昌裕監修，森平慶司翻訳（1998）なぜシマウマは胃潰瘍にならないか―ストレスと上手につきあう方法．シュプリンガー・フェアラーク東京）

ストレスとその身体への影響についてもっと知りたいなら，野外および実験室で活躍する生物学者によるこの本は非常に読みやすく，時にはユーモラスな科学書です。

McGonigal, K.（2013）*How to make stress your friend.*（ストレスと友だちになる方法）TEDGlobal. Available at https://www.ted.com/talks/kelly_mcgonigal_how_to_make_stress_your_friend?language=ja

ストレスに対する興味深い見方で，そのプラスの効果のいくつかを強調しています。

社会における黙想マインドセンターによる「黙想のプラクティスツリー」には，黙想的・内省的なプラクティスやアクティビティの文脈の中で，マインドフルネスが位置づけられています（www.contemplativemind.org/practices/tree）。

第4章

マインドフルに教える

この章では：
- もっとマインドフルに注意を向けることを授業に取り入れることで，教師と生徒が得られるものに目を向けます。
- 学習における人間関係の大切さや，教師の役割の重要性に関する社会神経科学の研究を探索します。
- 学習環境と個々の生徒のニーズの両方に，教師の存在がいかに影響を与えるかを考察します。

> マインドフルであること
> マインドフルに教えること
> マインドフルネスを教えること

パート1：マインドフルに注意を向けることを 教室に取り入れる

マインドフルネスを生徒に教えたいとか教える必要があると，誰もが思うわけではありません。しかし，次のような可能性を持つトレーニングから，誰でも恩恵を受けることができます：

- 今ここにいるという感覚が高まる
- 自分のニーズや生徒のニーズへの感受性が高まる
- この感受性を育んでくれる身体や感情のシグナルへの意識が高まる

　つまり，誰でも，もっとマインドフルに教えられるようになります。
　「マインドフルネス」や「マインドフルに」といった概念は，直感的な理解の妨げになることがあるかもしれません。マインドフルネスは，人から「与えられる」ものではなく，持って生まれた能力で，本人が望めば意識して養うことができます。あなたは教える時に既にこの感覚を持っていて，ただそれを実際にマインドフルネスと呼んだことがないだけかもしれません。別の世界にいるように感じたり，遠くにいるようだったり，注意がそれたりして，自分が生徒や授業と共にいながら完全にはそこに存在していないと感じた時の気持ちを，たぶんあなたも知っているでしょう。また，今まさにここにいて，没頭していて，生徒と共にいると感じた時の気持ちも，経験しているでしょう。これには，教室の前方で教えている自分の声が響くのに気づく感覚もありますが，授業がうまくいっている時の，より穏やかな感覚，実り多い「ざわつき」（buzz）に気づいた時の感覚や，その場で何が起こってもたちまち簡単に対応できる感覚もあるかもしれません。これが，私が「マインドフルに教える」と呼ぶものです。

社会神経科学から学べること

　ルイ・コゾリーノの『教育の社会神経科学（The Social Neuroscience of Education）』（Cozolino, 2013）は，現場の教師の役割や学習条件の最適化について，社会神経科学の研究結果から著者が集めた膨大な量の研究が見事に統合されています。コゾリーノは，社会的な脳の発達やグループ学習の進化の歴史に言及し，膨大な量の研究を探った結果，教室での学習を最適化する道を探る教師は，自らの役割を部族の指導者の役割と比べるとよいだろうと述べています。若者は，親子間の愛着の回路により，親のような役目を満たす大人から集団で学ぶ傾向があります。部族の長とは，集団の感覚を共

同体のウェルビーイングに向ける自然な権威を使う者です。グループの保護と，グループを安全で健康に保つことにこだわります。身体的安全はもちろん不可欠ですが，健全な発達と自発的学習のためには，グループメンバーはまた，感情的にも安全だと感じる必要があります。良き教師や良きリーダーは，学び成長するための安全な場が守られているという感覚を与えてくれるのです。

　部族の長は，また，グループの一人ひとりに居場所と役割を見つけようとします。ですから，多様性を取り入れてうまく扱うことも非常に大切です。もし「できるかぎり最高の教師」になりたいなら，そして，教える生徒たちにできるだけ深い影響を与えたいなら，進化の科学からのこうした洞察の重要性を認識することです。人間関係を通じての学びのパワーと可能性が，個人的な成長を専門性開発につなげ続けようというやる気を与えてくれます。

今いるところから始めよう

　これまでで私がトレーナーとして最も報われたと感じた経験は，自ら希望して受講した教師グループとの体験でした。彼らは，もっとマインドフルになること，そしてそのことによってより効果的にストレスに対処したり教えたりしたいと願っていたのです。そのニーズに応えるために，ウィリアムズとペンマンによる『自分でできるマインドフルネス―安らぎへと導かれる8週間のプログラム（Mindfulness : A Practical Guide to Finding Peace in a Frantic World）』（Williams and Penman, 2011，邦訳：創元社，2016）という本をもとに，教師に特化したアクティビティやアイデアと合わせて「マインドフルに教える」というコースをデザインしました。この章では，これらのアクティビティやアイデアを参照しながら，マインドフルに教えることが影響をもたらす以下の二つの主要分野に目を向けてみたいと思います。

- 学習環境を最適化する
- 個々の生徒に影響を与える

学習環境を最適化する

ここにいるための（to be present）段取りをつける

　よりマインドフルに注意を向けることを授業に採り入れるには，自分が教室にいるという感覚を忘れずにいる方法を見つけることから始めます。デボラ・シェーバーライン（Deborah Schoeberlein）の著書『マインドフルに教えることとマインドフルネスを教えること（Mindful Teaching and Teaching Mindfulness)』（2009）で紹介されているこのエクササイズは，来週からでもやってみることができますよ。

ここにいるための準備をする

　この実験をしてみたい授業，または，小学校教師ならば一日の中のある時間（担任でなければ定期的に会う機会）を選びます。そして，次に生徒や会合のメンバーに会う前に，次の手順に習熟しておきましょう：

- まず，メールに返信したり書類仕事を片付けたり同僚とおしゃべりしたりしていて，結局授業開始直前に必死に準備することにならないように，生徒が到着する前に十分に準備できていることを目指します。
- 授業開始前にすべてを脇に置いて，呼吸に意識を向けて，落ち着くための時間をとります。
- ドアのところで，入って来る生徒一人ひとりの目を見てあいさつします。生徒がどう反応するかは気にせず，あなたが今ここにいて準備ができていることを彼らに知らせればよいのです。
- 生徒たちが落ち着くのを待ち，もう一度呼吸をして，いつも通りに，しかし次の数分がどう進むか注意深く興味を持ちながら，授業を始めます。
- 「何に注意が向いているかに注意を向ける」ようにします。できるだけ，自分の身体，思いや考え，感情をしっかりと意識し続けます。何が起きても意識を向けているようにし，ただ，その瞬間の自分の反応や対応がわかるようになればいいのです。自分に批判的になり過ぎないようにしましょう。

チェックイン（確認する）

　上記のエクササイズを 1 週間くらい同じ授業や時間にやってみてください。そして，もしよければ，生徒が教室に来る前にしていたことから離れて，授業が始まる前に教師も生徒も心身共に十分に授業に準備できる方法を見つけてみてください。おそらく，教師の多くは，今まで生徒たちが何をしていたか，または今日は何があるのかおしゃべりするような形で，日常的な確認を何らかの形で自然に行っています。以下に記すのは，あなたのクラスのニーズに合わせてやってみることができる別のアイデアです。

生徒のチェックイン（到着確認の）・アクティビティ

　スーザン・カイザー・グリーンランド（Susan Kaiser-Greenland）〈ウィラード（Willard），2006 に引用〉による短いアクティビティを，授業の始めにやってみてください。

　個々の生徒が次の二つの文の〜にことばを一つずつ入れて完成させるように言います（3〜5 分）。

「私の心は〜を感じている」

「私の身体は〜を感じている」

　きびきびと，おおらかな雰囲気で行ってください。生徒たちは必死に考える必要はありません。例えば，「私の心はぼんやり霧がかかったようで，身体は暖かく感じている」「心は起きていて，身体は眠い」といった感じです。

　少人数なら，一人ずつ尋ねるか，答えたい人は手を挙げるように言います。これにより，同じ部屋にいてもいろいろな心身の状態があるということを知ることができます。私たちは一人ひとり感じ方が違い，同じ人でも今週と来週では違うし，今日時間が経ってから，また，たった 10 分後でも感じ方が違うということに気づくのです。次回，このやり方がつかめていたら，ペアまたはテーブルごとにシェアするだけにしてもいいですね。

　もしよければ，二つの言葉を卓上のポストイット（付箋紙）に書き留めさせて，クラスで紹介したい人がいるか，生徒たちに尋ねてみます。または，教師

がそれを集め，誰が書いたか言わずにいくつか読み上げてもいいでしょう。

　上と同じタイプのエクササイズを「今日はどんな感じですか？」というセリフに変えてやってみることもできます。

- 今の気分を一つの言葉か文で表現する。
- 3分〜5分の落ち着くための習慣を作る。例えば，ジャーナリング[*13]を用いる（この章の最後にある「試してみましょう！」に例と参考資料が載っています）。

「マインドフルに意識するトレーニング」を受けたことがある生徒なら，これらの代わりに短い沈黙の時間か音声ガイドを聞いて落ち着く時間を持ってもいいですし，これらと共に行ってもよいでしょう（音声ガイド付きで落ち着く時間を持つ際には，第2章の「足を感じる」で行ったアクティビティ同様，教師が生徒をリードして短いマインドフルネスのプラクティスをします）。

　これらのアクティビティは長いものではありませんが，うまくいけば，生徒たちは今ここにいてあなたと共に学ぶ準備ができるでしょう。ある教師は中等教育の生徒に「今日の授業を始める前に，先生は自分を落ち着かせる必要があります。終わるまで，皆さんは黙って何か読んでいるか座っていてください。邪魔しないでください。いいですね？」と言うそうです。しばらくすると，生徒の多くは授業前の教師の沈黙に加わるようになりました。特に中等教育の生徒にとっては，チェックインをするだけで，あなたの授業以外にも彼らにはいろいろあるのだとあなたがわかっていることを，人間味がある形で伝えることにもなります。

　以下は，プラハのインターナショナル・スクールの教師が効果的に使っていた，別のタイプのチェックインです。

＊訳注13）時間とテーマを決めて，頭に浮かんだことを紙に書きだす。今に集中することから「書くメディテーション」ともいわれる。

感情をうまく表現する

　ジェイソンは特別支援教育のクラスを担当しています。ある朝，私は彼の教員評価のため授業観察に行きました。彼は13歳の男子生徒たちを教えており，翌日の数学の代数のテストに向けた授業をするつもりでした。男子生徒たちは円テーブルを囲んで座りましたが，勉強を始める前に一人ひとり横のカウンターに行って，ラミネートされた50枚の「感情カード」から，自分の感情を最もよく表す2枚のカードを選んでいました。ジェイソンは，毎週月曜日に生徒たちとこのアクティビティを行っていました。その週に学校で起こるかもしれないことで，彼らがジェイソンのサポートを必要とするかどうかを探るためのアクティビティです。最初の少年は，皆の前で「悲しい」と「動揺した」を読み上げましたが，何とかぼそぼそ言ったあとは言葉にならず泣き崩れ，すすり泣きが止まずに教室から出て行かなくてはならないほどでした。教室を去る前に，飼い始めたばかりの子犬が前の日にいなくなってまだ見つかっていないことを，なんとか説明しました。彼がトイレで自分を落ち着かせている間に，ジェイソンは，クラスの男子生徒たちに何かを失くしてとてもうろたえたことがあるか尋ね，クラスの生徒の理解を上手に深めていました。その少年が戻ってくるまでに教室には共感があふれており，少し経って，円テーブルの生徒一人ひとりの言葉を順に確かめてから，代数の勉強にとりかかりました。

　この出来事がジェイソンの公式な授業観察の最初のアクティビティが始まったところで起こったため，私はジェイソンを少し気の毒に思いました。しかし，彼は実にうまく対処しました。このチェックインのアクティビティと，彼が少年たちのために安心できる感情のスペースを作り上げたことは，教師が教室での学習の感情面に時間をとることが持つ価値を雄弁に物語っているように感じました。もしこのチェックインがなければ，その少年はおそらくこの感情を一日中持ち続け，数学の授業もあまり成果が上がらなかったでしょう（ところで，午後になって子犬は見つかったそうです。気になったままだといけないので，お伝えしてお

きましょう！）。

　教えるクラスによっては，これらのアクティビティをやってみることに慎重になるかもしれません。それで構わないのです。これらのエクササイズは，マインドフルネスのスキルを使って，生徒たちといつもと少し違うやり方で関わる機会があったらどうなるのかを伝えることに意味があるのです。ある時点で生徒がどのような問題に向き合っているかはわかりませんし，子どもたちの弱みをさらそうとしているわけではありませんが，時として，感情を表現しなくてはならない場合，安全なスペースを提供する必要があります。私たちの授業が役に立つかどうかは，生徒がポジティブな感情で取り組んでいるかによります。思いもよらない状況において，適切でコンパッションに満ちた対応ができる感受性の豊かな教師がこのチェックインを使うことで，その子どもがその日に学ぶ力に大きな違いをもたらしたのです。

バロメーターとしての身体

　身体，感覚，心の状態にもっと波長を合わせられるようになると，私たちの感受性が高まり，指導の指針となる身体や感情の手がかりを読み取ることができ，より効果的な教師になることができます。前に触れたように，「マインドフルに意識するトレーニング」には，身体と意識的につながること，すなわち，身体が生きている状態や，呼吸や知覚体験が持つ身体的特性を意識することが含まれています。こうして私たちは，雰囲気を測る方法として，または知らないうちに身体の緊張や病気につながるストレスやプレッシャーの早期警報システムのレーダーのようなバロメーターとして，身体を使い始めます。

　心身の健康向上の促進とともに，この感受性が増すことで，私たちの教室での取り組みが活気づきます。自分の感情の反応と，それを引き起こすものを理解することで，他の人をより共感的に理解する能力が養われ，過剰に反応したり，物事を個人的に捉えすぎたりしないようにすることができます。

教室におけるプレゼンスを高めたり，教えたりやり取りをする時の感受性を高めたりするためには，さまざまな方法があります。身体の感覚や，心または感情が今起きていることへの反応に注意を向ける能力を伸ばすことが，鍵となります。この誰もが持っている感受性は，一人でマインドフルネスのプラクティスをすることで，大いに強化することができます（第 3 章参照）。追々，これが私たちの反応を引き起こすきっかけや，習慣的な行動パターンに注意を向ける助けになるでしょう。私たちがより身体に波長を合わせて，周りで起きていることへの敏感な反応を教えてくれる早期警報システムのレーダーとして身体を使えるようになると，私たちは教室の雰囲気を見極め，十分な情報を得た上で適切な対応をすることができるようになります。

はっきりと意識する

　生徒対象のマインドフルネスのコースの終わりごろに，私は 17 ～ 18 歳の高校生のグループを「知覚サファリ」に連れて行くことにしました。これは，沈黙，ディープリスニング*14，そして内省をする郊外への散歩です。教師としてのキャリアのほとんどを中学校（生徒は 11 ～ 14 歳）で過ごした私は自分を高校教師とは見ていませんでした。学校を出発すると小雨が降り出し，私は，このいくぶん変わった学びの体験の基本ルールを説明しようと，屋根がある路地でグループを止めました。この体験は，ティーンエイジャーの脳が本来持つ社会的な性質とは相いれないものです。生徒たちが集まるのを待ちながら，私は嫌な予感がし，心拍が速くなるのを感じました。手のひらが湿ってくるのを感じました。覚えがあるストレスの兆候が表れ始め，私はこれらの兆候をはっきりと意識し，向き合うために一息間をとりました。私は恐怖を感じているのだろうか？　そのとおり。なぜだろう？　たぶん生徒たちのボディーランゲージを見て，彼らがこれに興味を持っていないかもしれないという感覚，彼らがストレスや不安がなく気楽にいられる範囲をは

＊訳注 14）じっくり耳を傾けること。

るかに超えているのかもしれないという感覚が生じたのでしょう。その
感覚の根底には，青年期後期の若者を全く気後れなく教えたことがない
との意識がありました。もしかすると，私自身の権威に対する姿勢や，
より深いところにある反抗的な傾向のためでしょうか。ひょっとする
と，いじめが横行していた11歳の頃の英国の小学校での経験のためか
もしれません。理由が何であれ，グループをコントロールできないので
はという漠然とした不安が，脅威を感じた時の兆候として私の身体に表
れていました。

　危険が迫ると，私たちは話すのを止め，思考のプロセスはまるで「視
野狭窄」になるかのように狭まり，マインドフルに注意を向けることを
教えるのに適した状態どころではなくなります！　そんな時，いったい
何ができるでしょうか？　これはほんの2〜3秒の間に起きたことです
が，既に重要なステップを踏み始めていました。身体に起きた症状を意
識し，自分が何を感じているかを知り，無意識に不快感に駆り立てられ
る代わりに，注意を向けることによりその状況から巧みに抜け出られる
よう，自分をそっとしておきました。そして，これからの40分間，心
を閉ざした反応のままで過ごすのはいやだと決意しました。授業で何を
したいのかを自分の中で明らかにすることができ，身体の状態に目を向
け，深く呼吸をし，息をもっと吐きだして，その状態を受け止めました
（「このような感じを好きになる必要はなく，ただ受け止めるだけでいい
のです」）。その結果，この高められた意識が次の瞬間に進むべき方向に
導いてくれたのです。

　自分が達成したいことに注意を払い，生徒とつながりを持ち，自分が
何をしたいか明確にすることに注意を集中させることによって，決めら
れた基本ルールを生徒たちがきちんと守っていないのを目にしても，過
剰反応をせずに済みました。柔軟な対応をする方が良く，行儀よく静か
にするよう厳しく強いるより，ことが少し落ち着くまでそのままにする
方が良いのです。このエクササイズは普通ではないこと，努力が必要で
すらあることを率直に認めることで，うまく進めやすくなります。一
方，抑えつけて厳しく多くを要求すると，生徒はかえって危険を感じて

構えてしまったり，教師がもたらそうとしている繊細な学習体験からの
回避反応を生徒に引き起こしたりするかもしれません。

　そこで，丘を下りながら私は手綱を緩め，生徒に完全な沈黙を要求し
ないことにしました。ただ，できる限り自分にとって安全な場所にいま
した。建物を離れて木々の中に入っていくと，しだいに彼らは静かにな
り，最終的には沈黙し，周りにあるものをじっくりと感じる機会を得る
に至りました。

プレゼンス

　マインドフルに教えるための教師のトレーニングでは，教室でのプレゼン
スを高めるエクササイズを通してこの感受性を高めるよう試みます。それ
は，身体や呼吸，声に注意をより向けていられるようにするアクティビティ
です。例えば，ヘラ・ヤンセンとカティンカ・ゴッチャがデンマークの教師
のトレーニングで使った方法の一つに，60/40 があります。この一連のエク
ササイズでは，動き，呼吸し，他者とやりとりをしながら，主に自分の身体
に注意を向けて楽しみます。これは，いつも授業と生徒たちに 100％の注意
を向けていて自分のことは後回しにしてしまいがちな教師たちにとって良い
プラクティスです。ここでは，自分の注意のおよそ 60％を自分の内側に向
け，40％を外側に向ける訓練をします。

60/40 交流会（5 分間）

1. （できるだけ自分が集中できるスペースで）立ち上がって足の感覚に注意を
　　向けます。
2. チクチク，ジンジンする感覚はあるでしょうか？　温度はどうでしょうか？
3. 膝を 2～3 回曲げて，かかとにかかる重みを感じます。
4. 足の感覚に注意を向けながら，とてもゆっくり身体を前後左右に曲げます。
5. そして，この足への注意を保ちながら，部屋を歩いて回り，周りの人と握手

をして自己紹介をしながらも，60%の注意は自分の足に向けたままでいます。
6. さらに動き回り，他の人にあいさつをします。足に注意を向け続けます。
　（デンマークのオーフスのカティンカ・ゴッチャの 2015 年 6 月のワーク
　ショップより許可を得て改編）

　多くのマインドフルネスのエクササイズと同様，単純に聞こえますが，内に意識を向けていながら同時に外部へも意識を向け続けるのは，たやすいことではありません。たいていは，一人か二人と握手をした後，参加者は足への注意を保つという目的を忘れてしまいます。アクティビティの後の話し合いで，夢中になると我を忘れてしまうことやプラクティスが大切なことを振り返るとよいでしょう。意図を明確に設定することで，忙しい授業や一日の途中で時々我に返るのに役立ちます。さもないと，その日，その週，その学期にエネルギーを使い果たして，結局，消耗してへとへとになって終わることになるかもしれません。一方，内に意識をずっと向け続けることは，前に述べたような，学習環境の効果をより高めるための感受性を思い出すきっかけを作ってくれます。

　ボイストレーニングは，かつて英国では教員トレーニングの最初に含まれていましたが，声が教師にとって欠くことができない道具であることを考えれば，ケアの仕方や最大の効果が出るような使い方を学ぶべきだというのは理にかなっています。パッツィ・ローデンバーグ（Patsy Rodenburg）の著書『プレゼンス（Presence）』（2009）では，声や呼吸を通してプレゼンスを築くアクティビティが紹介されています。ローデンバーグは主に舞台俳優のトレーニングをしていますが，彼女のエクササイズは，マインドフルに教えるのにも大変適しています。私たちの教師のためのエクササイズでは，プレゼンスのさまざまな側面を扱いながら，小さなグループで詩を読むというクライマックスで終わる一連のアクティビティを通して，身体，呼吸，声に対する注意力を鍛えます。グループに話したり詩を読んだりする前に，教師たちは，どの領域で集中することにするかを考察します。

●ペースを落とす

- 呼吸する
- マインドフルに話す
- 休止する／静寂な時間をとる
- 身体に注意を向ける
  - ➤ やわらかく見つめる／くつろいだ視線
  - ➤ 人に見られるままにまかせる
  - ➤ 強健な背中，感じやすいハート（力強い存在だが傷つきやすい）
- 感情に注意を向ける
- 思いや考えに注意を向ける－やわらげる
- 自らの周りの環境に注意を向ける

　これらの提案は，米国コロラド州ナロパ大学の黙想教育学のリチャード・C・ブラウン（Richard C. Brown）教授の提供によるもので，未発表のリスト「教えながらできるメディテーションの個人プラクティス（Contemplative Personal Practices while Teaching）」（2014）からの抜粋です。

マインドフルに注意を向けることで授業を変える

　マインドフルネスの成人対象のトレーニングを受講できるさまざまな学校で，多くの教師がこのトレーニングが個人的にも，職業的にも，「転機をもたらした」と語っています。

　「このコースで，自分のウェルビーイングに積極的に気をつけるようになれます。自分のニーズに注意を向けていれば，生徒のニーズにもより注意を向けることができます」
　「生徒にいら立った時，以前のような反射的な反応をしなくなりました」
　「最近は，生徒たちと気持ちを通い合わせるのを本当にとても楽しんでいます」
　「教師がストレスに対処する実用的な方法です」

> 「仕事と生活のバランスをとることで，仕事でより良い結果を出せるように
> なることを思い出させてくれます」
> 「他の人への共感の意識のレベルを高められ，同僚としてもっと役に立てる
> ようになりました」
> 「はじめは，この『マインドフルネス』というものを信用していなかったの
> ですが，とても役に立つとわかりました」
> 「本当に前よりずっと落ち着いているように感じます」

　私の個人的な経験から，間違いなく上記のすべてに賛同します。ストレス
を感じ，不安で，困難な人生のステージにいる時，定期的にマインドフルネ
スのプラクティスを始めたのですが，しばらくすると，職場でどのような効
果が出ているかに気がつきました。私はまた，中学校の生徒を教えるのを本
当に楽しみ始めました。何より良かったのは，生徒とつながる体験に，楽し
さや喜びさえ感じたことです。これは，長い間失っていたもの，たぶん他の
関心や優先事項のために当時はあまり気づいていなかったものでした。
　「マインドフルに教える」というコースの各クラスの中心となるのは，
ウィリアムズとペンマンの『自分でできるマインドフルネス―安らぎへと
導かれる8週間のプログラム』（Williams and Penman, 2011，邦訳：創元
社，2016）から採用したプラクティスの一つができるように慣れてもらう
ことです。例えば，日常の活動に注意を向けること，お茶を飲んだり教室
を歩き回ったりすることに集中するように言われるかもしれません。また，
「自動操縦」を脱して今ここにいることを思い出させる「習慣から脱する方
法」（habit releasers）を試してみるよう言われるかもしれません。これに
は，会議で違う場所に座ること，時には授業で違う場所に立つこと，生徒た
ちが質問の答えを考えている間にいつもより長く呼吸をすることなどがある
でしょう。
　そして，次の授業で，その週に起こったこと，自分自身や教え方，関わり
方について気づいたこと，またその週に教室で試みるように言った小さなア
クション・リサーチ*15について検討します。これらのアクティビティや教

科書を読むことによって，しばしば自己認識や感受性が高まり，新たな観察力や洞察へと導かれます。教師が互いにこれを共有することは，マインドフルな授業を深めることに真に役立つ発見の豊かな鉱脈を掘り当てるようなものなのです。

> 「仕事量だけの問題ではありません。30 人の個人を感情面でしっかり把握しながら，翌日の準備もしなければなりません。毎日その支援が必要な 30 人の子どもたちに会い続けるというということは，現実的に消耗することなのです。その場が，真に優れた教師とは生徒との感情的なつながりや誠実さを持つ者だということを教えてくれるのです。教え方はたいして関係ありません。一貫して偽りなく生徒とつながっていることが大切なのです」
>
> （小学校校長）

「才能ある」教師は生徒たちを学習に引き込むある種のカリスマ性を秘めていると思いがちかもしれません。しかし，ここで私たちが発見しているのは，身体的な存在，呼吸，身体と声に注意を向けることによって，そして，自分と他人の心と身体の状態を読み取る感受性を高めることによって，教室でのプレゼンスを高める訓練は誰でもできるのだ，ということです。

くつろいで注意を向ける

ネズミの実験から 1908 年に導き出されたヤーキーズ・ドットソンの法則は，ストレスがないと無気力や傾眠を引き起こす一方，ストレスが強すぎると疲弊や混乱を起こし，そのどちらに傾き過ぎても深い学習にはつながらないことを示しています。

ストレスはすべて悪いわけではありません。**ユーストレス**は，私たちに

＊訳注 15）教師が自己成長のために行動を計画・実施し，結果を内省する調査研究。

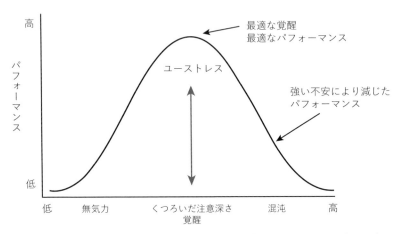

図4.1 ストレスとパフォーマンス〈ダイヤモンドら（Diamond et al., 2007）より〉

興味を持たせて学ぶ気にさせるのに役立つ刺激のレベルを表します（図4.1
参照）。関連性や責任感，目新しさが最高の状態に導き，<u>くつろいで注意を
払っている</u>と感じる時，私たちは何かに取り組んだり学んだりするのに良い
状態にいます。「注意を払う」（alert）という語は実は「警戒」（alarm）が
語源で，警戒や覚醒は恐怖と結びついています。しかし，下位レベルでは，
好ましい影響があります。安全で心地よく（しかし，だらだらとした心地よ
さではなく）感じ，努力が必要だ（しかし，過度な努力ではない）と感じ，
くつろいで注意を払うという最高の結果を生徒たちにもたらす好ましい影響
が私たちの授業にあるなら，私たちは学習を真に最適化できるのです。
　「マインドフルに意識するトレーニング」は，<u>基本的にくつろいで注意を
払うトレーニング</u>です。その感覚が身についてくると，くつろいだ注意で教
室環境に影響を及ぼすことができるようになります。感受性を高めて教室の
感情的な安全性を築くことによって，刻々と変わる学習の焦点やグループの
ニーズに合う環境の質をより意図的に作り上げ，適合させていくことができ
るでしょう。生徒が発したり内に込めたりしている些細な手がかりに注意を
向けることで，自分の教授法を適応させ，ムードを微調整し，最適な学習環

境と思うものにより近い条件を作ることができるのです。

　マンチェスターのスタンレー・グローブ（Stanley Grove）小学校の校長，エイミー・フットマンによると，マインドフルネスのトレーニングを受けた彼女の学校の教師たちが，「前よりはるかに生徒たちとつながりを感じており，マインドフルネスによって，常に何かで手いっぱいでいる代わりに，教師として新しいものを理解できるようになった」と言うそうです。そして，彼らは，「教室の空気を読む」という考えについて語っています。「ああ，今日はみんな，ぼ～っとした感じですね」，または，「今日はみんな本当に眠たそうだと思うんだけどね。もしかすると心と身体がちょっとエネルギー不足かな？」といった感じです。

　（デンマークの教員トレーナーが「ギアをシフトするアクティビティ」と呼ぶような）ゆっくりと穏やかなエクササイズか，動きが速く元気が出るエクササイズを行ってみましょう。その後，授業を続ける前に，静かに注意を向ける時を設け，生徒たちに身体をはっきり意識して観察するように促します。（クラスを落ち着かせたり元気にしたりする簡単なアクティビティの例は，章末の「試してみましょう！」参照）

　8週間のマインドフルネスのコースによって，家庭と職場の体験が変わったと，多くの学校の教師たちから聞いています。何らかの形で感情の制御が強化されるということは，よく言及されます。トレーシー（仮名）がマインドフルネスをやってみるとは同僚たちは夢にも思わなかったのですが，彼女は生徒に教えるためではなく，自分のために受講したのです。「あれが私の人生を変えたのです」と彼女は語りました。「以前は生徒がある行動をとると，すぐに反射的に反応したけれど，今はそれに気づき，自分の反応に注意を向けて，どうありたいか選ぶことができます。以前のように反射的に行動しなくなりました」

一人ひとりの生徒に影響を与える

　私たちは何より社会的な存在です。伝統的な進化論にもとづく発達論は，種の生存競争を基盤にしていますが，人類がここまで到達したのは，生存競争によるというより，人間が協働する能力によるのです。ルイ・コゾリーノ（Cozolino, 2013）は，社会神経科学の豊富な研究をまとめる中で，関係性の科学の理解を育むことで生まれる価値ある示唆を教育者たちに示しています。

愛着（Attachment）に関する能力

　私たちの脳は，協力しあって集団で行動できるように進化してきました。そして，コミュニケーション能力や言語能力を発達させ，種としての驚くべき進化を可能にしたのです。発達の初期段階では，私たちは世話をしてくれる人たちに完全に依存しています。この親密で依存的な愛着が，私たちの学習能力の基礎にあります。私たちの親は，身体的な安全や栄養を与えるだけでなく，私たちの感情を調え，文化や社会で十分に機能するための能力を身につける道を整えてくれます。

　赤ちゃんは前頭前野が発達していない状態で生まれます。赤ちゃんは何年もの間，親に完全に依存した弱い存在ではありますが，高度に発達した能力を持っています。幼い赤ちゃんが，重要な社会的メッセージを伝える顔の表情を幅広く「読み取る」力は，とても複雑な能力です。顔色を読み取ることから発展して，複雑な音を理解したり作り出すことができるようになり，そして，複雑な言語システムを読んだり書いたりできるようになっていきます。その進歩によって，ついには抽象的に考え，考察し，内なる自分や宇宙空間を探索することも可能になるのです。

学習における関係性

　幼児の初期のコミュニケーションのほとんどは非言語によるものですが，簡単な日常のレベルで，接触や感情に加え，言葉や考えを通して互いにコミュニケーションをとるようになります。発達論的には，この感情的要素を

含む方法でコミュニケーションをとる時に，最もよく学べるという傾向があります（Marzano et al., 2011 : 5-7）。コゾリーノが愛着理論と学習の分野の奥深い研究で示したように，教師の役割の持つ可能性とパワーはここにあります。私たちは進化の過程で，世話をしてくれる大人と結びつくという傾向を獲得し，この機能をもたらす神経科学的プロセスを獲得してきました。それにより，コミュニティ内の他の大人と，学習関係を結ぼうとする傾向がありますが，ここで言うコミュニティにおいては，その大人は通常，教師です（結局のところ，多くのコミュニティで，子どもが大人とやりとりする時間を考えれば，教師と過ごす時間が圧倒的に長いのです）。

神経科学の彫刻家たち

　この分野の研究を読む時に最も素晴らしいと思うのは，今では科学者たちがこの「関係を通した学習」の基礎となる心理過程を，細胞のレベルで突き止めることができるということです。ある意味，これは私たちにとって新しいことではありません。私たちは，直感的に，また，自分自身の人間関係や経験を通して，何が自分の成長や発達，学習に役立ったのかを知っています。しかし他方で，私たちは，学習と人間関係の生理学的な複雑さを，脳の研究を通して理解し，実際に「見る」ことができるようになってきています。これは実にその通りで，これを根拠として，コゾリーノは，教師を神経科学的彫刻家とみなしています。教師は個人的，教育的能力によって学習環境と生徒との内的なつながりを作り，文字通り脳のシナプスの構成を「彫る」からです。カッコイイですね！

人生の教訓 No. 1

　さらに深く，極めて重要な人間の早期の愛着を考える時，最も身近で世話をしてくれる人がニーズを満たすことができなかったり，早期の発達にしっかり携わってくれないような場合，私たちが基本的な社会性と情動のスキルを欠いたまま成長するかもしれないということがわかってきています。最も身近で世話をしてくれる人は，早期の感情的な反応制御に影響を与えますが，彼らがその鍵となる能力を欠く場合，子どもと両親の調律

（attunement）＊16 におけるギャップは，後の人生で，私たちの個人的，職業的関係において大きな問題を起こすかもしれません。若い生徒たちに社会性と情動のスキルを育む時間と空間を与える発達的に適したプログラムとアプローチは，おそらくこれらのギャップをいくらか埋める助けとなるでしょう。

　幼い子どもは認知能力が十分に発達していませんが，感情的なスキルが自然に発達する実り多い時期です。感受性の高い子どもなら，ママが怒っているのは自然にわかりますし，見知らぬ人間が信頼に足る人かどうかというかなりの判断力さえ持っています。このようなスキルの発達を助ける良質な社会性と情動の学習（SEL）プログラム＊17 は，私たちの能力を高め強化することができ，対立している時でさえ，より共感的になり，批判的な度合いを減らして，自分にも他人にももっとコンパッションを持てるようにすることを可能にするかもしれません。これらのプログラムはただうまく設計された「学術的な」（academic）プログラムに留まらず，本物の体験的な要素を必要としています。最も重要なのは，求められている資質を体現する人によって，教えられる必要があるということです。

人生の教訓 No. 2

　質の高い正式なプログラムや日常のプログラムを通して，社会性と情動のスキルを意識して発達させる必要があるということに加えて，愛着の研究から教師と深い関わりがあるもう一つの大切な発見が得られています。それは，社会的スキルや感情の制御に問題をかかえる不安定な子どもに対して，重要な存在である大人が，モデリングとつながりを通して影響を与えることができるということです。

　生徒たちは，私たちが伝えようと集中している授業内容の他に，教室の環

＊訳注16）Attunement：母親が乳児に共感的に関わってやることを示す。調律は子どものその後の情動知能の発達に不可欠とされている。

＊訳注17）SEL：1994 年，民営の運営団体（Fetzer Institute）が，教育研究者会議で初めて用いた概念。「子どもや大人が，情動（感情）の理解と管理，積極的な目標設定と達成，他者のへの思いやりとその表現，好ましい関係づくりと維持，責任ある意思決定が可能となるための知識，態度，スキルを身につけて効果的に利用できる過程（Collaborative for Academic, Social, and Emotional Learning, 2012）」と定義される。

境のあらゆるメッセージを心に記録しています。これには，教師や同級生の
ボディーランゲージ，ユーモアに満ちていたり険悪だったりする行動への感
受性，自尊心や立場を高めたり脅かしたりするグループダイナミクスなどが
含まれます。大人が教室で，生徒との関係において，また社会性と情動の安
定を脅かしうる状況に際して，どのように落ち着いた態度をとれるか，生徒
たちは敏感に気づきます。生徒の問題行動により，私たちの関係性のスキル
や対立への対処で足りない部分が，容易に表れてしまうかもしれません。自
分の反応にもっとマインドフルに注意を向けていることで，難しい状況で適
切な対応を選ぶ教師の能力を伸ばすことができるでしょう。

生徒にうまく教える

　教師が，自らの行動を管理するスキルを磨くことができると，個々の生徒
が幼児期にモデルとしたパターンと矛盾したり疑問を抱かせるような反応を
見せることを通して，生徒に学ぶ機会を提供することができます。あなたが
他の人の怒りを自分への個人攻撃と受け取らないといった簡単なことを見る
だけでも，家庭でそのようなことを目撃したことがない子どもにとって大き
な意味を持つかもしれません。仮にある生徒が，無意識に感じている欠点を
隠すために，自己防衛として攻撃を使うことを身につけていたとします。そ
して，あなたとのやりとりで敵意を見せたとしても，あなたがそれに反応せ
ずに親切で変わらない態度で我慢強い好奇心を持った交流をすれば，その体
験は，生徒たちに他では得ることができない人生の教訓を教えることになる
かもしれません。同様に，生徒が何らかの失望を感じていても，忍耐強く生
徒と関わり支援する姿勢を（直接的，間接的に）伝えられる教師は，生徒が
生涯持ち続けるかもしれない強力な人生の教訓を学ぶ手助けができます。

　　私は，自分が教室における決定的要素なのだという結論に行きついて驚い
　た。雰囲気を作るのは，私の個人的なアプローチなのだ。教室が穏やかなのも
　荒れるのも，私の日々の気分しだいで決まるのだ。教師として，私は生徒の人
　生をみじめにも楽しくもできる強大な力を持っている。自尊心を傷つけること
　も癒すこともできる。あらゆる状況で，危機が拡大していくか縮小していくか，

また，生徒に人間性を与えるのも奪うのも，私がどう反応するかによるのだ。
〈Ginott, 1994（1972）〉

　この言葉は，他に考えなくてはならないことが多い教師にとっては，少し極端であるとか，圧倒されるように受け取られるかもしれません。「私はその日をなんとか切り抜けて30名ずつの5クラスに歴史のカリキュラムを教えるので手一杯です。セラピストの役目までする時間はありません」

　その通りですよね。でも，社会神経科学の研究が示唆するのは，私たちが生徒の問題をすべて解決できる完璧な人間であるべきだということではありません。不完全であってもより人間的であることや，自分が子どもたちに強い影響を与えるかもしれないと教師が意識していることに意味があるのです。

再調律：イアン・ライト（Ian Wright），ピグデン（Pigden）先生と会う

　できたら，英国の有名なサッカー選手，イアン・ライトの3分ほどのビデオを観てください。彼はサッカー界から引退して，今はラジオやテレビの仕事をしており，このビデオは彼が他の番組を収録している間に撮影されました。ディレクターは，ライトに知られないように彼の小学校時代の教師に連絡をとりましたが，有名なスポーツマンがどんな反応を示すかは全くわかっていませんでした。

「イアン・ライト，大いに驚く！」
www.youtube.com/watch?v=omPdemwaNzQ&ab_channel=MITOGEN

　イアン・ライトは別の番組で自分の不運な生い立ちを語っており，それを観るとピグデン先生が彼に素晴らしい影響を与えたことがわかります。一流の運動選手となった大人がカメラの前で子どもに返って，丁寧に帽子を取り，感極まって教師の手を握るのを見るのは感動的です。ライトは不遇な子ども時代を過ごしたため，多くの怒りをかかえていて，逆上を抑えられな

いことがよくありました。ライトは，ピグデン先生が時間をとって人とのコミュニケーションのしかたを教えてくれ，自分が初めて会った男性の良いロールモデルであり，先生こそ自分が重要で有能な人間だと感じさせてくれた人だと語っています。

　両親やパートナー以外で人生における大切な人について誰かが話す言葉に耳を傾けるなら，その人が持っていた重要な特徴を知ることができるでしょう。「彼はとても辛抱強いんです」「とても穏やかな人なの」「自分の科目にとても熱心に取り組んでいました」「とても思いやりがある人でね」などです。この人たちは，自分が育った環境や自分自身に欠けていた資質を誰かの内に見出しているのであり，それは多くの場合，彼らの教師なのです。幼い頃に不安定な愛着を経験して育った人は，自分に自信のある重要な誰かと建設的な関係を築くだけで，欠けていた資質を取り戻すことができるのかもしれません。

　この再調律のプロセスは，幼少期に世話をしてくれた人への調律や愛着を助ける神経生物学的回路の中に作られます〈詳しくは，コゾリーノ（Cozolino, 2013：18, 106-107）参照〉。学習上の関係が人々のその後の人生に大きな影響を残すというこの手の話は，たくさん存在します。子ども時代とは限らず，人によっては同じような影響を与えた大学教授について語っています。もちろん，このような関係は教師に限らず，パートナーや他の重要な大人との関係もあるかもしれませんが，教師は安心できる大人との再調律が起こりやすい環境で働いているので，しばしばその例として引き合いに出されるのです。再調律は，子ども時代に虐待を受けた人や深刻な欠乏を経験した人だけに起こるわけではありません。私たちは皆，社会性と情動の発達のある部分は強く，他の部分は弱いため，教師との確かなつながりは，良くデザインされ上手く教えられた社会性と情動スキルのプログラムと同様，どんな生徒にも恩恵をもたらします。これらが組み合わせられればさらに理想的です。

　人類には生物学的に強力な社会性と情動の基盤があり，教育は社会的な職業で，社会性と情動の発達やウェルビーイングに注意を向けることで，皆が利益を得ることができます。ある意味では，教科学習においても，その過程で身につけた他の生活スキルにおいても，自分が教えた子どもたちに与えた

影響はわからないかもしれません。しかし，そのような影響を与える可能性がある強力な学習の関係に携わる機会があることを喜び，そして，自分が教える個々の生徒やグループがより成長するよう，最善を尽くすことを再び心に誓うこともできるのです。

　自らの感情的なスキルに焦点をシフトすることで，もっとマインドフルに教えることができます。このように自分と生徒たちをより良くケアすることで，教師はより効果的に教えることができ，自分のウェルビーイングを維持できるようになるでしょう。今日では，この分野で教師をさらに効果的に導くエビデンスや知見があります。さまざまな面で，マインドフルに教えることは，それ自身，セルフケアの行為であり，学校としても自らをケアするという重要な能力の育成を支援することが重要です。学校や教育機関が，セルフケアのトレーニングを通常の専門性開発研修や教師の初任者研修に採り入れることによって，このことが可能となります。この章のパート２では，この教師の初任者研修の準備における問題点を，より詳細に見てみましょう。

パート２：教員養成におけるマインドフルネスと
人間関係の能力

　多くの教師や教育実習生は，生徒との関係ややりとりが授業の最も難しい側面だと見ていますが，教員養成課程ではこういった点に関する教育が不十分であることを体験しています（Jensen et al., 2015）。

　この発言は，「内省的・人間関係能力の発達に焦点を当てた教師の教育」と題されたデンマークの研究の中間報告からの引用です。このデンマークの研究は，以下に述べるように，自らの社会情動的スキルに焦点を当てることによって，教職というキャリアへの実際的な準備ができることを教えてくれています。

自分を失ったことに気づいたのはいつ？
教育実習生のためのマインドフルネスと人間関係能力のトレーニング

デンマーク・オーフス大学と VIA ユニバーシティー・カレッジ（Aarhus University and VIA University College）

「教師と生徒との良質な関係を築いて維持し，生徒が学んで将来活躍できる質の高い学習環境を提供するために，教育実習生は，教員養成プログラムで人間関係能力について学び，その能力を伸ばす必要がある」

2015 年のデンマークでの会議で，妻と私は，3 人の優秀な女性に会いました。彼女たちは，教員トレーニングでデンマーク人が「人間関係能力」（Relational Competences）と呼ぶものの大きな共同研究のメンバーでした。

デンマーク教育大学は，2008 年に学習環境で重要な要素の 220 の研究を考察し，次のように結論づけています。「良い学習環境を作りたければ，教師に良い関係の作り方を教えることが大切です。忍耐，敬意，興味，共感，そしてコンパッションを一人ひとりの生徒に見せることを教えるのです」オーフスでのこの研究プロジェクトのように，教師の人間関係スキルの有効なトレーニングに必要なものをきちんと探る努力が，いくつか行われています。

現在進行中の研究プロジェクト（2012 年～ 2016 年以降）は，一般の学校の 11 歳から 13 歳の生徒にマインドフルネスと黙想のプラクティスを教えることの影響を探る先行研究から生まれました。「通常，朝はとても忙しく，走るように学校に向かい，一日の終わりにはストレスを感じていますが，朝このエクササイズをすると，ストレスが身体から出て行って，勉強できるリラックスした状態になります」

オーフス大学のデンマーク教育学部教育心理学科長である**アナ・マイ・ニールセン教授**は次のように述べています。「教師をフォローする

この最初の研究から学んだことの一つは，マインドフルネスを実践する状況を共有することがとても大切だということです。メディテーションのプラクティスを自分で継続することは，特に多忙な教師にとっては大変難しいことです。ですから，これを教員養成の一部にする必要があると気づきました。教師として学位を得るための最初の教員養成研修にこれを組み込むことで，社会的にプラクティスを維持する機会を提供できるでしょう。毎日の生活の一部として，習慣化させるのです」

　オーフスの教員養成校である VIA ユニバーシティー・カレッジの研修で，研究者は，4 年間の教育学士課程の教育実習生を追跡しました。実験群の教育実習生は，定期的にインタビューを受け，良い教師になれると感じたのはどのような時か，自分や生徒に起きていることにどう注意が向いていたのか述べるよう求められました。彼らはまた，うまくいかない時，注意を向けていられない時，または，何が起きていたのかをその出来事の直後に気づいた時の経験について述べました。

　例えば，ある男性の教育実習生は，生徒に挑発されたと感じ，教室から出ていくよう言いました。そして，問題の解決にならないことをしてしまったと恥ずかしく感じ，「あの生徒に教室にいてもらいたいと話してくるから，ちょっと待っていて」とクラスの他の生徒たちに言いました。生徒に出ていくように言うという悪い選択をしたことを教育実習生自身が認めることは，とても難しいことでした。でも，それから，「よし，あの男子生徒やクラスの皆との関係をケアする必要があるのだ」と考える余裕を見つけたのです。

　ニールセン教授によると，「グループの教育実習生に共通していたことの一つは，自分の心と感情，反応したい衝動に対してより意識を向ける能力です。それは何かに注意を向けることであり，ただ反応することではありません。起こることに注意を向け，同時に教えている生徒に何が起きているのかに注意を向けることです」

　この共感性の強化により，教育実習生は，立ち止まり，より大きな共感性や広い視野を育てることができるようになります。生徒があなたを困らせている時でも，生徒が教師を挑発したいのか，または起こって

いることを理解できないでいるのか，それとも面白がっているだけなのか，理解できるようになると教育実習生たちは語りました。

　ニールセン教授によると，「もし生徒が，傷つきやすく学ぶのが難しかったり，間違えてからかわれるのを怖がっているように見えたなら，あなたが間違えた時の対応や，あなたが教室で生徒にどう感じさせるかに気をつけることが，教師として大切です」

　別の状況で，ある教育実習生は，自分がいかに過剰反応しないでいることができたかを述べました。自分が適切に呼吸をしていないことに注意を向けて，自分がとてもいら立っていることに気づき，深呼吸することにしました。これにより，ほんの数秒前に生徒を挑発的だと感じた自分の見方を変える心の余裕ができたのでした。「もしかしたら，2〜3年前は私もこの生徒のようだったかもしれない」

　ニールセン教授は続けます。「この人間関係能力のトレーニングは，VIA での勉強の 5%を占めるだけですが，非常に大きな影響があるのです」

　カティンカ・ゴッチャは，教員研修の共同トレーナーであり，中等教育の教師でもあります。「教師である私は，このトレーニングのお陰で，困難な状況で急がずに少しそのままでいられるようになりました。感情を取り去るのではありません。イラついたり怒ったりすることはまだありますが，その感情に反射的に反応せず，感情を自分の内にとどめ，生徒に反射的反応をしないようにしてくれます。長い目で見ると，教師にとっても役に立つと考えますし，なんとか元気を回復させてくれるように思うのです」

　「教育実習生が教え始めると，そのトレーニングは大きな効果があるとても重要なもので，より良い教師となるのを助けてくれると悟ります。また，教師として，授業中にちょっと立ち止まる助けにもなります。『私は今何を感じているんだろう？　教師としての私に何が起きているのだろう？』生徒たちが，あなたがしていることを知る必要はありません。あなたはただ自分で注意を向ければよいのです。『ああ，私は今イライラさせられているんだわ』」

　心理学者，家族療法士，そしてプロジェクトの主任トレーナーである**ヘラ・ヤンセン**は，教育実習生に「人間関係能力，共感性，プレゼンス」のトレーニングを実施したコースについて述べています。「ランダムに選ばれた教育実習生のほとんどは，初めはトレーニングを受けたがりませんでしたが，実際に受けてみて，それが教室での困難や生徒の両親への対応の仕方に大きな影響があることを悟ったと思います」

　「個人的な専門性開発研修の一部として，自分自身を見ることからコースを始めました。自分の在り方について知ることは，教室の学習環境に影響を与えます。これは受講者の考えとは全く違っていました。『私たちは自分について話すために来たのではなく，生徒をどう教えるのかを習いに来たんです！』ある実習生ははじめ猛烈に怒っていました。そのうちに，マインドフルネスのエクササイズによって，彼らは問題の一部として自分自身を見るようになったのだと思います。受講者は，問題を作り出す者，または，問題を解決する者として自分自身を見ることができるようになりました」

　実験群の実習生は，教育実習を録画され，実習生や同期生が遭遇した難しい状況を率直に振り返ることができるようになりました。ヤンセンは，この振り返りこそがしばしば最も大きな学びをもたらすもので，マインドフルに教えられるようになる助けになると確信しています。

　「実習生たちは，何が良い学習環境を作るか話さなくてはなりません。これはトレーニングの一部で，マインドフルに注意を向ける力を育てるだけでなく，この小さな出来事の連続で何が起きているのかを言葉で表現する訓練になります。大切なのは，重要なことが起こるポイントです。実習生たちは，このポイントを見極めるようになるのです。『このやりとりで自分を失ったのはどの時点だっただろうか？』，『あの時，別のやり方ができただろうか？』マインドフルネスのエクササイズをすることで，このポイントをより見極めやすくなります」

　教育実習生が成長するのを観察し，彼らのフィードバックを聞いた結果，ヤンセンは，学生がトレーニングで身につける重要な手段の一つは，自分の態度や気分をどう扱うかだという結論に至ります。実習生た

ちは，例えば，教室への入り方が重要であること，学習の展開の仕方が影響を与えることを理解しています。彼らはまた自分の態度を変えられることもわかっています。

「実習生に3分間のエクササイズを教えます。教師が教室に行く前にできるようなものです。すばやく自分の身体，心，呼吸，そして心の状態がそれぞれ今どうなのか，探ることができるようになるのです」

ある実習生は，14歳の男子生徒のグループを教えていました。彼は生徒たちが好きでしたが，一緒にいると生徒たちは言うことを聞かず，彼は自分が生徒たちにいら立っていることに気づきました。このことについて後に同期生たちと共に振り返った際，彼はいくつも質問されました。

「今，うまくいかなかった状況をまた思い出して，どう感じる？」
「身体は何を感じていた？」
「自分自身や生徒への共感はどうだった？」
「集中したり明確に考える能力はどう？ その状況をどうやって抜け出すか，考えが浮かんだ？」

「このように自分の態度を変えることで生徒を助けることができます。誰も解決策を教えてくれませんでしたが，次の授業に行く前に3分間で自分の状態を知り，自分の感情をより意識して，今自分がどう感じているかに責任を持つことができるとはっきりわかったのです。

自分の感情を自分のものにしておくのは，とても大切なことです。さもないと，感情が‘ホームレス’になってしまい，授業に感情を持ち込んだ時に望ましくない現れ方をするでしょう。生徒たちが，嫌な気持ちを感じたり，自分たちが間違っていると感じたりすれば，この嫌な感情を取り除くためにいろいろなことをするようになります」

ですから，このトレーニングは，自分をより確かで共感できる状態に戻す能力や，その瞬間にこの能力を使うことを忘れないでいることを中心に展開します。教育実習生は，自分のために短く立ち止まる時間を

とって，時々様子を探ることに加えて，生徒が存在する教室のエネル
ギーを変えるのに役立つ「ギアシフト」の短いアクティビティを学びます。

　この研究は現在進行中ですが，18 カ月経過時の一次報告によると，
対照群との比較で，教育実習生に，以下のことが認められています。

- 学校で生徒との関係を成立させるにあたり，より活動的で思慮深くな
  ること。
- 教師の役割に関してより内省的で，経験によって得られたものを重視
  していること。

　「プロジェクトで，自分が教師の役割にいかに入るかに注意を向けること
を学びました。プロフェッショナルであることと，同時にただ自分でい続
けることのバランスをとることは，重要なことなのです」

（教育実習生）

　「外部の要因と共に内的な衝動に気づくことを通して，教師は何が起こっ
ているのかに注意を向けられるようになり，教室において大人として存在
し，自分自身を含めて状況をうまく扱うことを忘れずにいることが可能に
なるのです」

（ニールセン教授）

ある新任教師の視点

　私は，自分の子どもたちには，マインドフルネスを押しつけないようにし
てきました。「父さんがやってるヤツ」（または「父さんがやってるほんとイ
カれたヤツ」かもしれません）と思われて逆効果かもしれないと考えたから
です。しかし，最近，スコットランドの小学校で教員歴 2 年目の上の娘が，
教育局の地域の教員向けの無料のコースで「マインドフルに意識するトレー
ニング」をしていると聞き，ワクワクしました（いいぞ，いいぞ！）。教育

システムでは若い教員にかなりのことが求められていて，感情面での自己コントロールのスキルを身につけさせることはあまり重要と考えられていないことを知っていたので，私は娘がキャリアの早い時期に基礎的なストレス・マネジメントのスキルを得る機会があると聞いて，本当に喜びました。この機会は，娘が自分のケアをするよう導いてくれるでしょうし，最終的には，娘がこれを直接または間接的に生徒たちとシェアすることを始められるかもしれません。

　以下は娘のルーシー自身がマインドフルネスと教員研修について語ったことです：

マインドフルネスがどう私の役に立ったか

　自分がマインドフルネスのトレーニングをしている間，私は気分が優れない日に，生徒たちに影響が出ないよう必死に努力していた時のことを思い出していました。これは本当に大変なことだっだと気づいたのです！

　しかし，マインドフルネスの入門コースが，以下のような助けになりました。

- ストレスの程度が取り返しのつかないところに近づいているのに気づくことができる。それは，心臓がとても速く打ってほとんど過呼吸状態になったり，泣きそうになる（または泣いてしまう！）といった身体面と，思考がどこに行ってしまったのかと思うような心理面の両方でのことでした。
- 本当に興奮してしまう前に立ち止まり，しばらく何もしないでおくことができる。
- 自分が十分でないと感じる時に自分にコンパッションを向けることができる──「大丈夫，それでいい」
- 生徒たちの良さがよりわかるようになる。

　実に難しい状況を扱わなくてはならない学校勤務の初年度のうちに，マインドフルネスのトレーニングをしていたのは，とても幸運でした。

　教員養成大学では，「精神的に本当に疲れるので，自分をケアする必要があります」と常に言われます。しかし，その対処方法は教えてくれません。教える時に使える実用的な対処法が必要なのです。

　マインドフルネスで，うまく対処できるよう助けてくれるものが得られます。

　教員養成期間中に，マインドフルネスを始めることができれば特に良いでしょう。教師として自立する前で，とてもストレスがかかる期間ですし，それに，教育実習中にも使えて，卒業後に教壇に立ち始めてからも使えるスキルを持つことができるからです。

　教員養成期間中に習っておけば良かったことは，以下のようなスキルです：

- 教える生徒たちに，人としてどのような影響を与えうるかを考えること。
- 自分の感情的な状態やストレスレベルを意識することの重要さ。私たちは，それが生徒たちにどう影響を与えるか考えることなく，生徒たちの感情をつきとめることなどに忙しくて，自分のことには注意が向かないままになりがちです。
- 対処方法───一息つくこと，時間を置くこと。
- 身体をバロメーターにする──早い段階で分かれば，とても役に立ちます。

（ルーシー・ホーキンス，小学校講師，英国）

　「教員養成期間中に習っておけば良かった」と他の教師たちが強調するものをいくつか挙げてみます。

- 報告書を書いたり会議があったり，忙しい時のストレスにどう対処するか
- 特に生徒または生徒の親や同僚が神経を逆なでする時に，自分の感情をどう扱うか
- 仕事の量をどう管理するか
- 困難な状況で生徒を教える時に感じる不安の対処法
- 難しい親の扱い方

- 生徒と関係性を築くことが学級経営を形作ること
- 生徒の情動的な状態と，それがいかに学習に影響を及ぼすかの理解
- 学業面，社会面，情動面のウェルビーイングは別々のものではないということ
- 見返りを期待せず精神的に力を投じ過ぎてしまった時に，いかに燃料補給をするか
- 教えることで消耗することはあるが，黙って独りでいることで充電することはできる——自分を大切にし，自己認識を大切にする人を周りに置くこと
- 教える時の自分のありかたが，良くも悪くも生徒の学習の結果につながること
- 教室では自然な自分でいること——教師としてこうあるべきという理想の姿であろうとしないこと
- 生徒と前向きな関係を作り上げることこそが，まさに学級経営であること
- 自分にどう優しくするか

　教員養成大学にいた頃，教授の一人が，教師はどの職業より膀胱炎になる率が高いと言ったのを覚えています。その教授はそれをとても愉快だと思ったようでした。教師というのは，授業や授業前後の時間にやることが多くて忙しすぎるので，トイレに行くべき時に行けないからだろう，と，教授は続けました。それを全く構わないと思っているようでした。とんでもない！その教授はまた，手短に，とてもストレスがある仕事なので自分に気を配ることが本当に必要になるだろうと，未来の教師たちに言いました。しかし，これをどのようにするのかという情報は全くありませんでした。具体的なヒントもアドバイスも全くなかったのです。私にとってマインドフルネスは，自分のストレス・マネジメントに役立った手段の一つでした。自分の身体やそのニーズに，より注意を向けていることに役立ちました。なので，学校にいる時にトイレに行く必要があると身体が言うなら，それに耳を傾けました！　自分自身をいたわらなければ，生徒と共にいて生徒のニーズに気を遣うことはできないのです。

（高校のガイダンスカウンセラー，カナダ）

　マインドフルネスのトレーニングをどこに入れたらよいか考え続け，「教員養成研修に入れるべきだ」と思いました。教員養成研修コースのモジュール*18 に組み込むことができれば，教員候補者にとって，自分自身といずれ教えることになる生徒の両方のために，最も効果的で役に立つ学びの場となるでしょう。これは，教師たちが仕事量を管理する助けになると同時に，創造性を育てる方法です。私は自分の教師としてのキャリアの早い時期に，これらのスキルを学ぶことができていたらと思います。教師が生徒との関わり方を少し変えるだけで，生徒の学校での体験に大きな違いが生まれるのです。

（リズ・ロード，**特別支援教育コーディネーター，英国**）

「CARE」プログラムの研究

　教師がマインドフルに注意を向けるためのトレーニングは，まだとても新しいものですが，裏付けに乏しい事例的なものだけではなく，教えることや学ぶことに与える影響についての根拠となるいろいろな種類のエビデンスが出てきています。最近の研究（Jennings et al., 2015）では，CARE トレーニング（Cultivating Awareness and Resilience in Education*19）で小学校教師を対象とした研究が行われました。この大規模なランダム化比較研究では，ニューヨークの都市部の 36 校の小学校で 200 名以上の教師が対象になりました。大規模な量的質的な研究方法で，8 週間のトレーニングコースの前後にすべての教室に観察者を配置して，生徒への影響を調べたのです。教師の感情制御や時間的プレッシャー，ストレスの症状において，対照群と比べて，トレーニング群には有意な効果が認められました。それに加え，生徒への情動的な支援の側面において明確な効果が示され，また，クラスの組織化において改善が示されたと報告されています。

＊訳注18）モジュールは，学習時間を小さく分割した短い授業単位。
＊訳注19）CARE は「教育における注意を向けることとレジリエンスの養成」の略。

研究報告は，次のように結論づけています。

> これらの調査結果は，教師の社会性と情動に関する能力を支援すること
> で，学習環境が改善される可能性を示しており，教育政策への有用性が示
> 唆される結果である。

教師のセルフケアとマインドフルに教えるためのコース

SMART（Stress Management and Relaxation Techniques in Education：教育におけるストレス・マネジメントとリラクゼーションのテクニック）

　スマートエデュケーション ^{TM} は，K-12[20] の教師と職業的サポートスタッフのニーズに特化したエビデンスに基づくプログラムで，セルフ・コンパッション[21] やエモーショナル・リテラシー[22]，自己調整スキル，楽観やセルフケアなどを含み，マインドフルに注意を向ける力の養成を非常に重視しています。スマートエデュケーション ^{TM} のプログラムには，メディテーションや，感情に注意を向けること，動作など，マインドフルネスを実際に体験するアクティビティが含まれています。

教師のための CARE（Cultivating Awareness and Resilience in Education：教育における注意を向けることとレジリエンスの養成）

　教師のための CARE は，注意を向けていること，プレゼンス，コンパッション，そして内省を促すことで，教師のストレスを減らし授業を活気づける助けになるようデザインされたプログラムです。リラクゼーションや動作，じっくり耳を傾けるディープリスニングのトレーニングは，生徒が社会

＊訳注20）幼稚園から高校卒業までのアメリカの学校制度。
＊訳注21）自分への思いやり。
＊訳注22）自分の感情を制御するための知識。

面，情動面，そして学業でフラリッシュ（成長）することを助けるのに必要な資質を強化することができます。

　詳しくは，ウェブサイトをご覧ください（wwwlcare4teachers.com）。

本当に大切なこと
- 教師！
- 生徒との関係の質
- どう教えるかは何を教えるかと同じくらい大切

試してみましょう！

　あなた自身のために：
- 個人的なプラクティス：第3章のアイデアと音声ガイドを使って，毎日静座するようになるまで努力し続けましょう。
- 106ページの「ここにいるための段取りをつける」エクササイズをやってみましょう。
- 一つの教室を決めて，毎回その教室では，生徒たちに会う前に，授業に集中してチェックリストを確認しましょう。

　生徒と一緒に：
- 次の週に，107ページにある生徒の「チェックイン」のアクティビティを，一つか二つ自分でやってみましょう。
- 上記と同じ（チェックリストを確認している）クラスでこれをやってみます。
- 落ち着くための習慣として，「生徒のジャーナリングのお題」を使った短時間の書くエクササイズもできます。例えば，
  - ➤ まゆをしかめるのとほほ笑むのとどちらが人目を引くでしょうか？

なぜか説明してみてください。

➤ 自分の感情をコントロールできると思いますか？　それとも感情が
あなたをコントロールしているのでしょうか？　具体的な例を挙げ
て説明してみてください。

➤ 好きな曜日は？　それはなぜでしょうか？

➤ 感謝していることを 8 〜 10 個挙げてみてください。

➤ 一番よくある「思考発作」(thought attack) はどんなものでしょ
うか？　言い換えると，何が心配なのでしょう？　その心配をどう
していますか？

➤ 自分にコンパッションを向けていますか？　それとも自分にコン
パッションを向けるのは難しいでしょうか？　具体的に例を挙げて
説明してみてください。

➤ 何かを決める時にカン／直観が影響するのはどんな場合でしょう
か？

● ジャーナリングのアイデアは，自分で作ってもいいし，教える中で応
用してもいいし，または以下のサイトから，すばらしいアイデアを見
つけてください (https://daringtolivefull.com/journal-prompts)。

➤ いたずら書きをしたり，絵を描いたり，色を塗ったり――これは楽
しくて夢中になれる代替手段で，以下のウェブサイトで無料のデザ
インを印刷できます (https://printmandala.com/)。

● クラスのエネルギーや雰囲気を探ってみましょう。

➤ 注意，取り組み，グループのムードの変動に意識を向けます。

➤ 身体の感覚にしっかりと注意を向けて，微妙な手がかり，緊張，感
じられる感覚を意識します。

➤ 声，ボディーブレイク (body breaks)*23，短い沈黙の時間，また
は聴くプラクティスを使って，注意を和らげたり鋭くしたりしてみ
ます。そうすると，緩慢な時には元気が出ますし，興奮した時には
落ち着くでしょう。

＊訳注 23）タスクの間に短い時間身体を動かすアクティビティを指す。

クラスを落ち着ける，または元気づける短いエクササイズ

これらのアクティビティは，一つの活動から別の活動への移行を容易にしたり，また，考えるモードから抜け出して身体ともっとつながるのを助けてくれます。私たちはこれらのエクササイズを，成人を含むさまざまな年齢層で使ってきました。自分も参加しながらリードすることが大切です。<u>エネルギーや活力を与えるアクティビティであっても，次のアクティビティに進む前に立ち止まり，身体に及ぼす影響に気づく静かな瞬間を持つことで，落ち着かせるアクティビティにすることもできます。</u>

手をぶるぶる振る——元気を出す！（2分間）

1. 生徒を立ち上がらせ，膝を軽く曲げて，地面に足がつながっているような感じで静かに上下に2〜3回ぴょんぴょんさせます。
2. はじめは静かに両手を振り始めます。
3. 次により激しく振ります。
4. 次は，声を出して10からカウントダウンしながら，（周囲や着けているアクセサリーに気をつけて）できるだけ両手を激しく振ります。カウントする速さを変えてみたり，生徒に（良識の範囲で！）もっと速く激しく振るように言ってもいいでしょう。
5. 0まで数えたら，生徒に止まるように言い，両腕を降ろさせて，両手，両腕，その他の身体の部分の感覚にしっかりと注意を向けさせます。
6. 気づいたことをペアや全体で共有してもいいでしょう。
   注：2〜3分したら，動かさなくても手の感覚に注意を戻すよう生徒に言います。

身体をくねくねゆする——元気を出す！（4分間）

1. 生徒を立ち上がらせ，膝を軽く曲げて，地面に足がつながっているような感じで静かに上下に2〜3回ぴょんぴょんさせます。
2. 小指をぐるぐる回し，次は薬指，中指と進み，小さな回転の感覚に波長を合わせます。そして，手首を回し，身体のすべてのパーツを回していきます。

　　肘，腕，足首（片方ずつ），膝，腰，首，そして胴体と，できるだけ多くの
　　身体の部分を同時に回してみます。
　　注：同時に回すことが大切です。そこが楽しいところです！
3. それから，止まるように言い，身体の感覚に注意を向けさせます。席に戻り
　　ながら，感覚に注意を向け続けます。

濡れた犬のようにブルブルする——元気を出す！（1 分間）

1. まさに読んで字の通り！　ゆっくりと身体を振り始め，だんだんと濡れた犬
　　のように身体を振ります。
　　注：犬がブルブルするビデオを見せて，生徒をその気にさせてもいいでしょう。

目と耳——落ち着く（2 ～ 4 分間）

1. 生徒に手のひらを合わせてこすらせます。
2. できれば少し熱を発生させます。
3. 手を静かに目の上に持っていき，手のひらを丸くして目に当てます。
4. 感覚に注意を払います。
5. 繰り返します。
6. 両手を合わせてこすり，手を丸くして耳に当て，優しく耳をつまんで耳をハ
　　グするようにします。

指で押す——落ち着く（2 ～ 4 分間）

1. 生徒に両手の手のひらを下に向けて机に置くように言います。
2. ゆっくりと左の小指を机に押しつけ，離します。これを押しつけていると誰
　　にもわからないようにやるよう促します。片手が終わったらもう片方の手が
　　終わるまで指を変えて続けます。
3. ひととおり済んだら，自分のペースでやってみるように言います。終わった
　　ら，手のひら全体を一度に押しつけてみて，もう一度，誰にも押しつけてい
　　るのがわからないようにやってみます。

タッピング——元気を出す！（2〜5分間）

1. 生徒を立ち上がらせ，膝を軽く曲げて，地面に足がつながっているような感じで静かに上下に2〜3回ぴょんぴょんさせます。
2. 指の先でやさしく頭をタッピングし始めます。頭のてっぺんから横，生え際もすべてです。
3. 額から頬，鼻，顎と，顔を優しくタッピングしていきます。
4. それから手のひらか拳固を使って胸を叩き始めます。
5. そして，次に，片方の腕を上から叩きながら降りていき，同じ腕を叩いて上がります。別の腕で同じことをします。
6. おなかに移る前に，生徒たちに，内臓はもうちょっと敏感なので優しくするように言います。
7. お尻はもっと強く同時に両手のこぶしで叩いても大丈夫です。
8. 両手で一方の脚の前面を叩いて降りていき，同じ脚の背面を叩いて上がります。もう片方の脚で同じことをします。
9. 腰／腎臓の部分を優しく叩きます。
10. 両手を叩いて終わります。拍手！

時計回りの挑戦——落ち着いて元気を出す！（3分間）

1. 生徒を立ち上がらせ，膝を軽く曲げて，地面に足がつながっているような感じで静かに上下に2〜3回ぴょんぴょんさせます。
2. 体重を左足にかけ，右の膝を持ち上げて下肢で時計回りを始めます。もし左手で何かにつかまってバランスをとる必要があれば，そうして構いません。
3. 集中してバランスがとれたら，次の指示を与えます。
4. 時計回りに右の下肢を回し続けながら，同時に右手の人差し指で数字の6を宙に描きます。なぜか，これは無理なようです！

さらに学ぶための参考文献とリソース

Cozolino, L.（2013）*The Social Neuroscience of Education：Optimizing At-*

tachment and Learning in the Classroom. New York : Norton.
　多数の研究の非常に優れた収集と分析で，どう教えるかについての重要な示唆が含まれています。

Weaver, L. and Wilding, M.（2013）*The Five Dimensions of Engaged Teaching : A Practical Guide for Educators*. Bloomington, IN : Solution Tree Press.
　セルフケア，マインドフルネス，感情知能に基づいた，教師のための，素晴らしく実用的な専門性開発マニュアルです。

Marzano, R.J. and Pickering, D.J. with Heflebower, T.（2011）*The Highly Engaged Classroom*. Bloomington, IN : Marzano Research Laboratory.
　ロバート・マルザーノ（Robert Marzano）は，その研究とエビデンスに基づいた出版物で広く知られています。生徒の注意と積極的な関与の強化を専門としたこの著書は，教室での事例とアイディアが，それを支える理論と共に書かれています。

Powell, K. and Kusuma-Powell, O.（2010）*Becoming an Emotionally Intelligent Teacher*. London : Corwin.
　感情面のスキルの向上と教室での関係改善に役立つ実用的ガイド。

　「教師は教室の感情の雲行きは全くコントロールできないものの，感情の雰囲気には強力な影響を及ぼすことができる。たいてい，教師の言語・非言語行動や感情の表現，気質，気分は生徒たちに強力な効果を及ぼす。教師が示す感情は，意識的か無意識かを問わず，生徒の学びを非常に高めたり妨げたりできるのだ」

Rodenburg, P.（2009）*Presence : How to Use Positive Energy for Success in Every Situation*. London : Penguin.
　ローデンバーグによる存在と相互作用の第一，第二，第三の領域の考えは，（彼女の著書の通常の読者である俳優と同様）教師にも大変役立ちます。

第5章

マインドフルネスを教える

この章では：
- 生徒の注意力のスキル，共感，コンパッションを育成するために学校で「マインドフルに意識するトレーニング」がどのように活用されているかに着目します。
- 教育分野におけるマインドフルネスの導入を支持する研究を精査します。
- 生徒が集中力を高め，感情を制御し，ストレスを管理するためにトレーニングをどのように応用しているかを提示します。

マインドフルであること
マインドフルに教えること
マインドフルネスを教えること

全人的な子ども

　子どもと教師に「マインドフルに意識するトレーニング」をもたらすことへの私の熱意は，二つの重要な体験に端を発します。一つは，1970年代にインドへの陸路旅行をした時にメディテーションと出会ったこと，もう一つは，中年期に困難な時期を体験し，これに対応するために必要に迫られてメ

ディテーションとマインドフルネスを再発見したことです。この時のトレーニングによっていくつかの基本的なライフスキル（basic life skills）を培いましたが，50歳ではなく15歳の時に習得しておけばよかったと思いました。当時のトレーニングの効果は非常に重要かつポジティブで，人生の暗い時期から脱出した時，私のプラハの学校の生徒たちにこのトレーニングを導入する方法を模索しました。多くの若者がマインドフルネスの学びから恩恵を受けられると思ったからです。

　マインドフルネスを学校に導入することは，学校側にすればその理由は一見，明らかではないかもしれません。教育の主流は往々にして社会的，情動的，協調的な能力よりも，学業的，分析的，競争的なスキルを優先しがちです。多くの学校で狭い領域に焦点を絞ることが優先されているのは，周りの広い世界に見られる不均衡を反映しています。しかし，現在人類が挑戦をつきつけられている複雑な課題に対して，創造的に取り組めるようなバランスの取れた大人に成長できるよう若者たちを支援したいのであれば，私たちは，人間の能力を全範囲にわたって育成するために，学校教育の焦点をシフトし始める必要があります。

　学校が全人的な子どもを育てるには，学力のスキルと人間であることの社会的，情動的，身体的側面をより明確に組み合わせたホリスティックなアプローチを「取り入れる」（文字通り「身体に取り入れる」）必要があります。すべての学習は頭脳（mind）を効果的に活用することが基盤ですが，頭脳がどのように機能するか，また，頭脳（mind）と心（heart）と身体のシステムの統合について直接生徒に教える学校システムはほとんどありません。

教えずにはいられない気持ち

　私たちの多くには「教えずにはいられない気持ち」があります。英国のデボンでサイレント・リトリートに参加した時，メディテーション

セッション中で非常に強い個人的な洞察と思えるものを体験しました。リトリートのリーダーと一対一の面談をした時にこの体験について話し，自分は学校で生徒と教員にマインドフルネスを教えることができると思っていることを伝えました。リーダーの返答は「ケビン，ちょっと待って，自分の成長のための洞察を得ても，仕事場で他の人にそれを応用できるまでには少なくとも多少の時間が必要ですよ」というものでした。まさに彼女の言う通りでした。

この「教えずにはいられない気持ち」自体には何の問題もありません。この気持ちは私たちの多くを教師という仕事に導き，また多くの教師にとって「マインドフルネスに意識するトレーニング」を教える最初の動機づけとなるかもしれません。これ自体は問題ではありませんが，効果的に教えられるかどうかは，私たちの個人的な理解と自己認識を深める能力によります。

典型的な専門性開発研修ではありません

もし，生徒にマインドフルネスを教える意向があれば，多くのマインドフルネス講師養成プログラムでは，まず自らのプラクティスへのコミットメントが必要とされ，またいくつかのプログラムにはかなりの前提条件があることを最初から知っておくと良いでしょう。生徒にマインドフルネスを教えるためのいくつかの可能な進路を183ページに記載しました。

「子どもたちにとって良い」という思いからマインドフルネス（また実際にはあらゆる社会的，情動的，倫理的スキル）を教えたいと思っても，うまく教えることはできません。私たち自身も生徒に望むのと同じ能力を培うことが必要です。車の運転を講習や教科書から学んでも，実際に運転できなければ，人に運転を教え始めることはできません。通常の専門性開発研修では，何かを学び，それを同僚に教えることが期待されます。しかし，マインドフルネスのトレーニングは通常の専門性開発研修ではありません。

まず，即座にマインドフルネスの教師になることはできません。時間がか

かります。ほとんどの学校や多くの教育者は，専門性開発研修へ投資した時間は，すぐに教室で目に見える利益につながるべきだと考える傾向があります。しかし，マインドフルネスが教育組織（学校組織）に根付き，成功するためには，それを注意深く培い，ゆっくりと有機的に育む必要があります。マインドフルネス・トレーニングの多くの側面は非常に単純に見えますが，要点を見逃し，子どもたちをマインドフルネス嫌いにさせてしまう可能性もあります。このため，私たち自身がマインドフルネスのプラクティスをある程度深め，諸々のことを十分に理解する必要があります。このことにより，マインドフルネスについて理論だけではなく個人的な体験にもとづいて，導き話すことが可能となります。

立ち止まって呼吸をする

2008 年，私は校長を務めていたプラハのインターナショナルスクールの中学校で生徒たちに簡単なメディテーションの練習（exercises）を教えることを試し始めました。その後, 10 代向けのプログラムを探し求め,.b（ドット・ビー）──または Stop & Be──に巡り合いました。このマインドフルネス・イン・スクールズ・プロジェクト（MiSP）のプログラムはリチャード・バーネット，クリス・カレン，クリス・オニール（Chris O'Neil）の 3 人の教育者によって英国で開始されたばかりでした。生徒の参加を促すため，さまざまなプラクティスや面白いスライドや動画を組み合わせ，10 代の生徒のために巧みに設計されており，私のクラスにも適していました。このプログラムを通して，生徒たちは私が最初に自分自身で考えて提供したクラスよりも遥かにしっかりと学ぶことができました。

最近，英国では，ウェルカムトラスト（Wellcome Trust）がオックスフォード大学，ユニバーシティー・カレッジ・ロンドン，ケンブリッジ大学の医学研究会議認知脳科学ユニット（Medical Research Council Cognition and Brain Sciences Unit）と共同で主導する研究プログラムを助成しました。エクセター大学と何人かの国際的な協力者もこの研究を支援しています。この研究プログラムはいくつかの研究課題に取り組み，その中には青

年期の心理的機能におけるマインドフルネス・トレーニングの短期的な影響の検証，学校におけるマインドフルネスの実施（さまざまな形態のマインドフルネス・トレーニングの相対的な有効性を含む），そして大規模で長期にわたるランダム化比較試験が含まれています。2015 年に開始されたこの臨床試験には，英国全土から 76 の学校（304 人の教師と 5,700 人の生徒）の参加を募る予定です。半数の学校で教師と生徒がマインドフルネスのトレーニングを受け，生徒への情動的健康とウェルビーイングに対する効果を調査します。この 650 万ポンドの MYRIAD（Mindfulness and Resilience in Adolescence）（思春期のマインドフルネスとレジリエンス）プロジェクトは，生徒がトレーニングを完了してから約 2 年間追跡調査を実施します。この調査のために選択されたプログラムが「.b」です。

　本章では時折，読者に学校環境へのマインドフルネスの導入方法を理解してもらうために，10 代と小学生のためのマインドフルネス・イン・スクールズ・プロジェクト（MiSP）のプログラムを紹介します。若者向けのこれらのコースは，第 2 章で説明した MBCT と MBSR のプログラムに基づいており，特にオックスフォード大学のオックスフォード・マインドフルネス・センターのマーク・ウィリアムズの MBCT を応用しています。私は時々 MiSP プログラムの教師のトレーナーをしており，これらのコースを熟知し，また効果があることを知っているので，学校における「マインドフルに意識するトレーニング」の例として提示しています。マインドフルネス・トレーニングを学校に導入することを計画している読者のために，他の考慮すべきプログラムのリストを本書の 183 ページに掲載しました。

大人と生徒のトレーニング――これらは別物です

　大人がマインドフルネスにたどり着くのは，精神的または身体的に苦しむからかもしれませんし，他の選択肢がないためかもしれませんし，あるいは命を吹き込むこの素晴らしい経験を探求するためかもしれません。しかし，生徒，特に中学生と高校生は自ら進んでマインドフルネスのコースを受講することは滅多にありません。私たちが学校で教えるコースは，臨床または治

療プログラムではなく，マインドフルネスを紹介するために企画されています。これらの体験的なクラスは，自己の内面を意識する能力と，さまざまな状況に応用できるいくつかの新しいスキルを育む，ある程度のトレーニングと機会を提供します。しかし，全体的な意図は，若者が「マインドフルに意識すること」が何であるかを感じ，そしてどのように役立つかを理解し，将来，人生で困難な経験に直面した時に助けを求める方法があることを理解することです。10代の若者にとって重要な学習のポイントは，自分自身の精神的，感情的，身体的ウェルビーイングに積極的に関わることができることを学ぶことです。

学校における「マインドフルに意識するトレーニング」

「マインドフルネスに意識するトレーニング」は生徒と教育者に下記のことを紹介することができます。

- 頭と身体と感情がどのように機能するか，主要な要点を知的，体験的に理解できるよう援助する。
- 自己認識と注意を維持するための主要な能力を育成する。
- 困難な状況に対してより賢明に対処できる力をつける。

小学生と中高生を対象としたマインドフルネスプログラムの例を挙げて上記のことを達成する方法を提示します。本章で紹介する事例は，読者にその様子を示すためのものであって，紹介したエクササイズを実践できるように準備するためではありません。

MiSPの入門のセッションでは，カンフー・パンダの映画（ドリームワークス・アニメーションとパラマウント・ピクチャーズ，2008年）の素敵な一場面を紹介することで，マインドフルネスの中心的なメッセージを提示します。パンダのポーがある日，物事がうまくいかなかったことで自分を責めているところに，年老いたゾウガメのウーグウェイ導師がやって来ます。

　君はこれまでに起きてしまったこと，これから起きることを心配しすぎだよ。

　このことわざは君も知っているよね。

　「昨日は歴史（history），

　明日は謎（mystery），

　でも，今日は贈り物（present*24）：

　だから「プレゼント」って言うんだよ。

この中核的なテーマを生徒たちに紹介した後，教師は通常，マインドフルネスとは何かを説明し，その背後にあるいくつかの科学的側面を提示し，学校や私たちの生活にどのように役立つかを説明します。しかし，理論だけでは不十分です。重要なのは生徒たち（そして教師）がマインドフルネスを直接体験することです。

注意を向けよう！

マインドフルネスは……意図して注意を向ける時に立ち上がる意識です

　MiSP コースの最初のレッスンでは，より深く注意を向け，それを維持するための心のトレーニングを理解するところから始めます。現代社会では，私たちは常に多くの注意をそらすものにさらされ，注意はそれやすくなっています。このような状況では，若者に注意力を育てるためのトレーニングを授けることは非常に重要です。スタンフォード大学の研究者フィリップ・ゴールディン（Philippe Goldin）は，「親と教師は，子どもたちに1日に100回ほども集中しなさいと言います。でも，私たちは決して彼らにその方法を教えることがありません」と述べています（Brown, 2007）。

＊訳注24）present は英語では贈り物と現在の両方を意味する。

　この最初のレッスンでは，強制的に「注意を向けなければならない（pay attention）」と子どもが感じないように「注意と遊ぶ（play attention）」ことを教えます。軽いタッチで，生徒は身体の周りに注意を向けるトレーニングをガイドの元に体験します。このリンクでは，MiSP のリチャード・バーネットが教育分野にマインドフルネスを紹介する TEDx Talk を見る（そして体験する）ことができます（https://youtu.be/hd5-v6FbgMI）。

　可能なら，セッションの最初の 10 分間に，バーネットがガイドする簡単なエクササイズをやってみることができるよう，静かな場所でこの動画を見てください。このようなエクササイズは，マインドフルネスを紹介するセッションでよく使用されます。通常はそれに続いて，「問いかけ」（inquiry）を行います。生徒たちにペアを組んで自分の体験を振り返る機会を与え，その後で，クラス全体からいくつかの例を話してもらいます。これは重要なポイントです。何故なら生徒たちはここで，さまよう心は全く普通であることを発見できるからです。

　私たちの心がさまようという自然な傾向を踏まえ，『A Path with Heart』（1993）の著者であるジャック・コーンフィールド（Jack Kornfield）は，心のトレーニングを子犬のトレーニングに対比しています。MiSP プログラムの子ども向けの注意力トレーニングのエクササイズはこれを基盤にしており，意識して注意を向けられるようになるために培うべき資質が，子犬のトレーニングのそれと非常に似ていることを示しています。それらの資質は，毅然さ，忍耐，そして優しさです。

　この最初の 40 〜 60 分のクラスの終わりまでに，私たちは通常，三つの重要な概念を体験的に確認することができます。

1. 注意を向ける対象は選択できる。
2. 一つの所に注意を向けようとしても，そこにとどまるのは簡単ではない（心がさまよう）。
3. 注意を向ける能力を向上させる方法は，学ぶことができる。

　さらに注意が重要な理由は，私たちが注意を向ける対象が強化されるから

です。タクシー運転手では，道順を扱う脳の海馬の後部は，平均よりも大きくなります（Maguire et al., 2006）。もし，バイオリニストなら，指の協調（coordination）を扱う脳の領域において，連結がより密になります（Elbert et al., 1995）。心理学を現代科学として発展させた重要人物の一人であるウィリアム・ジェームズ（William James）は，注意の重要性を以下のように強調しました。

　さまよう注意を何度も何度も自ら元に戻す能力は，判断力，性格，意志の根源である。この能力を向上させる教育は，卓越した教育と言える。しかし，この理想は定義するに易く，可能ならしめる具体的な方策は教え難い（James, 1890）。

　第2章で概説した発展のおかげで，Mindfulness in Schools Project（英国）やMindful Schools（米国）などの組織によるよくデザインされた，エビデンスに基づくプログラムは，まさに19世紀末の西洋では考えられなかったジェームズの記述した教育を実現しています。

金魚の注意集中時間

　マイクロソフト社は2013～14年に2,000人のカナダ人を調査し，その内，100人以上の対象者に脳機能マッピング（brain mapping）を実施しました。画面の使用と集中力を調査したところ，私たちの集中力の持続時間が，2000年の12秒から，2013年には8秒に低下していることが示されました（Microsoft, 2015）。（恥ずかしいことに，マイクロソフトによると金魚の集中力は9秒で，私たちの集中力は金魚よりも劣っており，「金魚のような（短い）集中力」という言い回しはもう使えません）。マイクロソフトの報告書は，「デジタル化されたライフスタイルは集中持続力に悪影響を与える」と結論付け，その主要要因を次のように提示しました。

- メディアに費やす時間
- ソーシャルメディアの使用量
- テクノロジーの採用率
- マルチスクリーン行動

　このような研究は，（インターネットやテレビ）の画面中心（screen-based）のライフスタイルが，集中を維持する能力を侵食している可能性を示しています。私たちは単に注意を向ける全体的な能力を失っているだけではなく，今ではさまざまな異なる方法でこの能力を使っているのかもしれません。デジタル時代の要求に応じるべく，複数の作業を同時にこなし（マルチタスク），あるいは実際には複数の情報源に同時に対処し，それらをやりくりしたり，複数の情報源の間を行き来する傾向が増しています。脳はこのための可塑性が十分にあるように見えますが，これには代償が伴います。すなわち持続的な集中力の低下です。しかし，同じ可塑性という脳の特徴により，時間とエネルギーを費やして脳を再トレーニングすれば，注意持続時間を伸ばすことができるかもしれません。

　そして今こそ，これを求めるべきです。公共図書館で何年も過ごさなければ得ることのできないさまざまな知識を，ネットサーフィンで発見することは素晴らしいことです。しかし同時に，注意を持続する能力を育み，維持することも重要だからです。第6章では，真に注意を払い，深く耳を傾け，聞いてもらうことを体験することが，いかに人間のつながりの基本であるかを探求します。

集　　中

　心理学者のダニエル・ゴールマン（Daniel Goleman）は，著書『Focus』（2013）で，不安やその他の気をそらす感情によって，生徒たちが学業に十分に集中する能力を侵害される可能性について述べています[25]。ゴールマ

ンは，現代の技術環境が直接的な個人的やりとりを減少させることで，子ど
もたちに与える影響に懸念を示しています。そして，増加するデジタル画面
とのやりとりが，私たちの社会的および感情的回路の神経発達に脅威をもた
らす可能性があると主張しています。ゴールマンは，これがすでに学校で現
れ始めていると語り，例えば一部の中学生は，持続的に本を読むことに大き
な負担を感じていると述べています。そして，私たちが集中を失っている時
に，そのことに気づき，そして再び集中することができるよう，自己認識の
スキルを学ぶ必要性を指摘しています。また「マインドフルネスのような脳
の実行制御（executive control）を高めるプログラム」を強く提唱していま
す（Goleman, 2013：205）。

　ゴールマンはまた，人生の満足度の重要な要素である自己制御を強化す
るために注意力をトレーニングする重要性を強調しています。著書では，
ニュージーランドのダニーディンの町で，12 カ月の間に生まれたすべての
乳幼児（1,000 人以上の子ども）を 20 年以上追跡した主要な研究について説
明し，自己制御が社会階層，IQ または家族などに劣らない人生の成功の予
測因子であることを報告しています。(「成功」は，ここでは健康，富と良い
行動として定義されました）（Moffitt et al., 2011）。ゴールマンは自己制御を
学ぶことの重要性を踏まえ，「これらのスキルをすべての子どもに教えるこ
とは理にかなっているのではないか」と問いかけています（Goleman, 2013：
206）。

　ウィリアム・ジェームズが 1 世紀以上前に指摘したように，注意を維持す
る能力は深層学習の鍵です。私たちが自己認識と規律を保って知らないこと
やうまくできないことを認識し，達成できるまでそれに注意を向け直すこと
は，教育において基本的なスキルです。「マインドフルに意識するトレーニ
ング」は，この能力を開発するための非常に効果的な手段であり（Sanger
and Dorjee, 2016），ポジティブなメンタルヘルスを促進し，豊かな生活の基
盤を築くのに役立つ可能性もあります。

＊訳注 25）邦訳は『フォーカス』（土屋京子翻訳，日本経済新聞出版社，2015）。

スタンレー・グローブ小学校（英国マンチェスター）

　スタンレー・グローブ小学校は，マンチェスターの都心部の貧困地域のロングサイトにあります。多文化からなるコミュニティで，人口の大半が東ヨーロッパ，北アフリカ，南アジアからの移民で，活気に満ちています。学校の生徒の90％以上がイスラム教徒で，全員にマインドフルネスを学ぶ機会が与えられています（現在，8週間のコースは8〜10歳のすべての子どもに教えられています）。

　メンタルヘルスの問題の発症は，現在11歳でピークに達していることがいくつかの研究で報告されています。そこで，子どもたちに心の働きをよりよく理解してもらい，青年期に入ってから直面するさまざまな困難の対応策を身につけてもらうために，私たちはマインドフルネスのトレーニングを導入しました。最近のテクノロジーの発展により，子どもたちは思い・考えるモード（thinking mode）の中に身を置きながら画面の前で多くの時間を過ごします。マインドフルネスは，こういった状態から離れて，頭脳よりも身体の中で少しの時間を過ごす機会を与えてくれます。

　私たちはマインドフルネス・イン・スクールズ・プロジェクトの「Pawsb」プログラム［7〜11歳向けのコース］を使っています。このプログラムには，アナロジーや比喩がたくさん含まれています。例えば，私たちの注意はサーチライトのようなもので，さまざまな方法で焦点を合わせることができると伝えます。スノーグローブ（snow globe）*26を皆で見ながら，スノーグローブを振ると小さな雪片が舞うように，私たちの心もとても忙しくなる可能性があると話します。そして時に私たちの心がいろいろなことでいっぱいになってしまい，はっきりと考えたり見たりすることができなくなってしまうことの理解を促します。そして短いプラクティスをすることで，注意を身体の中に戻し，舞う雪が下に溜まるのと同じように，思い・考えるモード（thinking mode）から感じ取るモード（sensing

---

＊訳注26）球形の透明なガラス容器の中に建物の模型や人形，白い粉を入れ水を満たした置物。動かすと舞い上がった粉が雪のように降りてくる。

mode）に戻り落ち着くようにします。

　子どもたちは，落ち着きたい時や困った時に，プラクティスを使うと言います。家での喧嘩，家族関係がうまくいかなかった時，そしてテストの前に使ってみるそうです。ある女の子は，マインドフルネスのプラクティスを使って水泳のレッスンでの怖さを乗り越えたことについて話してくれました。プラクティスは身体の内部をもう少し感じたり，じっとしていることで，「あ，歯を食いしばっている」と気づいたり，あるいは緊張すると肩が上がるのに気づくことを助けてくれるかもしれません。引き金は人それぞれなので，自分の引き金に気づくだけで，衝動的に反応するのではなく，別の仕方で対応するという選択を助けてくれます。

　私たちの学校で調査研究を行い，子どもの注意力と集中力が向上することがわかりました。教師から逸話的な話も聞きます。子どもたちが授業でより集中し，学習行動がよくなったこと，また遊び場での喧噪を教室に持ち込まず，教室に戻った時には学ぶ準備ができているといったことです。

　もちろん，すべての子どもたちに役立つわけではありません。自分に見合ったタイミングで学ぶことが重要となることもあります。4 年生の時に私が教えた 8 歳の生徒は，「先生，なんのことかわからない，つまんないし退屈」と言っていました。その後，同じカリキュラムを 5 年生の時に教えたところ，学年の半分が経った頃に彼女の中で何かがピンときたようで，今ではテストとパフォーマンスの前に不安をコントロールするためにプラクティスを使っていることを情熱的に語ってくれています。

（エイミー・フットマン，スタンレー・グローブ校長）

ハートフルネス──「ただ注意を向ける」以上のもの

「マインドフルネスとは，注意を向けることです……意図して好奇心と優しさを持って……」

マインドフルネスは単に「ただ意識するトレーニング」なのでしょうか？

注意力のトレーニングはマインドフルネスの重要な要素ですが，それがすべてではありません。例えば，注意力のトレーニングによって，ライフルの望遠鏡を介して人を射撃する能力を向上させることができます。でも，これはマインドフルネスと見なすことはできません。どの瞬間にも私たちがもたらす注意の「質」は大変重要です。「マインドフルネス」自体は，パーリ語の「サティ」を翻訳しようとしたキリスト教の学者たちが選んだ言葉です。サティは，仏教徒が瞬間瞬間に，マインドフルだけでなくハートフル（heartful）でもあることを意図的に覚えているために使われています。

1970年代にハーバード大学の研究チームの対象となったヒマラヤの僧侶たちは，研究者たちが実験のために電極を頭皮に接着した時，文字通り床に倒れて笑い転げました。頭の中に心（mind）があると西洋人たちが考えていたことが，信じられなかったのです。

　　脳波を測定するためにフランシスコ・バレーラの頭に電極キャップを被せると，僧侶全員がすごく面白い冗談を私たちが言ったかのように爆笑しました。彼らは，心（mind）を測定するために装置を頭皮に配置したことを面白がっていました。彼らにとって心（mind）が心（heart）の中にあることは明らかだったのです（Saron, 2013）。

ハートフルネス（heartfulness）――自分たちの体験や他者に対してオープンに，優しく，価値判断に囚われずに向き合うことを学ぶこと――は，「マインドフルに意識するトレーニング」の中核にあります。

「マインドフルネス」の漢字（図5.1を参照）は，絵文字で「ハート」（心）（「ハートマインド」と訳されることもある）の文字を「現在の瞬間」（今）が守っている姿として描かれています。

人間は本来好奇心旺盛で創造的であり，私たちの社会的進化はこれらの能力に依存しています。マインドフルに注意を向けることは，好奇心と優しさの性質を本来的に備えているので，私たちの体験，そして私たちの自己や他者とのつながりに温かさをもたらしてくれます。この心のこもったハートフ

図5.1「マインドフルネス」の漢字

ルな存在感は，マインドフルネス・トレーニングを通じて涵養することができます。時には自然に現れ，時には意識的に培われてつながりの感覚を深めることができます。私たちが自分の心や感情をもっと理解し，他の人も同じような問題や体験によく苦しんでいることを理解するようになると，自ずといくらか共感が湧いてきます。マインドフルに意識することは，ただの手っ取り早い注意の修正であると見られているかもしれませんが，実際には，共感とコンパッションがマインドフルネスのプラクティスの深くて不可欠な要素です。スティーブン・コビー（Stephen Covey）は次のように述べています。「刺激と反応の間には空間があり，その空間において私たちは対応を選択する力がある。私たちがどう対応するかに，私たちの成長と自由がある」（Pattakos, 2004）。コビーは，（引用元を忘れてしまった）この一節を用いて，ビクトール・フランクルが苦難の中で獲得した心理的洞察の一つを説明しようとしていました。それは，最も過酷な状況でも内なる自由を見出すことができるという事実です。フランクルは，ナチスドイツの強制収容所にいる仲間の囚人の何人かが，深刻な苦しみの真っ只中にいる時でさえ，深いところから，共感とコンパッションを汲み取ることができることを見て取りました。最近，私たちが自らの行動と対人関係のやりとりにおいてより賢明な選択をするために，マインドフルネス・トレーニングが刺激と反応の間に間をおくことにどう役立つかについて，詳細に調査している神経科学者もいます。その

ような研究の著者であるマイカ・アレン（Micah Allen）は，次のように述べています。

　多くの社会的および健康上の問題が薬や注意トレーニング（attention-training）だけでは解決できないことに気づき始めた現在，感情的な機能とウェルビーイングを高める技術が，将来の発展にとって重要であることが明らかになっています……
　最適な学習を理解する上で，情動的なプロセスを取り入れ始める必要があると思われます（Allen, 2012）。

　ウィスコンシン大学情動神経科学研究所の所長のリッチー・デービッドソン（Richie Davidson）教授は，ウェルビーイングはスキルであると言っています：

　ウェルビーイングは基本的にはチェロを弾くのを学ぶことと異なりません。ウェルビーイングのスキルは練習すれば上達します（Davidson, 2016）。

　デービッドソンの結論は，ボランティアと長期のメディテーション実践者を対象に実施された臨床試験に基づいています。共感とコンパッションは，私たち全員が共有する生来の能力ですが，もちろん，人によってそれが簡単に立ち上がる人もいます。本書の文脈において重要な点は，これらがすべて意識的に開発できるということです。これらはすべてがトレーニングできる対人スキルであって，「マインドフルに意識するトレーニング」はこれらの情動知能（emotional intelligences）の発達を学校でサポートすることができる基本的なアプローチなのです。
　デービッドソン教授は，2007 年にニューヨークで開催された CASEL フォーラムで，次のように述べています。

　社会性と情動の学習は，感情的なコントロールと社会的適応のスキルを向上させることが実証された戦略です。落ち着き，協力，優しさなどの資質はすべて，

まさにトレーニング可能なスキルと見なされています。「社会性と情動の学習」
（Social Emotional Learning）のようなトレーニングは，脳を形作り，文字通
り遺伝子発現を変える可能性があります。

　（完全なビデオは www.edutopia.org/richard-davidson-sel-brain-video で
入手できます）

　コンパッション自体がマインドフルネスプログラムの主題として提示され
ていなくても，コースの性質上，教師がそのモデルとなって，学習環境およ
びそこで形成される学習関係の中で共感とコンパッションが現れてくること
が期待されます。私の経験では，コンパッションと共感を培うことに明確
に焦点を当てていなくても，学校における「マインドフルに意識するトレー
ニング」はこれらの資質を促進するのに役立ちます。マインドフルネスは決
して「ただ注意を向ける」だけではありません。優しく注意を向ける力を育
み，困難に平静さとバランスを保って立ち向かう能力を確立することによっ
て，共感的でコンパッションのあるつながりの基盤を築くのです。

　いくつかのコースは，神経科学の研究と従来のアプローチを組み合わせ，
生徒と教師にこれらのスキルをトレーニングするために開発されました。一
つの例は，ウィスコンシン大学マディソン校の健康的な心の研究センター
（Center for Investigating Healthy Minds）における，優しさのカリキュラム
（Kindness Curriculum）です（Pinger and Flook, 2016 を参照）。クリスティー
ン・ネフ博士の研究も参照してください（http://self-compassion.org/）。

私たちの頭脳（mind）と身体と感情を理解する

　私たちは何千年にもわたって進化してきた心と身体のシステムを持って生
まれ，生き残るための手段を可能な限り備えています。これは驚くべき，信
じられないほどの工学科学（エンジニアリング）ですが，完璧なパッケージ
ではなく，私たちのさまざまな感情や思いや考えが必ずしも望むように機能
するとは限りません。自分たちがどんなに進化したと思っていても，私たち
の衝動や反応は私たちを驚かせる可能性があり，特に体調が悪い時やプレッ

シャーがかかっている時は，不適切な反応をすることがあります。この分野の教育者としての私たちの仕事の多くは，次の問いかけを中心に展開しています。

> 「人生の浮き沈みや，避けられない困難や試練に向き合う時，私たちは時として不適切な反応をしてしまいがちです。こういった問題に，若者がもっと効果的に対処できるように準備することはできるでしょうか？」

若者のマインドフルネスプログラムの一部のレッスンでは，私たちの頭脳，身体，感情がどのように連携しているか，そしてそれによって時々つまずいてしまうことへの理解を深めることを，直接の目的としています。MiSPの「.b」プログラムの中で10代の若者に自己認識を培うための実用的な例があります。そこでは，最近とても好きな人と出会って携帯電話番号を交換し，テキストメッセージを送っても返事がない場合，どう反応するかを聞きます。

これは10代の若者にとって示唆に富むテーマで，グループによっては，幅広い可能性を思いつくでしょう。その中にポジティブなものもあります：

> 「もしかしたら携帯をトイレに落としたか，充電が切れたかもしれない」

でも，とてもネガティブものが一番一般的な傾向です（そして最終的には自虐的にもなります）：

> 「ひょっとすると馬鹿なことを言ってしまったのかもしれない」
> 「もしかしたら本当は私のことを好きじゃなくて，逃げたいだけだったかもしれない」
> 「私はなぜいつも思い違いをするんだろう？」
> 「なぜ，誰も私のことを本当に好きになってくれないんだ？」

負のバイアス（ネガティビティ・バイアス）

　私たち生物は，危険な状況に直面した時に，自分を守るために過度に警戒する自然な傾向があります。これが，いわゆる「負のバイアス」の原因となります。「マインドフルに意識する」コースの多くのアクティビティは，子どもたちがこの内面のバイアスをより明確に理解するのに役立ちます。認知行動モデル（図5.2を参照）を応用して，生徒が感情・気持ち，思い・考え，身体感覚，行動・衝動の相互関係を理解できるようにします。このようにして，気分の下で絡み合っていたり，反応を引き起こしたりする可能性のある要因を，ばらばらに分けて学ぶことができます。

　私たちのいくつかの思いや物語は真実かもしれませんが，そうでないものもあるかもしれないという考えを紹介します。その結果，10代の若者が，自分の体験をめぐってストーリーを作り上げる本能的な傾向を理解し始めると，非常に深い洞察につながることがあります。私の「マインドフルに意識する」コースに参加した何人かの10代の若者は，「思いや考えは事実ではない」と理解することが，彼らにとって非常に重要な学びになったと語ってくれました。

　「2週間前に友達数人と大喧嘩し，『思いや考えは事実ではない』を少し使ってみました。一人がこうだと思い，他のみんなはそれに反対しました。先生が『思いや考えは事実でない』と言ったので，相手の見方を理解しようとしました。そうしたら，問題は私たちの間ではなく，私たちを引き離そうとしている別の人との間にあることがわかりました」

（12歳の生徒）

　さまざまな思い・考えや気持ち・感情が「水面に書かれる」かのごとく行き来する様子を表現した美しいチベットの直喩があります。これは，実体の

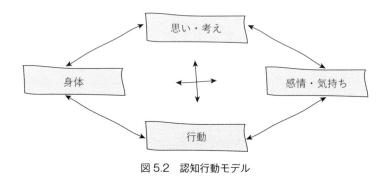

図 5.2　認知行動モデル

ない思考の質を示すのに役立つ描写です。しかし，これらの水面の静かな風は，私たちにとって必ずしも空虚なものには感じられません。非常に具体的に感じられることが多く，特に吟味していない場合は，かなりの力を及ぼすことがあります。これに苦労しているのは生徒だけではありません。例えば，私はこの段落を執筆しながら，出版社からの返事が遅れていることが気になっています。最初のうちは問題はありませんが，時間が経つにつれ，自分の企画書があれで本当に良かったのかと疑問を抱き始め，本に興味を持ってくれないのではないかと思うかもしれません。私たちの絶え間ない内なる物語と組み合わされたネガティビティ・バイアスは，時として私たちの誰にも問題を引き起こす可能性があります。私たちの多くは内面に手強い批判家が住んでいるため，時には肯定的な人間関係や経験などに意図的に注意を向け，自分にあるものをありがたく思い，感謝することも必要になります。「マインドフルに意識する」コースは，特に社会的情動的なトレーニングやポジティブ心理学と組み合わせることによって，一部の若者がありがたさと感謝の価値を体験的に学ぶのを助けてくれます。

パターンの完成

　私たちは，自分たちの一連の瞬間的な視覚的体験が，部屋をスキャンして見るものすべてを取り込むビデオカメラに似ていると思いがちです。でも

実際には，私たちの視覚メカニズムは，単一フレームを動かして編集する昔の映画リールのように機能することが，神経科学によって発見されています。私たちの知覚体験は，脳が組み立てるぼやけた画像のコラージュで，視覚データとその瞬間に受信した聴覚などの感覚情報とを合成し，それを一見自然な流れに変換しているのです。それが私たちの現実の見え方なのです（Lau and Rosenthal, 2011）。

　パターンを完成させ，情報の部分部分を採集し，それらをまとまりのある全体に織り込むという，私たちに深く根付いたこの能力は，物語を作り上げる私たち人間の素質の中核に存在します。データが限られている場合でも，結論に飛びついて仮説を作りあげます。ページ上にいくつかの点が見られる場合には，私たちは実際のあるいは想像上の線，パターンあるいは，予想され道筋をそこに見出すかもしれません。

　たとえば，あなたが以下の状況におかれた教師だとしたら，頭脳はどのように反応すると思いますか？

　金曜日の午後，家に帰る直前にコピーをとっています。校長が通りかかり，ためらってから，「ああ，話したいことがあるので，月曜日の朝に寄ってくれますか？」と言います。

　あなたはすぐに「はい，伺います」と答えますが，その直後から，いろいろ考え始めます。

　家に帰る車の中で，そして週末の間も時折，何のことだろうと繰り返し考えが巡ります。この数週間の難しい状況や，生徒，同僚，保護者との困難なやり取りが思い浮かびます。誰かが自分について苦情を言ったのだろうか？

　中学3年生の女子生徒たちがクラスでふざけていて，それに対して感情的になってしまった時のことだろうか？　それとも先週，ダックワース夫妻に会った時，息子の学習障害について正直に喋りすぎたのだろうか？

　月曜日の朝までぐるぐる考え，授業の始まる前に校長室の入り口にたどり着きます。

「おはようございます」と校長は言い，「お変わりありませんか？　何かご用でしたか？」

「会いに来るようおっしゃっいましたよね」

「ああ，金曜日にそうでしたね。ごめんなさい。あの時，忙しかったので。実は高校一年生の歴史のプロジェクトについて話したかったんです」

「ああ，そうでしたか」

「ええ，先週の保護者の公開セッションでたくさんの親御さんが話していたんですよ。生徒たちがあなたの出した実用的な課題をとても楽しんでいたと」

「そうですか？」

「ええ。なので中学２年生（Year8）のチームの指導をしてもらえればと思ったんです。彼らも同じ方向に進むべきだし。あなたは今年，すごく良い仕事をしていると思うわ」

生まれつきの物語作家（ストーリーテラー）

　自分の頭の中で物語を作ってしまうという物語モードは，時として非常に自分に批判的です。それは絶え間なく存在し，あまりにも私たちに染み込んでいるので，ほとんどの場合，私たちはそれに気づいていません。マインドフルネスは，私たちの日常の行動を駆り立てがちな，そうした思考や感覚の微妙な層に，意識を向けることに役立ちます。この意識によって，私たちは不適切な反応に駆り立てられるのではなく，適切に対応することを選択する自由を自分に与えることができるのです。

　自分自身や他者について語る物語を意識する能力は，涵養することが可能である，ということを理解できれば，それを文化的または政治的レベルにも適用することができます。たとえば，難民，移民，または気候変動に関する通俗的あるいは誤った見解は，問題に適切に対処するのを妨げる可能性があるので，これらに疑問を呈することができます。私たちの帰属する集団，政党，国や宗教や文化による物語や潜在的なメッセージをもっと意識できれば，より慎重に調べ，それらが真実なのか，恐れや偏見を顕在化させているのではないか，あるいは優越性を維持しようという意図を覆い隠しているのではないか，と問うようになるでしょう。

競合する物語（narrative）への対応

　文化的条件付けによる制約を緩めるには，さまざまな方法があります。私に役立った一つの方法は旅です。他者との深い対話やメディテーションを通じて，意識する力を高めることもできます。イスラエル人作家のヨッシ・ハレビ（Yossi Halevi）は，イスラエル人またはパレスチナ人として「競合する物語を受け入れること」を学べるかどうか問いかけていますが（Halevi, 2002），私は彼の表現が好きです。例えば，私にはあなたの文化についての物語があるが，それでも「あなたの文化についてのあなたの話」を聞くことはできることを知っている，といった表現です。これは，紛争解決において

も，人と人，性別，人種，文化の間の理解を深めるという観点からも，非常に重要な分野です。最善の方法で「地球を共有する」ことを学ぶために，この重要なスキルを若者の内に育成できるよう支援すべきです。

この本を執筆している時，私はアメリカの同僚であるロナ・ウィレンスキーから，人種，民族，性別，年齢に関連する課題において，マインドフルネスと社会正義の関係を探求する最新の情報を得ました。これらは昨今私たち全員が探求し，支援すべき重要な分野です。ロナは，特に偏見の分野で，マインドフルネスと社会正義の二つの運動の間の，相互依存的な関わりを研究している専門家のネットワークについて，教えてくれました。

最近進捗著しいこの分野で活躍しているのは，サンフランシスコ大学の法学教授でバークレー法律・社会研究センター（Berkeley Center for the Study of Law and Society）の客員研究員であるロンダ・マギー（Rhonda Magee）です。マギーは，カリフォルニア大学バークレー校のグレーター・グッド・センター（Greater Good Center）が出版した，マインドフルネスと刑事司法制度に関する一連の記事に寄稿し，以下のように述べています。

　　私たちのほとんどが単純な日常の経験から知っているように，人種や皮膚の色に盲目な人はいません。人種と皮膚の色に関する明示的認知と暗黙的認知に分断があることが，実際に研究で確認されています[*27]。私たちが人種や皮膚の色の違いに影響されない世界観を受け入れようとしても，私たちの脳はそのように機能しないのです（Magee, 2015）。

マギーは，偏見をよりはっきり意識する能力の育成のために，黙想的なプラクティス（contemplative practices）を準用し，これらのプラクティスが「新しい経験への道を開くとともに，偏見をもたらすような苦難の物語や他の形態の苦難への執着を解き放つ」ことができると述べています（Magee, 2015）。マギーの研究を支持する調査研究は，年齢と人種への潜在的な偏見に対するマインドフルネスの効果を測定し，「マインドフルネスメディテー

＊訳注27）意識的には人種や皮膚の色に関してバイアスがないと思っていても，無意識的にはそれがあることを示す。

ションは，人種と年齢に対する潜在的な偏見を減少させる。そしてこれは，潜在連合テスト（IAT）[28] により連想の自動的な活性化が弱まることに起因すると評価された」ことを見出しました（Lueke and Gibson, 2014）。この研究は，10 分のマインドフルネスのプラクティスだけでも，トレーニングを受けた参加者が過去に確立された連想にあまり頼らず，人種と年齢に対する偏見を低減させ始めることが可能になることを示唆しています。

したがって，マインドフルに意識することは，私たちが自分の物語に「囚われる」のを防ぎ，また思考が当てにならないことに気づかせてくれます。認知と感情の働きを理解することで，私たちはより偽りなく（authentic）人とつながることができます。ネガティブな物語は私たちを孤立させるかもしれませんが，よりオープンに意識することは，私たちをさらに親密な関係へと導くことができるのです。

スタンリー・チャン，特別な支援を必要とする子ども担当の教育心理学者，香港

　私たちは ADHD の子ども（8 ～ 12 歳）を対象にパイロット試験を実施しました。子どもたちやその両親に対して，マインドフルネスを教えました。両親は子どもの行動が改善したと報告しました。また，子どもたちに対してより高い共感と受容を感じ，親自身の感情コントロールも改善されたことを報告しました。怒らなくなり，子どもたちとの日常のやり取りで落ち着きを保つことができるようになったのです。さらに，自分たちのセルフケアが強化されたと感じ，自分自身のケアが重要であることを認識しました。暫定的な結果ではありますが，このプログラムが親のストレスを軽減し，抑うつ症状を軽減し，特に親子の機能不全の相互作用によるストレスを軽減するのに効果的である可能性を示しています。

　私たちはフェリーボートの安全性の比喩を使います。即ち，「親は子どもを助ける前に自分自身を助けることを学ぶ必要があります」また，自閉症

＊訳注 28）潜在連合テスト（IAT）：人が自分で意識していない潜在的態度を測定するテスト。

の生徒にマインドフルネスを教えてみました。とても良かったです。子ども
もたちはマインドフルネスに興味を示し，マインドフルネスは彼らが感情
を意識する力を高めるのを助け，より落ち着いてストレスに対処するのを
助けました。自閉症の生徒は時々視野がとても狭くなるので（トンネル・
ビジョン），それを拡大するのを助けることができたと思います。両親の一
人は，過去に息子は学校であれこれ不平を言っていたが，プログラムの後，
物事に以前より気楽に接するようになったと言っていました。昨年，香港
では自殺件数がかなりの数にのぼりました。香港では学業は生徒に大きな
ストレスとなるので，マインドフルネスはとても重要だと思います。

　マインドフルネスと自閉症の研究についてさらに知るには，リサー
チ・オーティズム（Research Autism, 2016）とデ・ブルインらの論文
（de Bruin et al., 2015）が優れた資源となります。

（私信，2016 年 2 月）

マインドフルネスが子どもと若者にもたらす利益のエビデンス

　これまで子どもたちを対象に実施された研究では，おおむね肯定的な
結果が出ています。しかし，この領域の研究は，依然として非常に「新
興分野」（'emergent' area）であることを認識することが重要です。
子どもを対象に行われた研究は，最近まで主に小規模で，MYRIAD 試
験など大規模で長期的な調査はまだ始まったばかりです。
　大人のマインドフルネスに関する肯定的な研究から推測すると，若者
にマインドフルネスを紹介することは，ポジティブなメンタルヘルスを
促進し，意識する力を高める点で重要な恩恵があると思われます。とは
いえ，子ども向けのトレーニングは一般的には入門的であるため，大人
のトレーニングと同じような深い影響が見られるとは思えません。ま
た治療ではないことから，自分の意思で参加することが少なく，プラク
ティスにも通常よりはるかに少ない時間しか費やしません。

　2015 年 10 月，超党派国会議員マインドフルネス・グループ（Mindful-
ness All-Party Parliamentary Group）による報告書が英国で発刊され
ました。国会議員と主要政党のメンバーからなるこの委員会は，メンタ
ルヘルス，司法，職場と教育におけるマインドフルネスの可能性を検
討するために，12 カ月にわたって専門家と会談しました。調査結果は，
Mindful Nation UK（MAPPG, 2015）という報告書にまとめられました。
　広範囲にわたるエビデンスを検討した後，グループは英国政府に，学
校における「マインドフルに意識するトレーニング」をさらに推進する
ために，研究および職場でのプラクティスに投資することを強く推奨し
ました。研究についてさらに興味のある読者には，報告書のマインドフ
ルネスのエビデンスに関する要約が役立ちます。

　　マインドフルネスのトレーニングは，成人に見られたエビデンスと同様
　に子どもと青年の実行制御（executive control）も強化するという有望な
　エビデンスがあります。子どもと青年のためのマインドフルネスに基づく
　介入に関する最近のメタ分析は，ストレス，不安，抑うつ，感情的行動制
　御の改善を示唆し，非臨床集団よりも臨床集団でより大きな効果が報告さ
　れています。特に興味深いのは，実行制御（executive control）と感情的
　安定性のレベルが最も低い人が，マインドフルネス・トレーニングから最
　も恩恵を受ける可能性が高いということです（MAPPG, 2015）。

　報告書はさらに，ストレスの軽減と自己制御の改善がどのように学業
成績にプラスの影響を与えるかを強調し，マインドフルネスと社会性と
情動の学習を組み合わせる可能性を指摘しています（第 6 章の主な論
点）。政治家たちは研究結果を通して，行動困難や注意欠如障害へのマ
インドフルネス・トレーニングの可能性，即ち，子どもたちが「衝動
性，攻撃性，反抗的行動」に対応しようとする際の助けになりうること
に注目しています。
　以下では，幅広い年齢層の子どもたちを対象としたマインドフルネス
のいくつかの研究を紹介します。

- 8 週間のマインドフルネスコースを受講した 7 〜 9 歳の子どもたちに関する 2015 年の研究では，学業面で，ネガティブな感情（気分）の減少と自己コントロールの改善が示されました（Vickery and Dorjee, 2016）。

- 「.b」マインドフルネスコースが 11 〜 17 歳に与える影響を調査したヘネリー（Hennelly, 2010）は，マインドフルネス，レジリエンス，ウェルビーイングで介入群と対照群に有意差があることを見出し，生徒，教師，保護者は，生徒の学業意欲，自信，能力，効果の主観的な改善を報告しています。

- MYRIAD 試験のフィージビリティー・スタディー（実現可能性調査）がオックスフォード大学とエクセター大学によって 2013 年に実施され（Kuyken et al., 2013），8 週間の青少年マインドフルネスコースを修了した生徒において，ウェルビーイングがより向上し，抑うつとストレスの有意な低下が見られました。

- 生徒を対象とした研究では，脳スキャンはあまり実施されていませんが，16 〜 18 歳を対象とした 2016 年の研究（Sanger and Dorjee）では，コンピューター化された注意散漫テストで注意力を測定するために脳波を使用しました。その結果，自己報告による注意散漫のレベルと脳波で示された課題への集中の向上の間に明確な相関が見られました。これは「マインドフルネスに基づくプラクティスのトレーニングを受けた青年が課題に関係のない刺激への反応を弁別して抑止できた」ことを示唆しています。言い換えれば，彼らはトレーニング後の方が集中力が高まったのです。現代のようにデジタルの過度な負荷にさらされている状況を踏まえると，「無関係な刺激をより効率的に抑制する」ことができたのは非常に重要です。また対照群と比較して，対象生徒の過度に自己批判的な思い込みが減少したことが示されました。

- 初等中等教育の児童・生徒を対象とした頑健な大規模ランダム化臨床試験（Biegel et al., 2009）では，さまざまな精神障害の診断を受けた 4 〜 18 歳の子どもを追跡調査しました。修正された MBSR プログラムを受講した後，生徒は，対照群と比較して，不安と抑うつの症状が大幅に低下し，自尊心と睡眠の質が向上したと報告されています。

　米国の学校におけるマインドフルネスに基づく介入の大規模で詳細な研究レビューについては，フェルバーらの論文（Felver et al., 2015）を参照してください。子どもと青年のメンタルヘルス症状の改善におけるマインドフルネスの有効性を調べた世界各国の 15 の研究レビューについては，カラピランらの論文（Kallapiran et al., 2015）を参照してください。

　子どもや若者のマインドフルネスに関するエビデンスを検討する上で，もう一つの有用な出発点は，エクセター大学とサウサンプトン大学の名誉教授キャサリン・ウィーアが 2013 年に執筆した論文です。ウィーアは子どもや若者にマインドフルネスを応用することで肯定的な結果を示した一連の研究の概要を提示しています。

- 小学生における実行機能
- 小学生の不安
- 不利な背景（disadvantaged backgrounds）を持つ小学生における自己制御
- 学業不振の 9 〜 13 歳の子ども
- 行動の問題と抑うつのある 10 〜 13 歳の子ども
- 中学生の学習障害

　「現時点では結論は暫定的ではあるものの，さまざまな状況での幅広い研究結果は，マインドフルネスは実践する価値があることを示唆しています。

　子どもや若者がより「今を生きる」ことを学び，不安が減少すれば，より良く物事に注意を向け，教室，スポーツ活動や舞台活動の場において，パフォーマンスの質を向上させることができるように思われます。彼らはより集中し，新鮮な視点から状況に向き合い，既存の知識をより効果的に使用し，注意を向けることができるようになります。

　若者は一般的に介入を楽しみ，ありがたく思います。また，マインドフルネスのプロセスと効果は，大人に見られる肯定的な変化と類似しています。子どもと大人には同じ心理的，生理学的プロセスが機能しているという楽観的な見方ができるように思います」（Weare, 2013）。

　これらの結論は，特定の介入を伴う特定のグループを対象とした一連の調査から得たものです。調査研究の結果を過度に喧伝せず，これらの結果がどのような状況でも有益であることが証明されていると想定しないことが重要です。例えば，中等学校の入門的な必修のクラスが，多数の生徒に長期にわたる測定可能な影響を与えることは期待できないかもしれません。しかし，個々の生徒の多くにとって非常に重要であり，すべての生徒にとって，私たちの学校が若者に提供するスキルベースの学習を有意義に補足する可能性があります。私は子どもや教師との仕事を通して，コースが彼らにとって有益だったことを知っています。もし，社会情動的なマインドフルネスに基づいたアクティビティを統合した，螺旋型カリキュラムを進化させることができれば，現在の研究が示している肯定的な効果を深めることができると思います。学んだスキルを生徒がすぐには使わなくても，長期的にはそれがいつ役立つかわかりません。何故なら，若い人たちは必要な時にはメンタルヘルスの支援とトレーニングが利用可能なことを知っているからです。

　教育分野におけるマインドフルネス研究のファクト・シートをまとめた有用な資料が，カナダの Web サイト Discover Mindfulness（http://discovermindfulness.ca/tool-kit/）から入手できます。

英国特別指導施設（Pupil Health Referral Unit）の教師より

　この施設は，学校に通っていない生徒，または登校時間が非常に限られている生徒を対象としています。学校に通っていない理由は健康上の問題（主にメンタルヘルスの問題）やいじめ，不登校などさまざまです。中には，青少年精神保健サービス（Child and Adolescent Mental Health Services）で認知行動療法を受けている者もいます。すべての生徒は通常の学校のカリキュラムで PSHE 教育[*29] の一端としてマインドフルネスのクラスを受けました。

　時間の経過とともに大きな変化が見られました。「子どもの強さと困難さアンケート」（Strengths and Difficulties Questionnaire）では75％の生徒が高い不安を示していましたが，4年後には35％に下がりました。育成環境（nurturing environment）の中でいろいろなことをしてきたので，すべての効果がマインドフルネスに関連しているとは言えません。でも私がマインドフルネスについて気づいたことは，生徒が自分である程度のスキルを身につけることができるということです。その結果，生徒は不安になったり，人間関係が困難になったりした場合に，他の人に頼って落ち着かせてもらったり，物事を認識させてもらう必要がなくなりました。学校では，「床に足が接していることを感じる」または「呼吸をする」プラクティスをしても良いという校風を作りました。以前は生徒たちは誰かに相談することが多かったのですが，マインドフルネスを積極的に受け入れ，可能な方法で使うようになり，明確な変化がありました。

　生徒の何人かは自分自身と病気を強く同一化*30していました。アクティビティに参加しない理由として症状を利用し，「疲れているから，落ち込んでいるから」と言う生徒もいました。それでも，症状との間に一定の距離を置くスキルを教えたところ，それによって症状に気づき，認識し，十分な情報に基づく選択を自分でできるようになりました。症状は単なる症状であり，自分自身が症状ではないことを認識することができるようになりました。

　ある日，廊下で一人の男の子がやって来て，「先生，パニック発作を起こしそうな気がするので，座るメディテーションをしてもいいですか？」と聞きました。

　また，ADHDと診断され，最も落ち着きのない女子生徒は，ボディスキャンの後，「これまでこれほど静かで落ち着いたことはなかったと思います」と言いました。落ち着けないという症状を，自分でコントロールすることを手助けできたようでした。

＊訳注29）PSHE（Personal, Social, Health and Economic Education）：個人・社会・健康・経済教育。PSHE協会は慈善団体であると同時に5万人以上の実践者からなる会員制の組織であり，教材，ガイダンス，アドバイス，トレーニングなどを通して教育をサポートしている。

＊訳注30）自分は病気そのものと思いこむこと。

もちろん，多くの困難もありました。最初に始めた時，私たちに対するかなり冷ややかな視線もありました。私たちがしていることについて多くの誤解もありました。そして，持続して生徒が出席して終わりまでやり通すことにも苦労しました。好きな子どももいれば，「私には向いていない」「ここでぐっすり眠れる」と言う子どももいました。私はそれらの生徒には慎重に対応し，模範を示す努力をしています。教室管理がとても重要です。生徒たちが自分たちのレベルで参加する機会を与えることが重要です。

私たちの施設で良好な結果を実際に目にした時，すべての生徒がこのアプローチを学ぶ機会が必要だと思いました。このアプローチは，時に混沌とした生徒たちの生活への対処を助けてくれました。これは本当に重要であり，将来の生活で彼らを助ける可能性があると思います。

（匿名の私信，2016年7月）

生徒たちはどのように「マインドフルに意識すること」を使っていると言っているのか？

子どもたちが，この自分自身に対する理解の深まりを，実際にどのように使用するかに関して，達成目標があらかじめ決められているわけではありません。むしろ，MiSP が言うように，「可能性」の探求です。マインドフルネスの入門コースを受講している子どもたちは，家での練習をあまりしませんが，大半は日常生活でマインドフルネスのエクササイズを使っているようです。一部の生徒は，トレーニングによって授業に集中できたり，試験の不安や音楽・演劇のパフォーマンスの不安に対処できたことを熱心に報告してくれます。呼吸とグラウンディング＊31 のテクニックを使ってスポーツで集中力を高め，落ち着くようにしていると言う生徒もいます（私が知っている多くの生徒は，バスケットボール，たとえばフリースローの直前などでそれ

＊訳注31）床に足をしっかりつけたり，腰を椅子にしっかりつけることで身体を支える。

をよく使用しています）。怒りや緊張を受け止め，発散するのに使う学生も
います。マインドフルなひとときを持つことによって，家族や友人との関係
を改善することができたと話す生徒や，両親やイライラする兄弟と口論した
際に，呼吸をすることによって自分を制御できたという生徒もいます。

　以下に，私や私の同僚が教えたさまざまな年齢の子どもたちが，「マ
インドフルに意識する」クラスから学んだ方法・戦略（strategies）を
どのように使ったか，その例を記します。

　レッスンは9回しか受けませんでしたがとっても役に立ちました。1時
間リラックスして座って過ごす時間で，自分の受けている授業で起きてい
ることを振り返ったり，勉強とあまり関連しないことができたからです。
いつもとちょっと違っていて，とても良い経験だったと思います。一番覚
えているプラクティスは7/11の呼吸で，今年は何度か使いました。スピー
チをしなくてはいけなくて，話す前に不安で，7/11の呼吸をしてすごく
落ち着きました。夜寝る時も，エネルギーを集中するようなことを試して
みています。あまり参加したくないように見えた子も，最終的にはとても
楽しんでたし，そこで得たものはIB*32の学生とIBのカリキュラムにと
ても役立つと思います。絶対に必修にすべきだと思います。

（17歳の男子）

　自分が心配している時にはそれに気づいて，もし，何かが難しい時もそ
れに気づいて，難しいまま，ただ実行すればいいことを学びました。「あ
あ，難しいから失敗して何もできない，自分はだめな子」というふうに考
えすぎて，決めつけないこと。ただそれを，そのままにして，難しいとい
うことを認めること。もちろん，パニックになって，大学も全部うまくい
かないんじゃないかと思う瞬間もあるけど，でもとても役に立つと思うし，

＊訳注32）　インターナショナル・バカロレア。

心からみんなに勧めたいと思います。

（18 歳の女子）

　どうやって説明すればいいのかわからないけど，マインドフルネスのクラスはとてもエキサイティングで楽しく，とても落ち着いていました。明日は舞台でお芝居をすることになっているけど，いつも人の前で演じるのは緊張するので，呼吸することが私の助けになってくれると思います。私はセリフを覚えるけど，それを忘れてしまうのが怖くて，でも，呼吸をするいつもととても楽になります。

（12 歳の女子）

　マインドフルネスはいい。ちょっと落ち着くし，試験とか何かでストレスがある時に，何か心が落ち着いて静かになった瞬間みたいで，頭を集中させる。テストの時なんか，誰かがおしゃべりしていても気が散らないし。僕は時々，週一回くらい寝る前にやると，自分の内側と話すことができるみたい。自分の中に何があるのか考えて，例えば血液の細胞とか全部，中にあるもの，それにただ注意を向けます。

（10 歳の男子）

　ストレスが溜まって 1 日中気分が悪い時，マインドフルネスをやってみると身体の内側と話ができて……誰にも役に立って誰でもできるわ。落ち着かなくて，テストがあって，点数が良かったらと願っているなら，マインドフルネスを少しやればいいと思う。そうすると，心配する思いが消えて，点数が悪かったとしてもそれほどストレスを感じません。

（10 歳の女子）

小学校教師，エマ・ナイツベット（Emma Naisbett）より
英国リバプール・サウスポートのイングリッシュ・マータイアース・

スクール（3 〜 11 歳）勤務

　私が思うに，子どもたちへの最大の影響は，感情の自己制御とレジリエンスにあります。思っていることは必ずしも本当だとは限らず，そして自分の思いや考えへの対応に選択肢があるということをみんなが一緒にわかったことは，自信，自尊心，自分を信じる力に大きな影響を与えたと思います。おそらく子どもたちが何か難しいことに直面したり，それで緊張する時，マインドフルネスが前に進むことを可能にしてくれ，不安やストレス，困難に効果的に対処できるやり方を与えてくれます。

　多くの子どもたちが，歯科医院で虫歯の治療を受けることが本当に心配な時，学校の内外のスポーツイベント，テストや進学試験や書き取りテストの時，またその他のささいな出来事が起こった時などに，マインドフルネスを使ってどうやって対処できるかについて話してくれます。また，友達との喧嘩に対応する際にもです。ちなみに，子どもたちが多くのツールを身につけたため，最近学校では，休み時間の口論の解決に教師の介入をそれほど必要としなくなりました。彼らは「自分には少し時間が必要，呼吸をするのに少し時間が必要なんだ」と言ったり，その後で「ああ，さっきはごめんなさい」と言ったりします。感情的に反応することが少なくなり，これは大きな影響でした。

　学校の教師は，違いに気づいたと言います。特に次の授業などに移動する時，子どもたちがより早く落ち着くことができると言います。あるいは，休み時間や他の場所から戻ってくる時，まだすぐに授業に取りかかる準備ができていない時でも，マインドフルネスのプラクティスにより，クラスは落ち着き，落ち着いて注意を払い，集中力を高めることができます。教師は，子どもたちがマインドフルネスを遊び場で使っていることに気づいたと言っています。子どもたちが一人ひとり，またはグループでプラクティスしているのを見たり，クラスで自分たちで練習しているのを見ることもあります。

　私は多くの困難を抱えた男の子を担当していました。その子はよく眠れていなかったのですが，今は夜にプラクティスをしていて，眠りにつくこ

とができるようになって，朝までずっと眠れ，睡眠は大きく変わりました。こんなふうに，異なる年齢層の子どもがマインドフルネスをどのように使うかについて，さまざまな例がたくさんあります。

（私信，2016 年 8 月）

　私は最近，スコットランドの小学校に招待され，8 歳のグループとその教師にマインドフルネスを紹介しました。エジンバラ市のかなり荒れた地域でしたが，子どもたちはよく注意を払い，行儀も良く，そして楽しんでいました！　レッスンの終わりに，小さな女の子が私のところに来て，そっと「私には心配事があったの」とささやきました。残念ながら，この幼い年齢層でも，こうしたことは最近ではそれほど珍しいことではありません。

　この章のいくつかの例で，子どもたちが試験や家族との喧嘩，緊張に対してマインドフルネスを使っている様子を教師が話してくれています。私も生徒たちと同様な体験をしています。私がプラハで教えた 10 〜 11 歳の子どもたちは，ストレスについて非常に率直に話してくれました。最近，多くの国で若者が直面しているストレスのレベルの上昇と，それに伴うメンタルヘルスの問題の増大が深刻な懸念となっていることは周知の通りです。教育システムを通して私たちが子どもたちの生活に与える重圧と，試験を基盤としたアプローチを無視することはできません。注意深く検討する必要があります。

　私たちには，子どもたちがストレスに対応するのを助けるための，実証された技術があります。おそらく最大の利益は，子どもが自分は一人ではないこと，他の人も同様な問題に取り組んでいること，そして自分をケアするために学べるものがあることを知ることによるエンパワーメントの感覚です。こうした面について，私たち——教師と生徒——はいくつかの共通の課題に可能な限り対応しようとしています。実際のところ，これがあることで，私たち大人にとって仕事がよりやりがいのあるものになります。私たちは皆，「人間である」ことに一緒に関わっているのです。

　年齢に応じたエクササイズによって，早い段階で子どもたちをトレーニングし始め，学校を通じてこの意識を向上させるトレーニングをらせん状に続

け，他の社会情動的な学習機会と結び付ければ，多くの若者が人生により適切に対処でき，レジリエンスを高め，最終的には幸せになるような成長を助けることができる可能性があります。これは確かに教育の焦点に意味のあるシフトをもたらすことになるでしょう。

本当に大切なこと
- 私たちが望む時，または必要な時に，注意を維持することができること。
- 自分自身の体験や他の人に対して，率直に，思いやりを持って，価値判断をせずに向き合うことを学ぶこと。
- メンタルヘルスの問題に対処する方法があることを，子どもたちに教えること。

試してみましょう！

「試してみましょう！」のセクションには，この部分を順番に読んで読者が自分のプラクティスを確立できるよう，各章の内容を取り入れています。生徒にマインドフルネスを教え始める前に，ご自分のプラクティスを確立し，またトレーニングも受けることをお勧めします。このセクションの最後に，生徒にマインドフルネスを教えるプログラムに関する情報を記載しました。

- もしリチャード・バーネットの TEDx の動画をまだ観ていない場合は今観てください（https://youtu.be/hd5-v6FbgMI）。
  最初の 10 分間の短いエクササイズをやってみることができるように，静かな場所で見てください。これらのエクササイズは，生徒にマインドフルを紹介するセッションでよく応用されます。

エクササイズの体験をジャーナリングすることを検討してください。

- 今週は，頭が物語を作り上げる（ストーリー・テリング）傾向に注目
  してください。特に，負のバイアス（ネガティビティ・バイアス）に
  よって引き起こされる可能性のあるストーリーや，パターンの繰り返
  しに注意してください。これらの内なる物語をジャーナリングするこ
  とは，物事を大局的に見ることに役立つことがあります。
- <u>個人的なプラクティス</u>：少し長めのガイド無しでの正式な静座が習慣
  となるよう，以下の要領で試してみてください。
  - ➤ 15分ほど邪魔されない静かな場所に身を置きます。
  - ➤ 終了時間に気を取られないようにタイマーを設定します（時間を設
    定する <u>Insight Timer</u> というメディテーションアプリが役立つかも
    しれません）。
  - ➤ リラックスし，注意を払い，呼吸しやすい姿勢をとります。
  - ➤ 身体の下半身がここに座っているという身体的な感覚に意識を向
    け，心を落ち着かせます。
  - ➤ ゆっくりと注意を広げ，身体を出入りする呼吸，または呼吸につな
    がる身体の膨張と収縮に意識を向けます。
  - ➤ できる限り呼吸の動きに注意を向け続けることを目指します。
  - ➤ 心がさまよい，思考に巻き込まれてしまうことをあらかじめ知って
    おいてください。
  - ➤ 心がさまよったことに気づいたら，優しく，毅然として，忍耐強く
    アンカー（錨）となってくれる呼吸に注意を戻します（あるいは，
    耳に入る音や，身体感覚をこの瞬間のアンカーとして使うこともで
    きます）。
  - ➤ ベルがセッションの終わりを知らせたら，少し時間を取って自分
    の気持に注意を向け，そして部屋に注意を向け，ゆっくりとスト
    レッチして，身体の内外を意識しつつその日の生活に戻ります。
- 心が落ち着かないからといってがっかりしないでください。それこそ
  私たちがこのようにトレーニングする理由の一つです。一つの対象に

注意をつなぎとめ集中することで，さまよう心の性質をより良く意識することができます。

- 疲れたり，不快な時，そわそわしたり，イライラしたり，「これはできない！」と感じた時は，自分に優しく接することが大事だということを忘れないでください。

生徒にマインドフルネスを教えるためのプログラム
（www.discovermindfulness.ca の許可を得て一部改変）

マインドフルネス・イン・スクールズ・プロジェクト（Mindfulness in Schools Project）

10 代向けの「.b（ドットビー）」は，「Stop, Breathe and Be ！」の略です。11 〜 18 歳の若者向けにデザインされた 10 回のレッスンを組み合わせたもので，それぞれのレッスンにおいて，若者の心を引き付ける方法でさまざまなマインドフルネススキルを教えます。

「.b」と同様に，「Paws b（ポーズビー）」は 7 〜 11 歳向けにデザインされており，1 時間のレッスンを 6 回，または 30 分のレッスンを 12 回提供します。

Teach .b 認定コースは 4 日間で，Paws b 認定コースは 3 日間です。両コースの前提条件には，効果の実証された 8 週間の非宗教的なマインドフルネスのコースの受講と，少なくとも 6 カ月の毎日のプラクティスが含まれます（www.mindfulnessinschools.org を参照）。

マインドフル・スクールズ（Mindful Schools）

マインドフル・エデュケーター・エッセンシャルズ（Mindful Educator Essentials：6 週間のオンライン学習）は，幼稚園から高校までのマインドフル・スクールズのカリキュラム（K-12 Mindful Schools Curriculum）を使って，教室にマインドフルネスを取り入れる方法を受講者に教えます。幼

稚園から5年生までのカリキュラム（5〜12歳向けの30モジュール）と，中学校から高校までのカリキュラム（12〜17歳向けの25モジュール）を提供します。

マインドフルネス・ファンダメンタルズ（Mindfulness Fundamentals：6週間のオンライン学習）は，Educator Essentials コース受講の前提となる必須のクラスで，参加者が個人的なマインドフルネスのプラクティスを確立するのに役立ちます。

マインドフルリーダー（Mindful Leader：1年間の認定プログラム，2回の対面リトリート，10カ月のオンライン学習）は，少なくとも2年間のマインドフルネスの継続的なプラクティス，マインドフルネス・ファンダメンタルズとエデュケーター・エッセンシャルズコースの修了が，このコースの前提条件です。1年間の認定プログラムは，メンタルヘルスと教育分野の献身的な実践者を対象としており，若者向けの熟達したマインドフルネスの教師になるために，綿密なカリキュラムに基づくトレーニングを希望している人のためのコースです。1年目の開始と終了時に，（米国で行われる）2週間の夏のリトリートと，10カ月のオンライン学習が含まれます（www.mindfulschools.org を参照）。

スティル・クワイエット・プレイス（A Still Quiet Place：子どもと青年のためのマインドフルネス・プログラム）

（10週間のオンライン学習）幼稚園から高校までの教育者および関連する専門家のために，デザインされたプログラムです。子どもや青年の生まれ持った注意集中能力（focused attention），エンゲージド・ラーニング能力（engaged learning），感情を理解し適切に対応する能力（emotional fluency），相手を尊敬するコミュニケーション能力（respectful communication）と，コンパッションのある行動能力（compasiionate action）の育成をめざす人が対象です（www.stillquietplace.com を参照）。

10代のためのマインドフルネス・ストレス低減法（MBSR-T）（10週間のオンライン学習）

この10代のためのマインドフルネス・ストレス低減法は，ストレスを抱える青少年が安心と明晰さ（clarity）を見つけるのを手助けすることに関心のある専門家を対象に，集中的なトレーニングを提供します（www.stressedteens.com を参照）。

インワードバウンド・マインドフルネス教育（Inward Bound Mindfulness Education：iBme）

思春期の若者にマインドフルネスを教えるための1年間の認定プログラムを提供します。iBme のマインドフルネス・ティーチャー・トレーニング（Mindfulness Teacher Training）は，教育者が高校，大学，その他の若者のいる環境で，綿密なマインドフルネスのカリキュラムを実施できることをめざします。参加者は，青年向けに開発されたマインドフルネスのプラクティスと，効果的なマインドフル・メンターになるためのスキルを学びます。この認定プログラムは，（米国での）対面でのリトリートとオンライン学習を組み合わせたものです（www.ibme.info を参照）。

境界のないマインドフルネス（Mindfulness Without Borders）

これは，マインドフルネス・アンバサダー・カウンシル（Mindfulness Ambassador Council）の研究に基づいた青少年プログラムで，マインドフルネスの概念，社会性と情動の学習，教育方法に関心のある教育者と専門家を対象にした二段階のプログラムです。

- レベル1，マインドフル365（Mindful 365）には，マインドフルネスと社会性と情動の学習の中核的な概念に関連した自己認識，自己コントロール，社会認識（social-awareness），注意，およびストレス管理に関連する5つのオンラインクラスが含まれます。
- レベル2には，マインドフルネス・アンバサダー・カウンシル（Mindfulness Ambassador Council（MAC）に関する具体的な指導を提供す

る，7つのオンラインのクラスが含まれています。MAC は 12 週間のプログラムで，若者が健全に成長するのに必要な戦略を取り上げます。集中，感情と行動の制御（emotion and behaviour regulation），他視点取得（perspective taking），批判的思考（critical thinking）およびストレス管理のスキルが含まれます（www.mindfulnesswithoutborders.org を参照）。

呼吸することを学ぶ [Learning to BREATHE（L2B)]

教室やグループ学習の環境のために作成された，青年のためのマインドフルネス・ベースのカリキュラム。このカリキュラムは，注意力と感情制御を強化し，感謝やコンパッションなど健全な感情を育み，ストレス管理スキルのレパートリーを拡大し，参加者がマインドフルネスを日常生活に組み込む手助けとなることを目的としています。各レッスンには，年齢に応じたディスカッション，アクティビティと，グループの場でマインドフルネスをプラクティスする機会が含まれています（www.learning2breath.org を参照）。

マインドアップ（MindUP™)

研究を基盤にした教育者と子どものためのトレーニングプログラム。このプログラムは脳科学を基本にした 15 のレッスンからなっています。生徒たちは行動を自己制御し，学業に成功するために必要な集中力をマインドフルに学びます。MindUP™ のレッスンは Common Core を含む米国のすべての基準に沿っており，他視点取得，共感と優しさの向上，複雑な問題解決のスキルを育みます。幼稚園から 2 年生，3 年生から 5 年生，6 年生から中学 2 年生のカリキュラム・ガイドがあります（www.mindup.org を参照）。

インナーキッズ（InnerKids)

幼稚園前から若年成人までの若者を対象に，注意（Attention），バランス（Balance），コンパッション（Compassion）の ABC を育成するための，年齢に応じたアクティビティを教えます。InnerKids は，心と身体のアウェアネスを深め，コンパッションに満ちたライフ・スキルを身につけ，ストレス

の管理を支援するアクティビティを教育者が生徒に教え，伝えられるよう支援するプログラムです（www.susankaisergreenland.com を参照）。

教える，呼吸する，学ぶ（TEACH, BREATHE, LEARN）

4 週間のオンライン学習。マインドフルネスと社会性と情動の学習（SEL）を自分自身の教育実践と効果的に統合するためのスキルと自信を参加者が身につけ，マインドフルネスと SEL に基づいた専門的な学習活動ができるように指導します。このコースは，毎週 90 分間のウェビナーで構成されており，コーチングとサポートの機会が含まれています（www.teach.breathelearn.com を参照）。

さらに学ぶための参考文献とリソース

Kaiser-Greenland, S.（2010）*The Mindful Child : How to Help Your Kids Manage Stress, Become Happier, Kinder and More Compassionate.* New York : Free Press.
　素晴らしい物語や智慧，そしてアクティビティのためのアイデアがたくさん含まれています。特に幼稚園／小学生の子どもに役立ちます。

Rechstaffen, D.（2014）*The Way of Mindful Education : Cultivating Well-being in Teachers and Students.* New York : Norton.
　教師が自分のプラクティスを培うことをサポートするための素晴らしいリソースで，教室にマインドフルネスをもたらすための実践的なアイデアが多く含まれています。

Jennings, P.（2015）*Mindfulness for Teachers : Simple Skills for Peace and Productivity in the Classroom.* New York : Norton.
　教師がストレス管理を支援し，マインドフルネス研究を理解し，教育と学習にインパクトを与える方法を発見するための実用的なガイドブックとして高い評価を受けている本です。

Srinivasan, M.（2014）*Teach, Breathe, Learn : Mindfulness In and Out of the Classroom.* Berkeley, CA : Parallax.
　生徒にマインドフルネスを紹介するための詳細なカリキュラムが含まれ，ティク・ナット・ハンの教えと智慧に依拠した，教師向けの温かい個人的なガイドです。

Saltzman, A.（2014）*A Still Quiet Place : A Mindfulness Program for Teaching Children and Adolescents to Ease Stress and Difficult Emotions.* Oakland, CA : New Harbinger.
　子どもと青年のための MBSR に基づくプログラムで，サルツマン博士の実際の経験に基づいた優れたガイダンスが含まれています。

Hanh, T.N. and Weare, K.（2017）*Happy Teachers Change the World : A Guide for Cultivating Mindfulness in Education.* Berkeley, CA : Parallax.
　本書はティク・ナット・ハン／プラムビレッジの教育におけるマインドフルネスのアプローチに関する最初の信頼できる公式マニュアルです。中核となるプラクティスの段階的な指導，これらのプラクティスがどのように機能し，影響を与えるかに関する指導者によるガイダンス，そして教師が生活，教室，学校，大学，コミュニティでこれらの教えを応用する上での考察が含まれています。

第6章

マインドフルネス，社会性と情動の学習（SEL），そしてウェルビーイング

この章では：

- 学校というコミュニティのウェルビーイングを増進するための，包括的な枠組みを提示します。その枠組みが，学業や社会情動的スキルを教えるにあたっての一貫したビジョンの土台となります。
- 学校内でのマインドフルネス・トレーニングに焦点を当て，他のスキルやカリキュラム分野と関連付けます。
- マインドフルネスと社会情動的スキル開発を組み合わせることによって，すでに「焦点シフト（shift the focus）」を始めている学校を紹介します。

パート1：学校における「マインドフルに意識するトレーニング」の位置づけ

本物であることとつなぐこと

教育はあまりにも構造化され，組織化され，多くの内容が詰め込まれすぎているため，私たちは学校が学びを生み出すわけではないということを，忘れがちです。

> 人は学ぶもので，学びは私たちの人間の本分です。学校が存在することができるのは，人間が学ぶからです。

　私は教師としてのキャリアの中で，シャンクとクリーブ（Schank & Cleave, 1995）がサンタフェ研究所で発表した論文，「自然な学習，自然な教え（Natural learning, natural teaching)」の中で述べた，「学校は自然な学びの場ではない」というメッセージにしばしば立ち返ってきました。

　　伝統的な教室での授業では，人が知識を得るために自然にとる方法をほとんど用いません。人の頭脳は，本を読んだり，講義を聞いたり，抽象的なモデルを学んだりするよりも，実際に働くことによって，世界についての知識をよりよく身につけることができるのです。

　学校教育がいくらか人工的であることを考えると，学びを教室の外の世界とつなぎ，可能な限り本物に近づけることが重要です。**本物であること（authentic）とつなぐこと（connected）**は，私が校長としてカリキュラムを開発したり，プロジェクトを遂行したり，教科の統合を検討したりする際の大事なキーワードとなりました。学びを現実的なものにし，学び手のニーズや興味に触れることは，学習意欲を高めるために不可欠な要素です。そして，本物であることとつなぐことは，自分の内面や心（heart）について学ぶ時にも同様に，あるいはもっとずっと必要になります。学び手の幅広い発達上のニーズや経験をはっきりと考慮し，評価することで，学校教育を人間の学びの自然な傾向に近づけ，より適切なものにすることができるのです。

ウェルビーイングのための枠組み

　学校での**マインドフルネス**のトレーニングは，**社会情動的**なスキルを教えるという文脈の中で行われるとより大きな意味を持ち，それはさらに，**ウェルビーイング**の増進というより広い枠組みの中に位置づけることができます（図6.1参照）。マインドフルに注意を向けるトレーニングは，注意力や情動制御力や社会情動的，学業的スキルの基礎となるような一連の関連能力の構築に役立ちます。

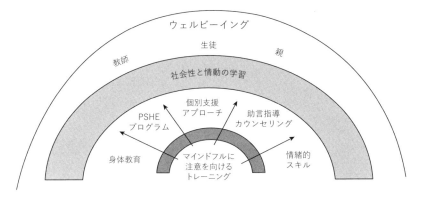

図6.1　学校におけるマインドフルネス，社会情動的スキル，
ウェルビーイングのための枠組み

マインドフルに注意を向けることは社会性と情動の学習に どのような影響を与えるか？

　子どもや若者を対象としたマインドフルネスのプログラムでは，自分に充分に注意を向けることを，日常生活で実際に適用する機会が多く提供されます。例えば生徒たちが，自分に注意を向ける体験を，自分とは異なる視点を理解する能力につなげることができたなら，マインドフルネスのスキルが社会情動的な発達に直結することがわかるでしょう。生徒たちは，相手の立場に立って考えようとする共感的理解を身につけるかもしれません。また，困難な状況や他者に反射的に反応したり，内的衝動に反応したりする前に，一呼吸置くタイミングを知ることができるようになるかもしれません。

- マインドフルに注意を向けるトレーニングは，注意力を強化し，困難な状況でも好奇心を持続させる能力を身につけるのに役立ちます。
- 呼吸法とグラウンディング（訳注 31 参照）のテクニックを習得すると，私たちは落ち着いて集中し，反応するのではなく対応することを選ぶことができ

るスペースと時間を得ることができます。

- 身体的，情動的，精神的な出来事をしっかり意識することができるようになれば，より，自己認知を深めることができます。例えばそれは，自分の心を養い育ててくれるものに気づいたり，繰り返し起こる自己批判的な思考パターンを意識することです。
- 総じてこのような自分に注意を向ける力の向上は，共感を生みます。自分のことをより深く理解することで，他者の抱える課題や考え方に共感できるようになるのです。

社会情動的な能力を考える時，図6.2に示すキャセル（CASEL：Collaborative for Academic Social and Emotional Learning)＊33 の分類が非常に参考になります。

CASEL の示した輪は，生徒の生活状況の中に，社会性と情動の学習（SEL）の重要な能力を位置づけ，三つの中核領域に整理しています。

自分自身との関係：自己認識と自己コントロール
他者との関係：他者認識と対人関係スキル
行動・倫理：責任ある自己決定

マインドフルネスを通して教育の中核に心（heart）を据える，ということに関して，私たちは社会性と情動の学習の側面に注目しています。これらの学習は，自己認識と自己制御を促進するスキルの組み合わせです。SELでは，自分の気分や情動を認識し，明確に表現できるようになることを目指していますが，「心を学ぶ」ということは，自分の感情や衝動を理解し，必要に応じてそれを抑制できるようにすることでもあります。すべてはバランスなのです。

＊訳注33）CASEL：SELの普及を目的として設立された団体（Elbertson, Brackett & Weissberg, 2009)。

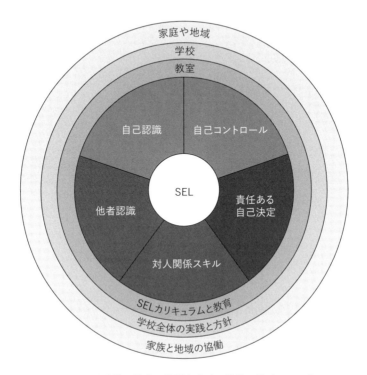

図6.2　社会性と情動の学習をめぐる学校の輪（CASEL）

マインドフルネスに基づく SEL の実践

　マインドフルに注意を向ける体験的トレーニングによって，自分自身に対する理解や洞察を深めることができます。それは私たちの生活に直結し，応用することができます。学校が，学業の発達に加えて，こういった情動の分野を使命の中心に据えるなら，学習における中心的なアプローチが変わり，マインドフルネスと SEL との実りある協調が見られるようになります。

　こういった包括的な視点から眺めると，**学業**と**情動**，そして**身体**を組み合

図6.3　頭脳，心，身体のバランスをとる
（プラハインターナショナルスクール　Petr Dimitrov 氏の許可を得て掲載）

わせたカリキュラムやアクティビティを計画することが自然になってきます。
つまり，**頭脳と心と身体**のバランスのとれた学習アプローチです。このよう
なビジョンを学生の日常生活に取り入れようとしている学校の一つが，タイ・
ユナイテッド・ワールド・カレッジ（United World College Thailand）です。

タイ UWC：ユナイテッド・ワールド・カレッジ* 34（プーケット）

　タイ UWC は，初等・中等・高等の各段階で国際バカロレアのカリ
キュラムの枠組みに沿って教育を行う独立校です。同校（旧プーケット
国際学院：PIA）は，マインドフルネスと社会性と情動の学習（SEL）

＊訳注 34）United World College：全世界で国際バカロレア（IB：International Baccalaure-
ate）に基づくグローバル教育を推進している団体（https://www.uwc.org/）。日本にも軽井沢
に ISAK がある（https://uwcisak.jp/jp/）。

を組み合わせて 2009 年に設立され，子どもたちを中心に据えた共同体の中で，探究型教育と奉仕学習に重点的に取り組んでいます。同校の理念は，生徒，教師，家族の「善い心（heart），バランスの取れた頭脳（mind），健康な身体」を育むことであり，その使命は以下の通りです。

　人間の最高の可能性を引き出すこと
　真の幸せを育むこと
　（平和と持続可能な未来のために）マインドフルに注意を向け，思いやりのある行動をとること

　3 歳から 18 歳までの生徒が，毎日「今日のスパイス（seasoning the day）」と呼ばれる発達段階に応じた課題に取り組み，何らかの形でマインドフルネスや SEL の活動を行っています。そして，すべての学年の国際バカロレアプログラムに，情動的スキルの開発を織り込んでいます。さらに，SEL とマインドフルネスの管理指導者もいます。SEL とマインドフルネスの創設管理指導者であるクリステン・フォート・カタニーズは，学校での「マインドフルに意識するトレーニング」が社会情動的能力の土台となるという図（図 6.4）を考案して共有してくれました。

包括的な理念
　図 6.4 の 5 つのコンピテンシーは CASEL が作成したものです。ここで注目すべきは，CASEL の略称が，**学業**（Academic）と**社会性と情動の学習**（Social and Emotional Leaning）の頭文字を組み合わせたものであることです。21 世紀の学校教育を変えることができるのは，このような一貫した見通し，つまり学習と人生の中核となるスキルに対するホリスティックな理念なのです。私たちは，IT 革命が教育に与えた影響をすでに目の当たりにしていますが，今こそ，情動的スキルを重視し，学習の中心に据えようとする動きが必要です。世界には「マインドフルネスと SEL の管理指導者」はほとんどおらず，例えば IT 指導者のような地位はこの分野に与えられてはいません。しかし，この状況が変

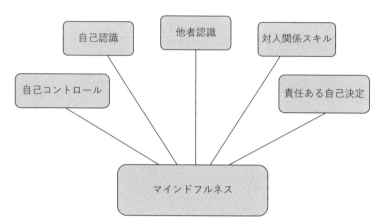

図6.4　マインドフルネスに基づく社会情動的能力（提供：K. Fort-Catanese）

　わり始めている兆しもあります。

　クリステン・フォート・カタニーズは次のように語っています。タイUWCのようにビジョンが明確で，マインドフルネスに基づくSEL（MBSEL：Mindfulness-based SEL）の基礎がある学校であっても，「このようなアプローチを実施することは，亀がレースに勝つような状況であることが常です。PIAでは，最初の数年間，管理職・事務職員も教師も入れ替わりが激しく，学校でSELとマインドフルネスを中心とした教育を持続可能にすることは困難でした。時が経つにつれて安定性が増し，SELとマインドフルネスの管理指導者の役割を確立するなどの対策によって，リーダーシップが強化されました。そしてすべての構成員が時間や力を注ぎ，このようなアプローチを中心とした文化をどのように創造するかを考え，関与するようになりました」

　この学校は，スーザン・カイザー・グリーンランド（Susan Kaiser-Greenland），マチュー・リカール（Matthieu Ricard），B・アラン・ウォレス（B. Alan Wallace），ポール・エクマン（Paul Ekman），リチャード・デビッドソン（Richard Davidson），ダニエル・レッチェフェン（Daniel Rechtschaffen），ジョーン・ハリファックス（Joan Halifax），

エイミー・サルツマンといったこの分野の主要な研究者や実践家たちと，何度も共同研究や協議を行ってきました。クリステンは以下のように述べています。

　「私たちは『SEL とマインドフルネス』委員会を結成し，いわば『トップダウン』を示す意味で，最終的には校長もそこに参与しました。今では，すべてのスタッフが就任時に 8 週間のマインドフルネスのコースを受講することになっており，生徒の成果に焦点を当てるだけではなく，学校の使命を自分たち自身でも実践しています。また，教員の間でも，自分たちが教室の環境を作っているという意識が高まっています」

　「教師の成長サイクル」プロセスでは，教育におけるマインドフルネスに関するスタッフの必読書を調整したり，学校が作成した SEL レンズ文書による国際バカロレア（IB）（訳注 32 参照）学習プロファイルを使用して，目標を立てたりしています。教師は，自分がどのように他者に貢献したか，またどのように自分自身をケアしたかを具体的に示します。「長い道のりでしたが，採用や就任のプロセスにおけるシステムを組み込むことによって，学校が SEL とマインドフルネスに継続的に取り組むことに，とても大きなインパクトを与えました」と述べています。詳しい情報は www.uwcthailand.net/ にあります。

マインドシフト

　タイ UWC のようなホリスティックな使命に基づいた新しい学校を設立するのも一つの方法ですが，すでに機能している学校のシステムに新しいアプローチを導入しようとする試みの方が現実的でしょう。後者の試みは，前者

とは全く異なります。マインドフルに注意を向けることや SEL のコースを単独で始めることは，多くの学校にとって有効な入り口となりますし，そのような取り組みを既存のプログラムやアプローチと結びつけることができれば，より効果的です。

　これを実現するのは難しく思えるかもしれませんが，何よりもまず，マインドシフトが必要です。すでに過密状態にあるカリキュラムに「また別のものを追加する」と考えるのではなく，学校で何をしようとしているのか，「何が本当に重要なのか」を再検討すれば，このようなシフトを真に評価できるようになります。そしてカリキュラムを見直す際に，学業とウェルビーイングを組み合わせることで得られるより深い効果を，ホリスティックなレンズを通して見ることができるようになるのです。このようなマインドシフトを促すための対話を深め，スタッフのトレーニングやカリキュラム計画を徐々に有機的に変化させていくことによって，この作業のための確固たる基盤を築くことができます。（第 7 章では，このようなプロセスをどのように実行するかについて，いくつかの実践例を紹介しています）

実践的な学び

　マインドフルネスは体験的に学ぶものなので，「マインドフルに意識するトレーニング」を，学校における既存の個別指導的，社会情動的な取り組みに組み合わせると，学習を大幅に活性化することができます。個人的な体験の注意深い観察を強調することによって，このトレーニングは，人格教育やいじめ対策などのプログラムを，「学業」ではなく，より直感的，実践的で役立つものにしてくれます。公民や倫理といった科目は，より知的なアプローチであり，通常は生活のための規則リストになってしまう危険性があります。しかし，学び手の内面的な体験を認識し，大切にすることで，子どもたちは実践的な道徳規範を身につけ，しっかりと納得できる形で人生の教訓を身につけることができるようになります。このような人生の教訓は，より記憶に残りやすく，コースが終わった途端に忘れ去られるのではなく，生かされていく可能性が高くなります。このようにして，通常の学校教育では到

達できないことを教えることができるのです。

　タイ UWC は多くの点でユニークですが，注目に値する責任あるポストを設け始めている学校もあります。そのポストは，学校におけるウェルビーイングの分野の重要性の認識とリーダーシップの表れです。従来の「ウェルビーイング」や「学生の成功」の定義を見直し，単に困っている学生への介入としてではなく，学校というコミュニティ全体に適用しているところもあります。IT の教育的導入は，社会における技術の急速な発展によって推進されましたが，学校における SEL 重視へのシフトは，より意識的に，計画的に行われる必要があるかもしれません。この焦点シフトには，持続的な努力と意志の力が必要です。

流れの中で方向を変化させること

　学校の文化を変えるのは大変なことで，そのプロセスには教師の関与が不可欠です。ここでは，確立された文化の中で懸命に努力し，これまでとは違ったものを生み出そうとしている学校の例を見てみましょう。

ロンドン TASIS（The American School In Switzerland）
　アメリカン・スクール・イン・スイス（TASIS）は，ロンドン南西部にあるにもかかわらず不思議な名前が付けられていますが，英国で最も学費の高い私立の寄宿学校の一つとして，学業と人格形成に伝統的に力を入れています。この 5 年間，TASIS はカリキュラムや課外活動の中で，情動的な分野をより重視したホリスティックな改革に取り組んできました。この改革の原則は，基本的にポジティブ心理学とマインドフルネスを組み合わせた手法です。

　数年前，私は TASIS の教授陣にマインドフルネスを紹介し，この分野の指導を依頼され，それ以来，学校の活動を追跡してきました。上級学年[*35]の学生生活の責任者であるジェイソン・テイトがこの取り組みを主導しました。当初生徒のストレスが増加していたことがきっかけと

なり，ジェイソンと彼の同僚たちは，レジリエンスとウェルビーイングを促進する核となる能力の開発をより中心に取り入れた，学校の文化の変革を試み始めました。総合的に意図したのは，個々の生徒，教師，そして学校というコミュニティ全体がフラリッシュ*36することです。それは，ポジティブ心理学の研究と洞察に基づいており，その目的は，単にストレスや逆境に対処するだけではなく，根本的に健全な学習環境における学びと成長を可能にし，「人生をよりよく生きる（a life well-lived）」ために必要なスキル，知識，能力を開発することです。

TASIS ですでに実施されていた個別支援とリーダーシップ開発の側面を踏まえ，最初は教師のトレーニングに焦点を当てました。すべての教員に，「自分の強み」「レジリエンス」「マインドフルネス」という三つの分野それぞれにおいて，専門性開発研修を提供しました。教師はその後，これらの分野の中から一つを選んで，自分自身の個人的な専門性を開発することが可能で，トレーニングを受けた後に一つのクラスで試行し，うまくいけば学年全体で試すことができるようになりました。教師のトレーニング，カリキュラム計画，生徒への試行に5年を費やした後，彼らは「フラリッシュするための枠組み」を確立し始め，各学年の発達段階に応じた特定のスキルを図式化し，達成目標とすることができるようになったのです。

図6.5からわかるように，この構想には，マインドフルネス，自分の強み，レジリエンスのワークを，ポジティブな感情に焦点を当てて織り込んでいます。そして生徒たちに，これらの分野に触れたり，トレーニングを受けたりするさまざまな機会を提供しています。

その最初のモデルとなったのが，オーストラリアのメルボルンにあるジーロング公立中学校でした。ポジティブ心理学に興味を持っていたジェイソン・テイトは，ポジティブ心理学の創始者であるマーティン・セリグマン（Martin Seligman）が，ポジティブ心理学に基づいた全学

＊訳注35）14～18歳。

＊訳注36）精神的に健康で，やるべきことをし，健全に生きていること（Hupper, 2011）。

的アプローチを開発するために，ジーロング校に半年間滞在していたことを知りました。ジェイソンは「ポジティブ教育」のトレーニングを受けるために現地に赴き，生徒が真にフラリッシュする学校というコミュニティを作るための実践的な方法を学びました。ポジティブ心理学とマインドフルネスの組み合わせには大きな可能性があり，有意義な協調になると私は信じています。キャロル・ドウェック（Carol Dweck, 2007）による「成長型マインドセット」の推進（現在，ジーロング校のプログラムの一部となっています）は，学校での「マインドフルに意識するトレーニング」と組み合わせることで，生徒の成長のための強力なアプローチを生み出すことができると考えます。

　TASIS やジーロングのような学校では伝統的に生徒に多くの課題を与えてきましたが，その課題に対処する方法を生徒に教えることには，それまであまり力を入れてきませんでした。例えば，生徒が課題に苦しんでいることに学校や保護者が気づいた場合，補講を行ったり，チューターを充てたり，さらに課題を増やすといった対応を行っていました。「生徒のストレスや不安に対処することは，私たちにとって日常的な問題になっています」とジェイソンは述べ，「フラリッシュするための新たな実践（flourishing initiative）」は，学校文化を改革し，生徒がストレスを軽減し，ストレス対処法を学ぶための実践的な方法であると確信しているとのことです。

　ジェイソンらがこの活動を実施しようとする道のりには多くの課題があり，実際に学校に十分定着させるには，現実的な障壁が立ちはだかり続けています。生徒たちは，提供された学習体験を楽しみ，感謝することが多いですが，皮肉なことに，多くの生徒が忙しすぎて時間がないと言います。教師もまた，こうした分野に取り組みたいと思っていても，それを適切に行う時間がないことに不満を感じています。さらに，最近の英国政府による調査（Ofsted）[*37] 報告書の評価によって，カリキュラムの時間を他の優先事項に回さなければならなくなるかもしれません。

＊訳注 37）Ofsted：国の教育水準局（Ofsted）による学校監査。1992 年から実施され，約 6 年をかけて全学校を訪問監査し，監査結果が公表される。

学校でこれらの重要な開発を維持するためには，明確な焦点，忍耐力，そして強い意志が必要です。

　ジェイソンは，学校の文化を真に変えるためには，まずは教師の賛同を得ることが重要だと考え，次のように述べています。「教師は大学や教員養成課程でこのような学びの経験がないので，彼ら自身の生活に関連した方法で彼らを巻き込む必要があるということを，私はジーロングで学びました」。

　教師や管理者は，保護者がこういった取り組みの障害になると思いがちですが，ジェイソンは以下のようなことを見出しました。そしてそれは私自身や他の多くの学校の経験と共通しています。「私はこのような考えを保護者の茶話会で紹介するようになりました。中には子どもを大学に入学させることだけに集中しているような保護者の方もいらっしゃいますが，多くの親御さんは，子どもの睡眠時間が5時間未満であることも打ち明けてくれます。そして，今ではほとんどの親御さんが，このような活動をしていてよかったと言ってくれています。保護者にも支持されているのです」。

　ジェイソンは，インターナショナルスクールヨーロッパ協議会におけるフラリッシュ常設委員会の設立を支援しました。2016年にはTASISが初会議を主催し，これらのアプローチを他の学校に紹介しました。一つはっきりしているのは，学校の中で本当の意味での焦点シフトを確立しようとする取り組みは，急ぐべきではないということです。徐々に有機的に成長していく必要があり，教師に押し付けるだけではいけません。時間が必要なのは，人間の精神の側面を扱うことになるからです。それは通常，学校が中心になって担うものであるとは考えられていないのです。

　（ジーロングの道のりについては，こちらで詳しく紹介しています。
　https://www.ggs.vic.edu.au/School/Positive-Education/What-is-Positive-Education）

TASIS（ロンドン）におけるフラリッシュの実践

フラリッシュプログラム

　このユニークなプログラムの目的は，生徒，教師，そして集団のすべてのメンバーに対して，生涯にわたって充実した人生を送るために必要なスキルと習慣を身につける機会を提供することです。これは，精神的に健康であることと，なすべきことをすることの組み合わせによって達成されます（Huppert and So, 2011）。

自分自身を知ること

　最高の自分になるためには，自分自身を知る必要があります。自分の強みを知ること，課題に対処するためのレジリエンスを開発することの両方を身につけていれば，困難や好機に臨んで，生き生きと活躍することができるのです。

自分自身であること

　TASIS は，生徒一人ひとりの価値を信じ，彼らが世界をより良く変えていく可能性があると信じています。この可能性を実現するために，生徒は現在の状況にうまく対応することを学び，成長しようと励まねばなりません。また私たちはみな，失敗を恐れず，そこから学ばなければなりません。このような環境においては，集団のすべてのメンバーが，より意味のある人生を生み出すことができます。

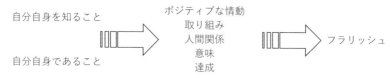

自分自身を知ること　　　　　　ポジティブな情動
　　　　　　　　　　　　　　　　　取り組み
　　　　　　　　　　　　　　　　　人間関係　　　　　　　　フラリッシュ
　　　　　　　　　　　　　　　　　意味
自分自身であること　　　　　　　達成

TASIS：英国にあるアメリカンスクール
（www.tasisengland.org）

下級学校 フロッグホロー (Frog Hollow) 保育園・プレ幼稚園 幼稚園・小学 1，2，3，4 年生	基本的価値観をもってフラリッシュする 下級学校での生き生きとした活躍は，「芯となる美徳 (Core Virtues)」プログラムに基づいており，心と頭脳の習慣作りを目指します。プログラムの目的：生徒たちの想像力に火をつけること。人格を養い，集団に積極的に貢献すること。最善を尽くし，最善であるように励ますこと。	自分の気持ちを知り，理解すること フロッグホロー保育園，プレ幼稚園，幼稚園の園児は，情動や衝動を含む自分の気持ちについて学びます。情動に関する語彙を増やし，自分の気持ちを他人と共有する方法を学び始めます。この段階では，自己コントロールと自立心にも焦点が当てられます。 自分を知り，好きになること 小学 1 ～ 2 年生では，自分の好きなところなど，自分自身について学び始め，困難に対処する方法を理解するようになります。自信を深めるためのスキルを練習し，アイデンティティについても学び始めます。 最善の自分でいること 小学 3 年生と 4 年生の児童は，自分の強みを生かして仲間との関係を強化し，学業達成を促進するためのスキルを身につけます。目標設定，共感，リスクを取ること，問題解決など，学習スタイルについて学びます。
小学 5 年生	発見する	小学 5 年生の児童は，「ウェルビーイング」という言葉を学び，セルフケアのスキルを身につけます。このプログラムでは，自分の強みを発見するプロセスを始めます。熱意，マインドフルネス，レジリエンス，ポジティブ思考など，生き生きとした活躍のさまざまな側面を取り上げます。
小学 6 年生	成功のためのツールを身につける	小学 6 年生の児童は，成功のためのツール（グリット，自己コントロール，楽観主義，感謝の気持ち，社会的知能，好奇心）を身につけていきます。寛容さや優しさなどの共感能力を探求し，感謝の気持ち，マインドフルネス，レジリエンスのスキルを身につけます。
中学 1 年生	自分自身を管理する	中学 1 年生では，自己コントロール，問題解決，社会性と情動の学習が重要なテーマとなります。自分の強みを見極めることで，最高の自分を育み，ポジティブなものを探して味わうことを学びます。

中学2年生	将来のためのスキルを身につける	中学2年生の生徒は、「VIA強みテスト」*38 を受けた後、自分の強みを日常生活でどのように生かすかを理解し始めます。また、思考の罠や、マインドフルネスによるストレス対策についても学びます。また、「グリット（やり抜く力）」と「成長型マインドセット」という概念も身につけます。
中学3年生	困難や好機に臨んでフラリッシュする	中学3年生の生徒は、自分自身の行動をしっかりと理解し、どのようにすれば困難や好機に直面しても、心地よく、効果的に機能できるかを理解します。このプログラム単位では、生徒はレジリエンスのスキルについて深く学びます。
高校1年生	リーダーとしての能力を開発する	高校1年生の生徒は、前期に、価値観や強みに基づいたアプローチでリーダーシップスキルを身につける方法を学びます。後期には、マインドフルネスに触れ、現実にうまく効果的に対応する方法を学びます。
高校2年生	自分の可能性を伸ばす	高校2年生では、「グリット」についての理解を深めることが主なテーマとなります。主な概念：勇気、良心性、達成感と信頼性、長期的な目標設定、レジリエンス、楽観性、自信、創造性、卓越性と安全性など。
高校3年生	自立してフラリッシュする	卒業生の次の重要なステージで活躍できるように、スキル、価値観、習慣を身につけることに重点を置き、TASIS卒業後に有意義で充実した人生を送れるように支援します。学生たちは、マインドフルネスが、時に狂乱する可能性のある世界でどのように役立つかについて理解を深めます。

図6.5 英国・TASISのフラリッシュの実践

＊訳注38) VIA強みテスト（VIA Character Strength Survey）：240問の設問からなる無料の強み診断テストで、自分の強みを1位～24位まで知ることができる（Peterson and Seligman, 2004）。VIA Character Strengths Survey & Character Profile Reports：VIA Institute

炎を囲む手

　主流の教育には優れた分野が多く含まれており，優れた実践例がたくさんあります。しかし，国家的カリキュラムや試験制度の圧力から解放され，学校教育におけるホリスティックなアプローチを探求するために，空間と時間をより多く費やしてきたのは，おそらく革新的な伝統です。マイケル・フィールディング（Michael Fielding, 2005）が言うように，それらは「炎を囲む手」であり，これらの炎からの光が，よりバランスがとれ，統合された教育への道筋を照らす助けとなるのです。私たちは，歴史上の革新的な伝統や，デューイ（Dewey），モンテッソーリ（Montessori），シュタイナー（Steiner），レッジョ・エミリア・アプローチ（Reggio Emilia approach）などの革新的な思想家を参考にすることができます。これらのものは，ホリスティックな教育を開発したいと望む時に，道しるべとなってくれるでしょう。

　もちろん，財源が豊かな私立独立学校が，マインドフルネスのような分野に教育の焦点シフトをすることは簡単かもしれません。しかしいくつかの先見性のある州立学校は，ホリスティックな学校教育の「灯りをともし」，よりマインドフルな学校というコミュニティになることを目指しています。英国の一般的な小学校が，どのようにマインドフルネスをカリキュラムに組み込み，学校の文化を変え始めてきたか，私たちはすでに見てきました。マンチェスターのスタンレー・グローブ小学校は，児童と教師のためのマインドフルネスの確立に成功し，今でもより「マインドフルな学校」を目指している学校の一例です。

スタンレー・グローブ小学校（英国マンチェスター）

　エイミー・フットマンは，副校長時代にマインドフルネスの取り組みを主導しました。そして校長となった今，マインドフルネスの発展を継続させたいと考えていますが，バランスの取れたアプローチを維持する必要があると考えています。現在，スタッフの半数以上が大人向けのフ

ルコースを受講していますが，マインドフルネスのトレーニングや指導
をする義務はありません。マインドフルネスの授業は，個人・社会・健
康・経済教育（PSHE：訳注 29 参照）カリキュラムの一環として行わ
れています。そしてエイミーは，マインドフルネスのトレーニングとそ
の他のカリキュラム分野，そして生徒の行動とをもっと関連づけたいと
考えています。

　「次の大きな課題は，学校での行動様式の変化を現実に生かすことです。
間違った選択をした生徒との会話の仕方について，試したいと考えていま
す。例えば，何か事件が起きて私が関与しなければならない状況があった
とします。最近喧嘩はあまりありませんが，運動場で誰かを蹴った子がい
た場合，トレーニングを受けた 4 年生以上の子どもたちと一緒に，コース
で学んだ語彙やイメージを使って，何が起こったのかを探りたいのです。
　私たちは，タイムアウト（小休止）用のテーブルを作りました。子ども
たちがそこで数分間座り，何が起こったかを話す準備をすることができる
ようなテーブルです。壁に向かって恥ずかしい思いをするのではなく，よ
り自分自身を振り返ることのできる空間を作ったのです。その周りには，
自分の気持ちとつながること，身体の声に耳を傾けること，ポジティブな
感情や記憶とつながること，呼吸のプラクティスを思い出すことといった
言葉が掲示されています。
　そして，生徒と教師が行動をうまくコントロールできるよう援助するこ
とを学校文化に位置づけるためには，振り返りの後にこのような状況の時
の生徒のさまざまな思いや考え，感情について生徒と話し合い，今この瞬
間の体験に意識を向けることができるよう手助けすることが必要です。そ
れによって生徒たちは，何が起こっているのかをよりよく理解し，そこか
ら学び成長することを目指すのです」

時間と空間

　カリキュラムが過密で，日々忙しく過ごしている多くの学校にとって，新たに別の分野を取り入れることは，始めることすら難しいと思われます。しかし，ここからが本題です。<u>人生や学習の情動的な側面に時間と空間を割り当て始めると，学業成績が向上するのです。</u>

　意義深いメタアナリシス研究（Durlak et al., 2011）が実施され，米国における 30 年間の社会性と情動の学習の取り組みが調査されました。その結果，学校が効果的な社会性と情動の学習トレーニングに時間を割いた場合，「社会性と情動の学習のトレーニングを受けた生徒は，トレーニングを受けなかった生徒に比べて，標準化されたテストの得点が平均 11％ 上昇した」のです。もちろん，ねらいとしていた人格教育やいじめ防止などといった行動の改善も認められたうえでの結果です。

> 「ストレスに対処する脳内の神経回路は，学習に使われる回路と同じです。学校は，子どもたちが自分の感情を理解し，それを効果的に管理できるようにしなければならないことに注意を向けつつあります。私たちは，子どもたちの学業成績を上げたいと望んでいますが，子どもたちが情動的に健康でなければ，それは達成できません」
>
> マーク・ブラケット（Mark Bracket）：米国・イェール感情知能センター所長（Scelfo, 2015）

　近年，一部の国において，教育システムの中で情動的な健康を育むことの重要性が国家レベルで認識され始めています。シンガポールは，生徒の学力を比較する国際成績で常に上位を占めていますが，情動的スキル（CASELの 5 つの中核能力を使用）に再び焦点を当て，教育目標の中心に据えるよう変更しました。この変更は，経済のみならず，調和のとれた社会を構築するための人材育成が重要であるという信念に沿ったもので，すべての子どもたちが学校生活を通して SEL の活動に参加することを保証しています。

　SEL の活動が勢いを増している米国では，アスペン研究所に「社会情動的，学業的発達に関する全米委員会」が設置されています。

　私たちは，学校から州議会に至るまで，生徒に必要な学力を重視してきました。しかし，数多くのエビデンスが示しているように，生徒が学校，キャリア，そして人生で成功するためには，学業に加えて，社会情動的なスキルや能力の育成にも焦点を当てることが重要です。
　全米委員会は，幼稚園から高校までの教育について，最も重要な話し合いを行うことを目的としています。つまり，学校において何を成功とみなすのか，その本質的な要素を検証します。本委員会では，研究結果や意義ある実践例をもとに，すべての学校組織において社会情動的，学業的発達（SEAD）を実現する方法を探ります（Aspen Institute, 2016）。

　アスペン研究所の所長兼 CEO であるウォルター・アイザックソン（Walter Isaacson）は，学校での焦点シフトの取り組みの意義を次のようにまとめています。「人類の歴史と最新の学習科学からわかることは，成功は，学問的知識と他者と協調する力の組み合わせから生まれるということです。このことを反映した公教育が必要です」（Aspen Institute, 2016）

マーク・グリーンバーグ（ペンシルバニア州立大学，アメリカ）

　ペンシルバニア州立大学のマーク・グリーンバーグ教授は，米国における SEL 開発のリーダーの一人です。グリーンバーグ教授は，30 年以上の経験をもとに，社会情動的能力の価値の理解に貢献した心理学者であり，研究者です。幼稚園での社会的能力と，大人になってからの成功との間に有意な相関関係があることを発見した共同研究について，彼は次のように述べています。

　「この研究は，私たちが調査した根底にあるスキル，つまり他人と仲良くすることや友達を作るスキルは，人生のあらゆる側面に真に影響を与える

　　根源的な能力であることを示唆しています」（Scelfo, 2015）

　この研究結果は，この分野に精通しているグリーンバーグでさえ驚くほどのものでした。社会階層や家庭環境，幼少期の学業成績よりも，幼少期の社会的能力がその後の人生のウェルビーイングを予測することを明確に示していたのです。

　グリーンバーグは，学術的・専門的な経験を生かして，キャロル・クシェ（Carol Kusché）と共同で小学校向けの SEL プログラムを開発し，大きな成功を収めました。PATHS（Promoting Alternative Thinking Strategies：代替思考促進戦略）カリキュラムは，北アイルランドやイスラエルなど，さまざまな国の学校で採用されています。一連の研究試験により，PATHS は，就学前や小学校のさまざまな環境において，生徒の健全な成長や授業への積極的関与，学習を促進し，行動や感情の問題を軽減することが明らかにされています。

　グリーンバーグは，SEL の総合的価値について以下のように述べています。

　　「学業上の問題であれ，仲間との問題であれ，親との関係であれ，自分がどう感じるかだけではなく，問題をどのように解決していくかが重要です。他者とうまくやっていく能力は，まさに健全な人間形成につながる力なのです」（2016 年，私信）

　これまで見てきたように，SEL の基本的な目的は，生徒や教師がポジティブな感情とネガティブな感情の標準的な範囲を認識し，葛藤に向き合う際に落ち着いて振り返るための方法を示すこと，そして自他に対する共感と優しさを育むことです。これらのスキルはすべて，「マインドフルに意識するトレーニング」によって支えられ，発展させることができます。グリーンバーグは，教育におけるマインドフルネスの取り組みは，SEL を推進する大きな動きと親和性が高いと述べています。

> 「マインドフルネスは，子どもたちの注意力や意識を研ぎ澄まし，他者へ
> の深いコンパッションを育むことによって，SEL スキルの学習を大幅に深
> める可能性があります」（2016 年，私信）

　カナダのブリティッシュコロンビア州では，教育当局が長年にわたって生
徒のウェルビーイングの追跡調査をしています。ある研究では，マインドフ
ルネスに基づくトレーニングコース（MindUp）を受講した小学生は，通常
の SEL プログラムを受講した生徒と比較して，数学の点数が平均で 15%上
昇したことが報告されています（Schonert-Reichl et al., 2015）。その他にも，
認知制御の強化，ストレスの軽減，ウェルビーイングや社会的相互作用の向
上などの成果が認められました。

　考えてみれば，これはそれほど驚く結果ではありません。不安を感じて
いたり，頭の中の混乱に気を取られていたりすると，私たちは深く，効果
的に学ぶことができません。心理学者で作家のダニエル・ゴールマンは，
SEL に注意を向けるトレーニングを加えることは優れた方法であることを
実感し，「情動的知能（emotional intelligence）の中核となる神経回路を強
化する」と述べています（Goleman, 2013 : 194）。彼は，特に「マインドフ
ルに意識するトレーニング」を SEL プログラムに組み込むと，生徒が実
行制御（executive control）の向上という重要な機能を身につけるうえで，
大いに役立つ可能性があると考えています。「内なるレジリエンス（Inner
Resilience）」プログラムのディレクターであるリンダ・ランティエリ氏も，
このことを支持しています。

> 　「私は何年も SEL に取り組んできましたが，マインドフルネスを加えたとこ
> ろ，落ち着く能力と学習への準備が劇的に早く身につきました。それは，年齢
> 的にも学年的にも，早い段階で起こります。私たちは，自己認識と自己コント
> ロールの基礎を築き，その上に積極的な傾聴や感情の識別といった他の SEL ス
> キルを上乗せすることができます」（Goleman, 2013 : 194）

パート２：教室でのマインドフルネスに基づく SEL ——実践例

　幸運なことに，私は教師として，また管理者として，社会情動的側面の学習に集中して取り組むことができる学校で働くことができました。英国のブラッドフォード校では，ESL（English as a Second Language：第二言語としての英語）教師として，貧しい都市部の移民コミュニティを中心に活動していました。そこでは，生徒や教師を巻き込み，学習や指導に情動の側面を組み込むことが重要な要素でした。タンザニアでは，私の学校は小規模で保護者のコミュニティと緊密につながっており，保護者からの尊敬と信頼を得ていました。そのため，成績を上げること以外の学びに注目すると，保護者は私たちをサポートしてくれ，学校は大きく発展しました。チェコでは，プラハインターナショナルスクール（ISP）で 10 年間，中学校（11 ～ 14 歳）の校長を務めました。ここでは，マインドフルネスを使って，特に鍵となる社会的スキルの一つである傾聴に焦点を当てて社会情動的側面の学習を支援・強化した三つの具体例を紹介します。

例１：より深いつながりを促す

　ISP アドバイザリー・プログラム（チューターグループや個別支援プログラムに相当）を拡大し，組織的スキル，人間関係の構築，内省に焦点を当てて，一日おきに 40 分間の少人数授業を教師が実施しました。プラハの 8 年生（13 ～ 14 歳）のアドバイザリー・チームは，三つの異なるスタイルを特徴づけるチェコ語の用語を使って，セッションのローテーションを確立しました。

　「ナイタニ（Niterne）」は個人の「内面的」な作業（例：思いつくままの自由な記録（journaling），振り返りなど）です。「メティナミ（Mezi Nami）」は「私たちの間で」物事を共有することに焦点を当て，通常はペア

ナイタニ　　　　メティナミ　　　　スポレツニ
(NITERNĚ)　　　(MEZI NÁMI)　　　(SPOLEČNĚ)

図6.6　プラハインターナショナルスクール8学年アドバイザリーのローテーション
（プラハインターナショナルスクール　Petr Dimitrov 氏の許可を得て掲載）

　ワークやアドバイザリー・グループとの共有を行いました。そして「スポレ
ツニ（Spolecne）」は，多くの場合，学年全体が「一緒に（all together）」行
うグループ活動が中心となります。アドバイザーたちは，このような仕組み
をうまく機能させ（図6.6参照），革新的な活動をよく生み出していました。
しかしメティナミ分野において，人間関係を構築するためのより正式なアプ
ローチが不充分であったため，彼らはアドバイスを求めていました。

　偶然にも数カ月前，私は中東欧学校協会の会議に参加し，最終日の最後の
セッションで，生徒同士のより深いつながりを促進するというワークショッ
プに参加することになりました。どんな内容なのかよくわからず，ワーク
ショップにはほとんど人がいませんでしたが（2校から3人しか参加してい
ませんでした），結果的には会議の中でも最も良いセッションの一つとなり
ました。この45分間に得られたアイデアは，ダイナミックな活動の土台と
なり，時を経て現在も学校で続けられています。

　発表者は，アメリカブカレストインターナショナルスクール（AISB）の
ミドルスクール（11歳〜14歳）カウンセラーのキャサリン・オッタビアー
ノでした。キャサリンと彼女の高校の同僚カウンセラーであるアンディ・メ
ネックは，母国（ルーマニア）の生徒とインターナショナルスクールの生徒
との間に溝があり，学校内での社会的統合がうまくいっていないことに問
題意識を持っていました。彼らは，10代の若者のニーズを理解し，それに
応えることについては，天賦の才に恵まれたレイチェル・ケスラー（Rachel

Kessler）の研究を参考にして，アドバイザリー・クラスを始めることにしました。ケスラーの著書『教育の魂（The Soul of Education）』（2000）は，プログラムというよりは手引書ですが，10 代の若者が何を求めているかについての有意義な洞察と，そのニーズを満たすためのダイナミックで実践的な方法についてのアイデアに満ちた，素晴らしい本です。

　私たちは，AISB で得られたケスラーに基づくワークを，プラハの 8 年生のニーズに合わせてアレンジしました。8 年生のほとんどの生徒は，すでにマインドフルネスのトレーニングを受けていたので，一緒に静かに座ることを体験しており，注意を集中させる方法を学んでいました。私たちはマインドフルネスの合図を使って，生徒たちがいつもとは違うアドバイザリー・セッションに馴染み，より深い傾聴ができるようにしました。この特別セッションは，床に布や毛布が敷かれ，座布団が用意されたスペースで行われました（この設定は，いつもの 40 分の授業とは違うことを伝えるものでした）。

　生徒たちは前日に，「あなたにとって大切なもの（important to you）」を家から持ってくるように言われることもありました。集められたものは（先生のものも含め），教室の真ん中に並べられました。そして，いつもとは違うスペースでマインドフルに心を落ち着かせる時間を持ちます。その後，一人の生徒が「これは何ですか」と尋ね，持ち主はそのものを手に取って，なぜそれが自分にとって重要なのかを数分ほど話します。この間，他の人はみんな黙っています。グループの他のメンバーは注意深く聞く練習をし，話し手が充分に話し，聞いてもらえるような空間を作ります。生徒が話し終えると，何もコメントせず，先生はただ「ありがとう」と言って，次のものに移ります。セッションの最後には，よりオープンな会話の時間が設けられ，生徒たちは自分のものや他の人のものについて，さらに質問をしたり，コメントをしたりすることができました。共有セッションの焦点は毎回異なり，すべての活動で，何らかのアートワークや，儀式，作品が扱われました。例えば，「私がテーブルに置きたいもの」を表現するために紙皿をデコレーションしたり，「中学校に置き去りにしたいもの」を象徴する，アートワークを燃やす儀式を行って，1 年を締めくくったりするなどです。

　このセッションでは，話すこと，聞くことの質の変化を実感することがで

きました。マインドフルネスのトレーニングによって，生徒たちは，お互いに深く耳を傾ける能力を得ることができました。生徒たちは，「最初は少し居心地が悪かったけれど，だんだんこのセッションを心から楽しむようになった」とよく言っていました。また，「友人の話をよく聞いていなかったことがわかった」「彼の行動の理由が少しわかったので，イライラしなくなった」などと語っていました。私たちは守秘義務に配慮し，セッションの中で安全な空間を作り，相手の権利や気持ちを尊重することを取り決め，クラスの外でセッションの内容を話さないようにしました。

　この活動とレイチェル・ケスラーの著書から私が学んだことは，若い人たちは，私が想像していたよりもずっと，儀式や他者と深くつながる体験によい反応を示すということです。そして10代の若者は，小学校低学年の子どもたちと同じように，分かち合いを<u>ほんとうに</u>望んでいるということ，いや，それにもまして切望すらしているということでした。この活動は小学校のサークルタイム＊39と似ているところがあります。しかし，10代の若者がより深く共有するための条件を整えるためには，小学校より慎重で繊細なファシリテーションが必要です。つまり，この年代の生徒たちが安心してよりオープンに思いを共有し，お互いの話に<u>真剣に</u>耳を傾けるためには，条件が整っていなければなりません。

　ブカレストでは，高校でのセッションはすべてカウンセラーが担当していましたが，プラハでは，アドバイザーの教師が自らセッションを進行できるようにトレーニングすることにしました。共同トレーナーのエイミー・バークと私は，これらの特別な活動の1週間ほど前に教師たちと会い，実習を行いました（床に座る，作品を持ち込むなど）。この体験によって，この活動がうまくいくために必要な「空間を準備する（holding the space）」ことの重要性を感じてもらい，活動の細部調整を確認してもらうことができました。

　この作業の予期せぬ重要な副産物は，こういったプロセスが，アドバイザー教員自身の間に深い絆を生み出したことです。私は，このグループと一緒に仕事をすることがとても楽しいと感じていましたし，校長として，同僚

＊訳注39）複数の子どもが集まって座り，アクティビティを行うこと。

として，彼らに深く受け入れられていると感じていました。しかし，最後の
セッションで一人の教師が発言して初めて，この感覚は，グループワークの
トレーニングセッションがあったからこそ，感じられたものであると思えた
のです。その教師は以前，アドバイザリー・システムが発展したとても良い
インターナショナルスクールで長年勤務していました。彼女は，わずか数カ
月間，8年生のチームと一緒に働いただけで，前の学校にいた時よりもこの
チームの教師たちに親近感を覚えたと言い，それはトレーニングセッション
のおかげだと話してくれました。私たちは必ずしも深いレベルで話を共有し
たわけではありませんでしたが，それでも，忙しい学校生活の中で焦点シフ
トを行い，普段の生活では見出すことが難しいより深い本物のつながりの瞬
間を得ることは，それほど難しいことではないということがわかりました。
このようなつながりは，職場の人間関係を改善し，学校における公式的・非
公式的な協働をより効果的なものにしてくれるのです。

カウンシル（Council）

　対話を深めるセッションの進め方は，先住民族の伝統に由来するカウンシ
ルの実践に基づいています。www.youtube.com/watch?v=fKSh73dO49s&ab_
channel=ojaifoundation では，学校でのカウンシルの実践に関する楽しいビ
デオを見ることができます（注：オハイ財団（Ojai Foundation）の「学校
におけるカウンシル」セクションでは，カウンシルの実践を促進するための
総合的なトレーニングを提供しています）。

　コツをつかんだ教師は，生徒が本当にお互いの話を聞けるようにするため
に，さまざまな場面（例えば社会科のディスカッションや文献調査など）で
カウンシルを使っていました。同じことが一般的な MBSEL のアプローチに
も当てはまりますし，アドバイザリークラスや PSHE（訳注29 参照）クラス，
個別支援クラスに限定する必要はありません。マインドフルネスと SEL の
スキルは別々のコースとして教えることもできますが，情動的なスキルを重
視することは，カリキュラムのすべての分野に取り入れることができます。
また，学習において頭脳と心を組み合わせることの価値を理解し始めれば，

これらのスキルを幅広い文脈で適用する機会を多く見つけることができるでしょう。体育や健康教育と，頭脳と身体，感情を意識することには当然のことながら関連性がありますが，よりバランスのとれた学習アプローチを強化する方法は他にもたくさんあります。

　上で触れたビデオの中から，「学校におけるカウンシル」の創設者であるジョー・プロバイザー（Joe Provisor）のとても的確な記述を下に引用してみます。

「根本的にカウンシルは，聞くことと話すことの基本的なスキルをサポートする練習であり，これらは読むことと書くことのスキルを支えます。読むこととは，他の人の話を心の底から聞くことではないでしょうか。また，書くこととは，人の話を聞いて，自分にも物語があると感じることです。このように，カウンシルは他のすべての学問的スキルの基礎なのです」

　確かに，従来の学校教育では，分析や批判にばかり目が行きがちで，人間のより深い，より根源的な能力や体験が犠牲になっています。芸術家や音楽家，作家が作品を作る時，彼らはこれらの資質を活用しています。作家は心の底から意味ある物語を書き，私たちは読むことによってそのメッセージを感じとります。しかし，学校ではどうでしょう？　私たちはすぐに分析的になり，批判的にとらえがちです。それらは非常に重要なスキルですが，作品に対する生徒たちの反応を聞き，尊重することにも同じように注意を払っているでしょうか？　私たちは，読者が，より深く，より心に響くレベルで感じたことを表現できる，情動的に安心できる学習環境をどのように創造すればよいか，知っているでしょうか？　生徒の反応を引き出すことに長けた教師もいますが，私たちは，将来の試験に備えるために，創造的な作品の命を吸い取ってしまう危険性にも頻繁にさらされています。私たちは，これらの芸術作品を，分析するだけでなく，心のこもった物語や体験として理解し，真価を実感することができますし，感情を通して認識することもできるのです。

　例えば，科学のように「心との関連（heart-centred）」があまり明らかではない分野であっても，生徒が世界を分析的に理解することと，不思議さに驚嘆する感性を結びつけることができます。光合成の細胞プロセスについての詳細な知識が若者に意味をもたらすのは，夏の日に木の下に座り，私たちが太陽から暑すぎず寒すぎないほどよい距離にいて，葉っぱのフィルターを通して，太陽の光がちょうど良い温度で私たちの身体に届けられる，という驚くべき事実に感謝できるからではないでしょうか。また，今この瞬間，目の前で光から栄養を得ている木に，感嘆することができるからではないでしょうか。

　「生命の学問（study of life）」である生物学は，生徒にとって，細胞の作用を暗記する以上の意味を持つはずです。感覚の探求は，科学において重要な役割を果たすことができます。また，自分独自の体験が果たす役割も，見逃すべきではありません。人生や学びにおいて，既知の事実を外側から詰め込むだけではなく，しっかりと感じ，真価を認識し，理解することが大切です。

　心理学とは，驚嘆すべき「人間の精神の学問」であり，心に関する理論です。特に心は学びの道具でもあるので，私たち自身の心がどのように機能するのかを探求することでもあるはずです。私の娘は二人とも IB レベルで心理学を学び，一人は大学で専攻しました。確かに素晴らしいコースでしたが，（他者の）精神について5年間にわたって学んだにもかかわらず，自分自身を探求することについては，5分間も求められることはありませんでした。

　私たちは，学校を内省的な場所にして，生徒同士が延々と自分の魂をさらけ出すような場所にすることを提唱しているわけではありません。しかし，私たちは学びにおいて，頭脳と心のバランスをより良いものにする必要があるのです。もし私たちが，よりマインドフルに注意を払い，より深い反応を明瞭に表現し，認めることができれば，価値ある人間性を学びに吹き込むことができるのではないでしょうか。

例2：外国語の授業で聞く力を鍛える

　ある年，プラハで，7年生（12〜13歳）のすべての外国語クラスに入り，深

い傾聴スキルを教えました。さらに，EAL（第二外国語としての英語：English as an Additional Language）や SEN（特別支援教育：Special Educational Needs）のすべてのクラスにも行き，学年全体をカバーすることができたのです。教師たちは，例えばスペイン語のクラスで，3人の異なる南米のアクセントを聞き分け，共通する内容に気づかせるというような，難しいリスニング活動を用意します。この活動を始める前に，私は楽しいマインドフルな傾聴アクティビティを行い，聴覚により認識力を高め，心を落ち着かせて開かれた受容的な傾聴ができるように準備を整えました。この準備の後，彼らは教師による傾聴アクティビティにとてもよく取り組んでいました。

　これらのクラスで私が用いたアプローチは，他の言語で話されたことを解釈するために一生懸命集中しなければならない標準的な演習とは，異なるタイプのものでした。これは，私自身の言語学習の体験に基づいています。

言葉の風景

　「ケビンは決して言語学者にはなれない」。チチェスター男子高校に通っていた13歳の時のフランス語のレポートに書かれていたこの非難の言葉は，私の記憶に強烈に刻まれています。何年もの間，私はこの言葉を信じていました。父の同僚であるフランス人が我が家に滞在した際，私の学生時代のフランス語は本当に役に立たなかったのです。私が学校でどのように教えられたかを考えれば，それは当然です。フランス語は，他の教科と同じように勉強したり分析したりするもので，使ったり遊んだりする生きた言葉ではありませんでした。たまに「LL教室（language lab）」のような活動もありましたが，それは非常に退屈なもので，ほとんど何も学びはありませんでした。

　22歳になって初めて，言葉は学ぶことができるのだということを発見しました。本で勉強するだけでなく，実際に耳で聞いてみる必要があったのです。言葉に囲まれ，その文化に浸ることが必要なのです。フランスのシャルトルに3カ月間住んだ後，私はかなり流暢に（文法的には間違っていたかもしれませんが）こなれたフランス語を話すようにな

りました。私が発見したのは，その文化の中に身を置き，ほとんど「フランス人である」かのように，その言葉を聞いたり話したりせざるを得ないようにすれば，非常に素早く言語を習得することができるということでした。

　数年後，南アメリカを旅行した時，フランス語と基礎的なラテン語をもとに，スペイン語の基礎は身についているだろう思っていました。しかし，メキシコでの初日，ティファナのバスターミナルからティファナの鉄道駅まで何時間もかけて移動しようとして失敗して初めて，自分が実際にはスペイン語を話せないこと，少なくとも誰かに理解されるような方法では話せないことに気がついたのです。

　2週間後，私はマサトランで暮らしていたメキシコの寄宿舎で，屋上にあるキャンプベッドに横たわっていました。寄宿舎の仲間であるメキシコ人の大学生たちが，何かの劇の練習をしていました。自分が理解できない言葉を浴びせられ続け，そして，自分の言葉を使うこともできず，疲れ果てた私は，横になって空を眺め，ただそのままにしておきました。そこで私はすべてを翻訳しようとするのをやめて，実際に聞こえてくるものに耳を傾けたのです。初めて私は，メキシコのスペイン語を実際に聞いたのです。この新しい「領域（terrain）」を自分の母国語の風景と比較しようとせず，ただ，それ自体を聞いていたのです。

　この時から，言葉の全体的な「形（shape）」を垣間見ることができ，理解できた細切れの断片が，文脈に結び付くようになったのです。3週目の終わりに，友人たちがある晩，私の話を遮って，次のように言いました。「ケビン，どうしたんだい？　先週は2語しか話せなかったのに，今は話すのを止められないなんて。一体何が起こったんだい？」

言語を学ぶ生徒たちとの「深い傾聴（deep listening）」活動では，翻訳して内容を把握しようとすることを手放し，言語の音色そのものを楽しむことができるようになることを目指していました。そうすることで，よりマインドフルな「あることモード（being mode）」に移行し，新しい音を新たな言

葉の風景に同化させるという作業を，脳が自ら行うようになるのだと思います。私はこのアクティビティを他の学校でも試してみました。幼い子どもたちやIBディプロマレベルの子どもたちにも試してみましたが，教師たちからは，生徒たちがとても楽しんでいて，終わった後にはもっと傾聴のアクティビティをしたがっていたと報告を受けました。

　この方法で7年生をトレーニングする際，私はいつもチャイムバーをクラスにプレゼントし，一瞬の静寂の中に身を置きたい時に，いつでも使えるようにしておきました。この方法によって，ただ音を聞くだけでなく，傾聴活動の前や忙しいプロジェクト学習の時に，生徒と教師が静かな空間を共有できるように支援しました。生徒が授業中に時々静かな時間を過ごし，落ち着いた場所に戻ってきて，そこからまた始めることは，生徒の心の回復につながります。これは，教師のメンタルヘルス上にも良いことです！

注意事項——ベルと静けさ

　私は学校でチャイムバーを使うことが多いのですが，これは音楽部門のカタログで入手できる通常の学校備品です。ただ，ベルの中には宗教的な意味合いを持つものもあります。しかし，生徒の注意を引くために普段使っているテクニック（例：手を挙げる，5からのカウントダウンなど）の代わりに，ベルやチャイムバーを使おうとしないことが重要です。ベルに，何かより「招待（invitational）」的な意味を含ませることができれば，生徒は馴染んだ静かな空間でこの瞬間に存在していることに，前向きな気持ちを持つことができます。そうでなければ，単なるコントロールツールの一つになってしまいます。もちろん，生徒が静けさを共有することについて適切に学び，ベルが鳴らされる意味を知っている場合には，ベルはより効果的に働きます。「マインドフルな瞬間（mindful moment）」を希望した生徒が，クラスのためにベルを鳴らすことを認めている教師もいます。彼らはとても楽しんでいるように見えます。

　学校側がマインドフルネスに興味を持ち，あまりにも早く飛びついてしまう例をいくつか見てきました。簡単なことだと思って，毎回の集会で沈黙を始めたり，クラスでベルを鳴らして静かな時間を作ったりするのです。このようなやり方では，子どもたち（や教師）が沈黙することを嫌がることがあります。

マインドフルネスは，土台が十分に準備されている場合にのみ有効なのです。教師にはマインドフルネスメディテーションの体験が必要で，沈黙の間，誰もが穏やかさを感じるわけではないことを理解する必要があります。（エイミー・サルツマン博士が子ども向けのマインドフルネスプログラムで名付けた）「Still Quiet Place」（子どもと青年のためのマインドフルネス・プログラム）にアクセスすることは，生徒たちがその空間を訪れるための適切なトレーニングを受けていれば，より意味のあるものになります。そうした生徒は，時には静かで平穏ではないと感じても構わないことを知っています！

例3：グループワークのための深い傾聴のトレーニング

　中学生や高校生の生徒たちに，静かに座って呼吸法をしたり，床に足をつけて感じたりするエクササイズをさせようとしても，この年齢の子どもたちにはすぐには受け入れられないかもしれません。しかし私は，ほとんどの子どもやティーンエイジャーが傾聴活動を楽しんでいることをこれまでに見出してきました。特に，彼らのスキルを褒めてあげるといいでしょう。彼らは，あなたには聞こえないかすかな音を聞いたことを，喜んで報告してくれます。

　プラハでは，これをさらに一歩進めて，傾聴の重要性や，傾聴スキルを学校や生活の場で応用することの重要性について，学年ごとに深く検討することもありました。子どもたちをグループに分けて共に作業をさせるのは簡単ですが，協力して作業をさせることがいかに難しいかを忘れがちであるということを，私はよく教師たちに話していました。私たち大人の同僚であっても，個性やアプローチが衝突することはよくあります。ISPでは多くのプロジェクトに基づく学習を行っており，生徒同士が仲違いしたり，効果的なコミュニケーションに苦労したりする機会が多くあります。今日では，協調性やコミュニケーション能力が重要視されていますので，私たちは，学業面での目標に加えて，これらのプロジェクトで生徒たちが注力した一連のグループワークや自己コントロールスキルについても重視しました。

　始める前に，カウンセラーはグループワークで使う用語を教えて，生徒た

ちに準備させました。生徒たちは，グループの中で自分が果たす役割を認識
できているのでしょうか？　問題を解決したり，グループの和を保とうとし
ているでしょうか？　それとも，グループの努力を妨害したり，やる気を削
いだりすることがあるでしょうか？　そして，午後は全学年を対象に，傾聴ス
キルに焦点を当てました。すべての生徒は，言語クラスや学習支援クラスで傾
聴の導入をすでに受けていたので，すぐにこの活動に入ることができました。

　ここでは，私がよく使う，リスニングに焦点を当てた楽しい導入方法をご
紹介します。

ステップ1――聞いてわかってもらえる体験（10〜15分）

- 二人のボランティアを選びます。通常は教師ですが，慎重に選び，何が起こ
るのかをしっかり伝えておけば，生徒でも問題はありません。
- 部屋の前に立ち，両脇にボランティアを配置します。一人に向かってこう言
います。「グループワークについて心に浮かんだことを，1〜2分話してくだ
さい」。
- まずは話し手に注目し，そしてしばらくしてから，あなたの集中力が失われ
始める様子を示します。少し目をそらしたり，（あまり目立たないように）あ
くびをしたり，自分の意見を言ったり，また目をそらしたりします。これを
短時間続けることで，話し手が考えをつなげていくことに苦労していたとし
ても，しばらくこの様子を続けます。
- 最初のボランティアに感謝した後，2番目のボランティアに同じ質問をしま
すが，今度は目を合わせたり，うなずいたり，相槌をうったりして，十分に
静かに注意を払います。そして話が終わったら，話の内容を要約します。
- 生徒に感想を求める前に，ボランティアの人たちに「どう感じたか」を話し
てもらいます。

　二人目の人が何を言っていたかを生徒に聞くと，だいたい答えられますが，
一人目の人の話はほとんど思い出せません。この体験を学びにつなげます。
　「誰かに伝えたいことがあっても，相手が聞いているように見えない，と
いう体験はありませんか？」

もちろん，誰もが経験していることだと思います。

　「それについて，どう感じますか？」

そして逆に，次のように尋ねます。

　「自分にとって大切なことを誰かに話して，本当によく聞いてもらったという経験はありますか？」

　「それについて，どう感じますか？」

こうしたやりとりをすることで，グループでの振り返りの準備が整います。

　「誰かの話をしっかり聞くことを遮るものは何でしょうか？」

　この問いは，「今にしっかりと存在することを遮るものは何か」と問うことと同じです。生徒たちは遮るものとして，他の物音や考え事，痛みに気を取られること，不愉快に感じている時，退屈な時，自分の話をしたい時，といったことを挙げるかもしれません。これらはすべて，誰かと本当に「一緒にいる（being with）」ことが簡単ではないことを思い出させてくれます。その場でこういった障害となるものを認識するだけでも，より今にとどまるための一歩を踏み出す助けになります。年長の生徒や，教師間の場合，「悪いところを直そうとする（trying to fix things）」意見が表に出ることがよくあります。しかし，その人の問題を解決しようとせず，ただ一緒にいることの力，そして，ただ話を聞いてわかってもらえることの，深遠な価値の理解を探求してみましょう。

ステップ 2——ペアでささやく（10 〜 15 分）

　「聞いてわかってもらえる体験（Feeling Heard）」エクササイズの後，私は通常，カウンセラーがすでに生徒に教えた「グループの中での役割（Roles People Play in Groups）」の語彙を使って，「ペアでささやく（pairs whispering）」アクティビティを行います（詳細は，この章の最後にある「試してみましょう！」のセクションを参照してください）。

- ペアになって肩と肩をくっつけて座り，お互いを見ずに，反対方向を向きます。
- 短い傾聴プラクティスとして，チャイムバーの音が消えていくのを聴きます。その後 1 分間，空間を満たす他の音や沈黙に耳を傾けます。

- チャイムバーの合図で，最初の話し手が「グループワークでの体験」について
ささやいたり，そっと話します。その間，もう一人は注意深く聞くように
します。
- 次に，聞き手が聞いたことを要約します。次に二人の役割を交換します。そ
して最後に，グループワークやこのエクササイズをした感想などについて，
普通に会話をします。

　このエクササイズをすると，生徒だけでなく教師も含め，部屋の中に力に満
ちた雰囲気がほとんどいつでも生まれます。もちろん，通常の授業で行われる
自由なグループワークとなれば，対話のレベルはかなり違ってきますが，教師
はこのようなプラクティスセッションを取り入れ，生徒に注意深く聞くことや
マインドフルに話すことの重要性を思い出させることができます。時には，通
常の授業での対話を深めるために，静寂の時間やカウンシルのプラクティス
（Council practice）を利用することもあります。プロジェクトが終了する頃に
は，生徒主導の会議において，生徒たちはプロジェクトの期間中に自分の感情
表現能力がどのように発達したかについて，かなり明確に保護者に説明できる
ようになっています。
　これらの例が示すのは，こういったスキルが，学習においてだけでなく人生
においても，とても役に立ち大切であるということです。皆が話しているのに，
誰も聞いていないように見えるような世界においては，特にそうです。私が学
校に通っていた時，教師たちが学力だけでなく情動知能を身につけることの重
要性についてもっと知っていたら，学びを私生活や仕事で何度も応用できたで
しょう。学校において感情スキルにもっと焦点を当てることによって，学習は
より適切なものとなり，よりバランスのとれた学び手，そして人間を育てるこ
とができるのです。

本当に大切なこと
- 人間は社会的で，感情的で，知的で，身体的な存在であることを認識
すること。そして，あらゆる形の人間の精神の豊かさを尊重するため

に，自分自身と学校がオープンである必要があることを認識すること。
● 深い傾聴，共感，コンパッションなど，適切で有意義なスキルや資質を育むための実践的な機会を，学校で発見すること。

試してみましょう！

あなた自身で：

● 生徒に傾聴スキルを教える前に，あなた自身が普段から行っているマインドフルネスメディテーションの練習で，意識を向ける対象として音を選択してみましょう。
　➢ 音のメディテーションについては，以下のガイダンスに目を通すか，オーディオファイルを聞いてみてください。
　www.mindwell-education.com

● 教師のための音に意識を向けるプラクティス（8〜10分）
　➢ いつものように座って，身体の感覚に意識を向けてみましょう。
　➢ 身体の中に，息が入ったり，出たりする感覚を意識してみましょう。
　➢ 目を閉じるか，視線を落として和らいだ視線を向けます。
　➢ 気持ちが落ち着き，音に心を開く準備ができたら，耳に意識を移し，今この瞬間にあなたを取り巻く音の風景を優しく意識します。
　➢ 自分にとって一番はっきりとわかる音に意識を向けてみます。部屋の外からの音，近くの音，自分の身体の音かもしれません。
　➢ 音を探すのではなく，ただ自分の心を開いて，音がやってくるのを待つだけです。
　➢ 心が思考に逸れていたり，音に「名前を付けて」いたり，音に関連する連想に逸れていることに気づいたら，そっと音の性質に注意を戻します。例えば，音の大きさ，高低，そして音の質感に意識を向

けてみます。

➤ 音と距離の関係に意識を向けてみましょう。

➤ 音のない瞬間があれば，そこにも意識を向けてみます。

➤ 常に聞こえる音，断続的な音，かすかな音に意識を向けましょう。

➤ 豊かな音の風景や静寂の広がりに，すべての注意を傾けてみましょう。

➤ そして，心が考え事に逸れていることに気づいたら，心はさまよう ものだということを受け入れ，優しく，しかし迷うことなく，今の 瞬間に意識を向ける対象である音に集中することに戻ります。

➤ 最後に，意識を拡大して，しばらくの間身体全体で音を感じてみま しょう。

➤ このメディテーションがもたらす感覚の広がりを認識しましょう。

➤ そして，そっと目を開け，周りを見渡し，音を意識し続けながらプ ラクティスを終了します。

　オンラインで聴けるメディテーションはたくさんあります。以下に一 つご紹介します。

www.contemplativemind.org/audio/MB_Breath_Sound_Meditation. mp3

生徒とともに：

● 傾聴アクティビティ（3〜5分）

　授業の最初や最後，あるいは落ち着いて集中しなければならない活動 の前に，生徒と一緒に短い傾聴アクティビティを行うことを検討してみ ましょう。

➤ 心地よく，かつ集中を維持できる座り方をしてもらいます。

➤ あなたたちがどのくらい上手に聞くことができるかを見てみたい， と伝えます。

➤ もしよければ目を閉じてもらい（閉じなくても視線を落とし），す べての意識を聞くことに集中してもらいます。

➤ 2分間のタイマーをセットし，その間は静かに耳を傾け，聞こえて
きたものに意識を向けるだけでよいことを伝えます。教師も生徒た
ちと一緒にやってみましょう。

➤ 時間が来たら，聞こえた音をすべてリストアップしてもらいます
（教師には聞こえなかった音に下線を引くなどして，聞き上手なこ
とを褒めてあげてください）。

➤ 続けてすぐ，あるいは後に2回目のプラクティスを行う際には，よ
りかすかな音に注意を向けるように促してみましょう。

➤ 必要に応じて，傾聴後の気持ちに意識を向けてもらったり，傾聴プ
ラクティスが終わった時に，教室をどのように感じるかに，意識を
向けてもらってもいいでしょう。

● 傾聴スキルを重視した授業

傾聴スキルに焦点を当てた授業を行いたい方は，224ページに記載さ
れているアクティビティを利用して，聞くこと，聞いてわかってもらえ
ることの重要性について生徒との対話を始めてみましょう。

➤ この焦点づけを応用し，本章で説明したのと同様の方法で，グルー
プワークにおける行動と役割を見つめることができます。「グルー
プの中での役割（Roles People Play in Groups）」については，次
のリンクを参照してください。
https://studylib.net/doc/8898990/roles-people-play-in-groups

➤ 短い傾聴エクササイズを行うことで，どのような授業においても，
生徒は気持ちを落ち着かせたり，集中力を高めたりすることができ
ます。時には，より深いレベルの対話へと導かれるかもしれません。

➤ エクスプロラトリウム博物館では，このような傾聴アクティビティ
を楽しむことができます。
www.exploratorium.edu/listen/online_try.php.

さらに学ぶための参考文献とリソース

エデュトピア（*Edutopia*：www.edutopia.org）は，探究型のプロジェクトワークや，SEL を学校に取り入れることに関するアイデアや事例を紹介しています。

Kessler, R.（2000）*The Soul of Education : Helping Students Find Connection, Compassion and Character At School.* Alexandria, VA : ASCD.
思春期の子どもたちとの関わり方についての素晴らしいガイドで，若さ，つながり，学びの精神について教えてくれます。

Elias, M. and Zins, J.E.（1997）*Promoting Social and Emotional Learning : Guidelines for Educators.* Alexandria, VA : ASCD.（小泉令三編訳（1999）社会性と感情の教育—教育者のためのガイドライン 39．北大路書房）
社会性と情動の学習促進のための協働機関（Collaborative for the Advancement of Social and Emotional Learning）に所属する執筆者と研究者のチームが作成した，21 世紀の SEL に関する初期の重要なガイドです。

Seligman, M.（2011）*Flourish : A Visionary New Understanding of Happiness and Well-being.* New York : Free Press.（宇野カオリ監修・翻訳（2014）ポジティブ心理学の挑戦 "幸福" から "持続的幸福" へ．ディスカバー・トゥエンティワン）
興味深い話が満載のわかりやすい本で，ポジティブ心理学の科学と応用の入門書としても役立ちます。

Lantieri, L.（2008）*Building Emotional Intelligence.* Boulder, CO : Sounds True.
子どもたちのストレスを解消し，レジリエンスや共感力を高めることを目指す，SEL とマインドフルネスを組み合わせた実践的なエクササイズが紹介されています。

第7章

マインドフルな先生，マインドフルな学校：
学校文化を変える

この章では：

- 「マインドフルに意識するトレーニング」や感情スキルをより重視したトレーニングを学校に導入する際の，実践的・組織的な問題点について考察しています。

- これらの介入をサポートすることに関心のあるスクールリーダーを対象としています。

- 保護者との連携を含め，学校の文化を変えるための実践的な方法の例を探ります。

　生徒向けのマインドフルネス講座をカリキュラムに加えることは，学校で何か物事を始めるのに適した方法です。しかし，教育の焦点を本当に変えたいのであれば，既存の取り組みやアプローチとの連携を総合的に検討し，より一貫性のあるフレームワークを構築した方が，持続的な変化を促す可能性が高くなります。第6章で見たように，既存の個別支援アプローチや社会性と情動プログラムの中に「マインドフルに意識するトレーニング」を位置づけることは，学校にとって効果的な第一歩となります。マインドフルネスと社会性と情動の学習（SEL）を，学校におけるウェルビーイングのより広い枠組みである「マインドフルネスに基づくウェルビーイング」の中に位置づけることで，さらに一歩進んだ，将来のカリキュラム計画に役立つ統合的な全体像を描くことができます。

　学校におけるウェルビーイングに焦点を当てることで，身体的，精神的，情動的な健康の必要性が集約されます。特にメディアは，マインドフルネス

などの介入が万能薬かのように飛びつく傾向があるかもしれませんが，ウェルビーイングの議論では，バランスという考えを最優先にする必要があります。十分な運動，十分な栄養，十分な睡眠は，ポジティブなメンタルヘルスの維持と同様に重要です。

いつもと違う一日

第6章で紹介したタイUWC（ユナイテッド・ワールド・カレッジ）のような学校では，マインドフルネスをベースとした社会性と情動の学習への統合的なアプローチが一日中行われています。忙しい一日の中で，意味のある静けさを共有する瞬間があると，教室（そして学校）の感情的な雰囲気全体が変わります。これにより，ストレスが軽減され，心が養われ，教師にとっても生徒にとっても，すべての経験が，最後まで忙しく駆け抜けるものではなくなり，より整然とした，味わい深い学びの体験となるのです。このような，よりマインドフルな方法を実践することで，学校と教師は，一日中真に学び，教えるために必要としている心と身体のシステムの休息と回復の瞬間を提供することができます。「副交感神経系」の回復プロセスに取り組むことにより，教師は，21世紀の生活でほとんど当たり前として受け止められつつある不安や心配への傾向に対抗するために必要な，穏やかで内面的な安定性の資質のモデルとなります。

変化はゆっくりと

学校での新しい取り組みを検討する際には，広い視野と思慮深さ，そして繊細な方法で変化を促進する必要があります。新しいアイデアを学校コミュニティに押し付けるのではなく，新しい取り組みは，教職員，管理者，サポートスタッフ，生徒，保護者との対話の始まりと捉えるのがより健全なアプローチです。ウェルビーイングを向上させることを目的としたフラリッシュな（floulishing）学校というコミュニティを作ることに関心があるのであれば，関係者を巻き込んで問題をじっくりと検討することから始めるのが

よいでしょう。私たちは，マインドフルネスの入門的な合宿や「マインドフルに意識するトレーニング」コースの最後に，気合いが入りやる気満々の教師たちに，次のようにアドバイスすることがあります。「同僚や生徒に自分の考えを紹介する前に，一呼吸おいて，数歩下がってみてはどうでしょうか？」私は，押し付けるとどうしても反発にあうことを身をもって体験しました。自分の学校でマインドフルネスを教え始めた最初の数年間は，簡単ではありませんでした。特に，リーダーシップチームの同僚からは，軽い笑いものにされることがよくありました。私の下で働く教師でさえ，私が一人で迷走しているのではないかと心配する人もいたように思います。

　当時，インターナショナルスクールでこのような活動をしている教師は他に見当たりませんでしたが，デリーのアメリカ大使館の学校では，6 年生（11歳）の保健係の生徒に自分で開発したマインドフルネスのコースを教えている先生がいました。これがミーナ・スリニバサン（Meena Srinivasan）で，後にインドでの経験をもとに『Teach, Breathe, Learn』（2014）という本を書きました。彼女は，ティク・ナット・ハンに触発された素晴らしいカリキュラムを教師に提供していますが，その中には，シンプルな真心（heart）についての授業にどれだけ感動したのかがわかる，生徒たちの素敵なコメントや洞察がたくさん含まれています。ミーナは生徒にマインドフルネスを教える先駆者でしたが，彼女は比較的協力的な環境で仕事をしていました。大使館の学校はアメリカンスクールですが，インドという環境のせいか，多くの教師がメディテーションを実践しており，同じような考えを持つ教師たちのコミュニティがありました。

学校の中に賛同者がいない場合，最初は難しさを感じるかもしれません。

　変化をもたらそうとすることと，反発を招くこととの間でバランスをとるのは簡単ではありません。幸いなことに，私が自分の学校でマインドフルネスを始めるのに苦労していた頃，エイミー・サルツマンの優れたオンライン

指導者養成コース「スティル・クワイエット・プレイス」（子どもと青年のためのマインドフルネス・プログラム）を受講していました。私は，自分の学校でマインドフルネスを広めようとして，同僚から反発される傾向があり，躊躇してしまい，しばらくの間，心を閉ざしていました。そんな私に，エイミーは武術を理解した上で素晴らしいアドバイスをしてくれました。合気道や太極拳のように，バランスの中心を保ちながら，必要に応じて前進したり，後退したり，身を引いたりして，より落ち着いた動きをすることを考えなさいというのです。このアドバイスが本当に役立ちました。私は，学校の周りの人たちにこれをやってみるように説得する努力を減らし，自分自身のプラクティスに集中しました。そして，私のコースに申し込んだ中学生や，同じコースを選んだ教師たちにマインドフルネスのトレーニングを提供することを楽しんだのです。

　そうしているうちに，徐々に状況が変わり始めました——高校（14 〜 18歳）の校長先生は，当時，自分でもメディテーションやヨーガを探求していたのです。彼女は高校のカウンセラーと共に，国際バカロレア・ディプロマに基づいたカリキュラムをこなす生徒たちの身体的，精神的，感情的な状態を心配していました。生徒たちが短期のマインドフルネスプログラムを選択してくれたことは励みになりました。まもなく数人の高校の教師が，マインドフルネスと高校生用プログラムの指導者トレーニングを受講し，11 年生（17 歳）の生徒全員にマインドフルネスのレッスンを導入しました。

　しかし，マインドフルネスの取り組み全体が，私個人に結びつきすぎているという問題がありました。私は早期に取り組み始めた他の人たちと，「それはケビンのものだ」というような一般的な認識を超えようと話しました。この問題は，通常の専門性開発研修とは異なるこの種の取り組みでは避けられないことなのかもしれません。『Teach Us to Sit Still』（2010）の著者であるティム・パークス（Tim Parks）は，教育におけるマインドフルネスに関連して，「床に足がついているのを感じることは，教室では過激な行為である」と述べています。10 年かそこらしたら，ごく普通のことだと思えるようになるかもしれませんが，当分の間，これは学校にとってこれまでとは違う方向性のように感じられるかもしれないので，ゆっくりと慎重に進める

ことが重要です。

　また，マインドフルネスのコースを導入することは，学校にとって現実的な課題であることを認識することも重要です。つまり，教師が自ら実践し，トレーニングを受ける必要があります。またスタッフが異動した場合，その専門知識を持っていってしまうことになります。このような変化を持続させるには，学校の文化を変え，継続的な専門家の育成の機会を設ける必要があります。

　私がプラハで期待していたのは，第6章のTASISの箇所で説明したような，健康とウェルビーイングに関する学校全体を包括的に再検討することでしたが，残念ながら私の滞在中には実現しませんでした。私たちが学校に期待するような変化は，成長して定着するまでに長い時間がかかることを受け入れることが重要です。時には，迅速な変化を起こすための条件がすでに整っている場合もあります。しかし忍耐と明確な意思が必要な場合が多いのです。学校が変化に抵抗しているように見えても，個人の努力は重要であり，実際，将来の変化のための種を蒔くという意味で最も重要な要素なのです。学校教育の本質についての仮定を覆すような新しいアイデアは，時には，それが定着するまでに，さまざまな人の耳にさまざまなところから何度も届くことが必要です。

　たとえ今の職場に協力的な環境がないとしても，自分の中の変化に注目して，自然に物事を進めていくことができます。同僚があなたやあなたの教え方，生徒の変化に気づいた時，それは彼らに強い影響を与えます。実際，これがこの分野で変化を起こすための最も強力な方法であることが多いのです。

学校文化を変える：理論と実践

　私が学校というコミュニティと仕事をする時には，第1章の内容を凝縮したような導入部を作ることが多いのですが，その際には全員に体験的な入口を提供するように気をつけています。私は，誰でもが参加できて，わかりやすい形で提示し，どんな反応や見解も普通のこととして対処するよう心掛けています。「子どもたちのために私たちが本当に望んでいることは何か」と

いう問いかけをし，そのことについて自らの思いを掘り下げるエクササイズを行うことで，質の高い対話が可能になり，幅広い保護者や教師の間で共通の価値観を見出すことができる強力な出発点となることを実感しています。

しかし，教育におけるマインドフルネスに基づくウェルビーイングという点では，私たちはまだ始まったばかりで，参考になるような確立されたモデルはそれほど多くありません。

先ほど見たように，プラハの私の学校では，私が望んでいたように，ウェルビーイングの包括的な枠組みの中で，学校全体にマインドフルネスをしっかりと定着させることができませんでした。

どうすれば学校の焦点を効果的に変えることができるか？

学校のシステムは変化に強い抵抗を示すことで知られていますが，その理由を少し理解することが大切です。ここでは，プラハインターナショナルスクール（ISP）のミドルスクール（11 〜 14 歳）の教師と協力して行ったカルチャーシフトの例をご紹介します。

この例は，マインドフルネスそのものに関するものではありませんが，これからおわかりになるように，私が説明するアプローチと，学校に深い変化をもたらすために必要な条件（ウェルビーイングと感情スキルを中心的な関心事とみなすことへの焦点のシフトなど）との間には，関連性があることに注目してほしいのです。

特に，この例では，以下のテーマに役立つ類似点があります。

- 自己認識の構築
- 教師や保護者の個々の取り組みと入口の発見
- 深い傾聴と生産的な対話を通じた土台作り

チェコ，プラハインターナショナルスクール　中等部（INTERNATIONAL SCHOOL OF PRAGUE. MIDDLE SCHOOL：ISP, CZECH REPUBLIC）

　ISP 中等部に着任した時，教育者のダイナミックなチームに出会えたことは，本当に嬉しいことでした。彼らは勤勉で，生徒を中心に据え，学校を可能な限り良いものにしようとしていました。資源が豊富で，将来を見据えることのできる管理職がいました。保護者のコミュニティは教育に対してかなり保守的な考えを持っていたかもしれませんが，しっかりと準備をして議論に参加してもらえば，彼らの学校教育に対する直感的な考えに反するような変更であっても，おおむね支持してくれることがわかりました。

　しかし，この仕事を始めて数年後，私たちが提供している教育の質には満足していたものの，少し葛藤を感じるようになりました。先に述べたような状況がありながら，また私が学校で受け継いだ伝統的なアメリカ式教育からの脱却を意図していたにもかかわらず，なぜ私たちはほとんど同じことをしているのだろう？　このような恵まれた立場と資源を与えられた私たちには，もっと進歩的で先鋭的なものを生み出す責任があるのではないだろうか？　といった葛藤です。

　そんな時に出会ったのが，ピーター・センゲの著作，中でも影響の大きかった彼の著書『The Fifth Discipline』（1990）で，これが私たちのニーズにぴったりだと感じたのです。彼のアイデアやテクニックは，中学校を再構築する際に大いに役立ちました。この本は主にビジネス界向けに書かれたものですが，学校に直接適用できることがたくさんありました。私たちの状況には，二つの重要な要素が特に関連していました。

- 1 点目は，カリキュラム開発の前に行われる通常のブレインストーミングやディスカッションだけでなく，より深い対話を行うことの重要性です。多くの学校改革は，教師が最初からプロセスに深く関与していなければ頓挫してしまいますし，せっかくのプログラムも表面的な箱を並べるだけのものになってしまっては失敗します。（その一例が，

英国の SEAL（Social-Emotional Aspects of Learning）プログラムで
す。この重要なプログラムは，現在でも英国やその他の国の限られた
地域で使われていますが，教師が実施できるようにするための投資が
不足していたため，本来の役割を果たすことができませんでした）

● 2点目は，自分が活動しているシステムに対する自分自身の思い込み
を表面化させることの重要性です。物事がどうあるべきか，あるいは
どうあり得るかについて，誰もが肯定的な考えを持っているかもしれ
ませんが，自分の根底にある信念体系を検証しなければ，新しいアイ
デアが古いシステムの再現に終わってしまうのを防ぐほどの深さまで
掘り下げることができません。これは，多くの学校改革における長年
の不満の種であり，教師としての私たちが，心の底では信じていない
ために（そして多くの場合，それには正当な理由があるために），変
革の取り組みを無意識のうちにしばしば，頓挫させてしまう要因とな
ります。

ピーター・センゲは，産業界やグローバルマネジメントの分野で活躍
してきましたが，教育にも強い関心を寄せて来ました。彼の大きな貢献
は，人々のシステム思考の複雑さを理解し，深い変化を促すためにそう
した洞察を実践レベルで適用する方法を他の人が理解できるよう支援し
たことです。彼には『Schools That Learn』（Senge et al., 2000）とい
う共著があり，私たちはこの本を参考にして，中等部での優先事項を再
検討しました（センゲが教育の未来について語っている5分間のビデオ
があります：http://schoolsthatlearn.com/resources/）。

私たちはすでに「中等部で本当に重要なことは何か」という問いかけ
を検討し始めており，教師の間では変化が望ましいという大まかな合意
が得られていました。当時は，興味深いカリキュラムの構想がたくさん
あったので，何を取り入れるかを見極める必要がありました。これらの
アイデアの中には，教師が以前の学校で経験したことや，参加した会議
や研修で得たものもありました。ほとんどは，管理職が他の学校の視察
や会議に参加することで得た新しいアイデアでした。当時は，インター

ナショナルスクールでは，誰もがカリキュラムを書き換え，カリキュラムデザインの原則を再検討し，特にテクノロジーの影響を考慮して，学習へのさまざまなアプローチを模索しているような時期でした。ある意味では，私たちは変化の可能性に対してあまりにもオープンでした。私たちは何かに取り組んだと思えば，他の取り組みへと転々と吹き飛ばされ，私たちの多くが心の底で望む本当の学校教育の変革ではなく，表面的な変化に留まってしまう危険性があったのです。

　産業やビジネスには当てはまらないことですが，学校において変化を妨げる要因の一つとして，教師，管理職，保護者の誰もが学校に通った経験があり，何が良い教育で何が悪い教育なのかについて独自の概念（「メンタルモデル」）を持っていることが挙げられます。しかし，これらの前提を表面化させて比較してはじめて，その先に進むことができ，「今の現状」と「何が可能なのか」がより明確に見えてくるように思います。

　私たちは，専門性開発研修の一日を，中等部における自分たちの立場を見直すことに充てることにしました。何人かの教師が『Schools That Learn』のいくつかの重要な章を読み，要約し，他の教師に活動を紹介しました。その日は学校の図書室で一緒に過ごしたのですが，最初から教師たちの関心は高く，これは重要な取り組みになると感じました。教育についての根本的な前提を明らかにするために作られたセンゲのエクササイズを行うことで，私がこれまで学校で見たことのないレベルの対話が始まりました。

　私たちはまず，学校教育の目的と，私たちが受け継いできたシステムがどのようにして生まれたのかを考えました。センゲらは，『Schools That Learn』（2000：35-48）の中で，システム思考（意図された結果だけでなく，全体的な効果を見ること）の観点から見た時に，私たちの「産業時代」の教育へのアプローチに暗黙のうちに含まれていると思われる基本的な「前提」のリストをまとめています。私たちは，そのうちの 7 つに注目しました。

教育に関する 7 つの前提

1. 子どもには欠けている点があり，学校がそれを直す。
2. 学習は頭の中の活動であり，身体全体の活動ではない。
3. 誰もが同じように学ぶ，あるいは学ぶべきである。
4. 学習は，世界ではなく，教室で行われるものである。
5. 知識は本質的に断片化されている。
6. 学校は「真実」を伝えるものである。
7. 学習は主に個人主義的であり，競争が学習を促進する。

　システム思考の観点から見ると，学校教育に関するこれらの暗黙の前提が浮かび上がってきます。そして，ブルームが開発した身体的および感情的な分類法（第 1 章参照）がどうして視界から消えていったのかをよりよく理解することができます。

　このようなことを一緒に考えた後，私たちは「子どもたちの最善の教育方法についての私たち自身の信念の根底に，どのような隠れた前提があるだろうか」ということについて検討してみました。

　私たちは，自分たちが受けた教育の影響で，人間の学習の仕方や現代の教育についての考え方に偏りがあった可能性を率直に検討しました。このアプローチは，教師たちの個人的な思いを呼び起こし，共同で振り返り，探求するための安心な，共有された土台を形作りました。専門性開発研修の日のフィードバックに寄せられた教師のコメントの多くは，このような深いレベルでの参画を反映したものでした。

　「とても良い時間でした。ゆっくりとした時間の中で，立ち止まり，考えを巡らせ，みんなで考えることは最高だと思いました」
　「本当に生産的だと思いました。同僚と本音で語り合う時間はめったにありません。新しい視点を得ることができたし，他の人と一緒に作業をすることで，自分の考えや信じていることを整理することができました」
　「理論的に考えたり理想像を考える時間はいいですね。学校のコンセプト

についての考え方を後押ししてくれます」

　「この PD デーはとても良かったです。新しいことをたくさん学んだりし，既知のことを新しい角度から深く議論することで，とても効果的だったと思います」

　「この日は生産的だったと思います。というのも，私たちは PD の時間を使っても，お互いに本気で話し合う機会がほとんどないからです。普通，私たちは外部の情報源や専門家からアイデアを吸収しています。もちろんそれらのセッションにも価値はありますが，私たちはお互いに伝えなくてはならないことをついしないで済ますことがあまりに多いのです」

　「これまでの中等部の PD の中でも最も優れたものの一つです。質の高い時間の使い方，示唆に富む議論，そして検討事項は現実の問題に直結し，現在も検討が続いています」

　この一日で得られた成果は，「中等部で本当に大切なこと」についての一連の共通の合意でした。中等部の教育がどのようなものであってほしいかについての理想像をまとめ始めると，多くの共通点を発見することができました。今にして思えばこのことは，当たり前に見えるかもしれませんが，30 人の教育者のグループとして，変化の旅に出ようとしている私たちにとって，自分たちが取り組むべき現状と将来についての共通の立脚点を可視化し，明確に表現することが，当時はとても重要でした。

　同時に，学校全体（小学部，中等部，高等部）でミッションの見直しが行われていました。ISP は純粋にそのミッションに沿った活動を遂行しようとしていたとは思いますが，中等部でこれらの共通の合意に達したことは，その後数年の間に学習が展開し進化していく上で，私たちが過去に試みた他の何よりも，はるかに大きな意味を持つと感じました。私たちは，明確な「3 年間の戦略的計画」を立てたわけでも，目標達成に向けた進捗状況を示す明確なアウトカムと評価法を組み込んだわけでもありません。このようなアプローチがうまくいくこともありますが，多くの場合，学校は細部に気を取られ，より根本的なレベルで目的を達

成することができません。私たちは，時折確認し，必要に応じて修正するための試金石，一連の道しるべを作ったのです。重要なのは，自らの振り返りと対話のプロセスを経て，それぞれの教師たちが心の底から賛同できるレベルの共通の合意に達したことです。セッションの最後には，教師の参画を促すために，学校の教育目標からのキーフレーズを含む質問を問いかけてみました。

　「『健康で，充実した，目的のある人生を促進する』ための教育体験についてのあなたの考える理想像は何ですか？」
　「生徒を『自ら取り組ませ，鼓舞し，力づける』ためには，何がベストな方法だとあなたは思いますか？」
　「さらなる発展の可能性について，あなたの興味を強くかきたてるものは何ですか？」
　「どのような制限要因があると感じていますか？」

　驚いたのは，綿密な計画を立てなくても，数年後に振り返ってみると，重要な項目のいくつかは本当に大きく前進していたことです。一方で，あまりうまくいっていないものもありました。そこで私たちは，それらの目標に向けて意識的に計画を立てるか，あるいはそれらを手放すかを決めなければなりませんでした。

　このようにして，私たちの「何が本当に重要か」という考えが学校の精神に浸透し，時間をかけて，大きな変革をもたらす考え方が実現されていきました。深い対話と大局的な目標は，ほとんど潜在意識下で，貴重な時間とエネルギーをどこに注ぐかという選択に絶えず影響を与えていたと私は信じています。学校として，教師として，私たちはしばしば多くのことを引き受けすぎています。ですから，このことを直視し，必要と思われることをすべてやろうとしないように，お互いをサポートすることが重要です。つまり，物事を単純化し，「いいえ」や「今はしない」と言う許可を自分に与えることです。

　私たちが教育者として運営しているシステムの全体的な影響を理解することは，そのシステムを変え，より人間的なものにしていくための基礎となります。学習者のために最善を尽くしているにもかかわらず，学校教育はしばしば，あまり有益ではないメッセージを生徒に与えてしまっています。若い人たちが，教育はただ，いい点数を取って大学に入るためにあって，そうすれば，自分が一番やりたい，自分にふさわしい仕事に就くことができ，そうなれば，自分の望む家族のための家を買うお金も稼ぐことができる，と考えてもおかしくはありません。一生懸命働くことで，最終的には退職してリラックスすることができると考えるのです。人生は，A から B，C から D への旅であり，将来のある時点で，幸せで成功する場所に行き着くことができると考えるわけです。しかし，学習とは人生のためのものであり，大学進学の準備のためにあるだけではありません。

専門性の向上と個人の成長の重なり

　第 6 章で紹介した，より包括的なビジョンの導入を進めている学校の例では，提供されるトレーニングにどのように自ら取り組みたいかについて選択の余地があることが重要でした。私は，マインドフルネスは非常に融通が利き，すべての人にとって有益であると考えていますが，教師にマインドフルネスのコースを受講することを強制すべきではないと思っています。しかし，学校がウェルビーイングに力を入れようと決めた場合，すべての教師が何らかの形で関与することが義務づけられます。これは，教育現場で IT がある段階まで発展した時に起こったことに似ていると思います。しばらくの間は，はじめは熱心だった教師だけがコンピュータに関わり，ネットワークを運営し，教室をリードしていました。しかし，ある時点でほとんどの学校では，教師が「私は授業でコンピュータを使いません」と言うことができなくなりました。しばらくすると，交渉の余地はなくなり，「ここではこうするものだ」ということになってしまったのです。同じことが，学校での人生を豊かにするさまざまなアプローチの包括的な構成要素にウェルビーイングを取り入れる際にも起こり得ると思います。

　すべての人がメディテーションを学びたいわけではありません。しかし少なくともすべての教師に，マインドフルネスについて地に足のついた体験的な紹介をして，間接的な理解に基づく意見ではなく，マインドフルネスとは何かを直接知ってもらうことは良いことだと思います。私の経験では，学校で働いていると，最初は抵抗感のある教師もいますが，適切な紹介を受ければ，ほとんどの人が「ああ，そういうことか」と納得します。彼ら自身がマインドフルネスのトレーニングや指導をしたいとは思わないかもしれませんが，もし学校がこの分野を発展させようと決めた場合，彼らがマインドフルネスを直接理解していれば，その取り組みを損なう可能性は低くなります。中には懐疑的な人もいるかもしれませんが，多くの人は自分にとっても生徒にとっても非常に重要なことだと感じるでしょう。

　マインドフルネス研修を，ウェルビーイングやフラリッシュあるいは，その学校のコミュニティに最適なコンセプトなりの包括的な大枠のもとに位置づければ，その枠組みの中で教師自身が成長していくために，さまざまな選択肢を与えることができます。このようにすれば，学校コミュニティのウェルビーイングを高めることによって，何らかの形で全員が支持しうる「最高の共通項」となる文化を確立することができるでしょう。

　神経社会科学は，教育について「私は歴史（あるいは地理や数学）を教えています，以上です」と言うだけでは十分ではないという考え方を支持する多くの裏付けを与えてくれます。なぜなら，教育は非常に社会的な職業であり，また教師の役割が，人間の学習は関係性を介して行われるという核となる進化的・先天的な要因に依存しているからです。

　生徒にとっての深く効果的な学習は，教師のさまざまなスキルや能力，そして教師が体現している存在感に大きく左右されるため，これらの能力を可能な限り自分の中で開発することが，仕事のごく普通のことになる必要があります。私たちの多くにとって，自らの成長と重なる領域で専門性能力開発に取り組めるのは，予期せぬ贈り物とも言えます。それが，楽しく持続可能なキャリアと，疲労や燃え尽きにつながるキャリアとの違いを生むかもしれないからです。

　ウェルビーイングについて学校全体で真摯に話し合う時間と場所を見つけ，学校がこの分野に重点を移すことを決めたとしても，実施を急ぐ必要はありません。姿勢に変化が認められるようになれば，それ自体がカリキュラムの計画や新しい取り組みの採用に影響を与えるでしょう。マインドフルネスに基づくウェルビーイングという統合的なレンズを通して，より健康的な学校というコミュニティを実現するためのさまざまな戦略を構築する多くの機会を見出すことになるでしょう。

マインドフルなスクールリーダー

　リーダーシップや管理業務においてマインドフルに注意を向ける能力を育むことは，私たちに豊かな潜在的な可能性を与えてくれますが，この点については本セクションの最後で触れます。まずは，学校というコミュニティにマインドフルネスを導入しようとしているスクールリーダーをサポートするための提案に焦点を当てたいと思います。もし，あなた自身がマインドフルネスやメディテーションの経験があるなら，あなたは学校で他の人と協力して作業を始めるのに最適な立場にいると言えます。学校長や理事がこのような経験があって作業を進めるのであれば，とてもパワフルなモデルとなります。めったにないことですが，このようなケースも実際に存在するのです！このような経験がなくても，興味と熱意さえあれば，すぐに始められます。

スクールリーダーへの提案

- メディテーションを実践し，興味のある教師や保護者のための自主的なセッションを指導することができる教師，管理職，保護者，理事・ガバナー*[40] を特定してみましょう。
- マインドフルネスに関心のある教師のグループを作ることができれば，地元の成人を対象としたマインドフルネス・トレーナーを探して，8 週間のコースを提供してみましょう。

＊訳注 40）英国における学校理事・評議員。

- もし，あなたの学校にマインドフルネス教育に精通した教師がいれば，そのような人たちに協力してもらいましょう。彼らをサポートしたいという気持ちを伝えましょう。最初は単なる精神的なサポートかもしれませんが，願わくば，次のトレーニングのための資金を提供したり，スタッフミーティングの時間を確保したりするなど，より現実的なものにしていきましょう。

- 私たちが学校で目にする最も一般的な道筋は，まず一人か二人の熱心な教師（またはカウンセラーや教育心理士）がマインドフルネスに関心を持ち始めることです。彼らは自発的に行動し，すでに自分自身のためにマインドフルネスのコースを修了しているかもしれません。また，生徒にマインドフルネスを教えるためのトレーニングを受けている場合もあります。あなたのサポートを示すことで，あなたと学校が教師の健康と持続可能性を大切にしているという強いメッセージを皆に伝えることができます。

- マインドフルネスの経験がある指導的な教師に，職員向けの講演を依頼したり，マインドフルネスやウェルビーイングを紹介する専門家を招いたりすることも，検討してみてください。これは，アクションプランの実行ではなく，対話の始まりと考えてください。

- 教育心理学，スクールカウンセラー，個別指導／ウェルビーイングの専門家が運よく在籍している学校であれば，彼らをこの仕事に巻き込むことができるでしょう。彼らは，専門知識と組織的プロセスの両面で「学校の心（heart）の側面」に責任を持つ専門家として，マインドフルネス，感情スキル，ウェルビーイングを総合的に推進する取り組みを促進し，時には推進するのに適しています。

- 大人向けのトレーニングを修了したキーパーソンが何人かいる場合は，できれば専門能力開発の時間を利用して，彼らが一緒に集まる時間を作り，継続的にサポートできないか考えてみましょう。経験を共有することでコミュニティを形成し，マインドフルネスへの意欲が高まり指導に影響を与えられるよう，お互いにサポートしていくでしょう（つまり，マインドフルに教えるということです）。

- あなた自身がトレーニングを受ければ，学校というコミュニティに強く訴えることができますし，あなた自身にも多分直接メリットがあるでしょう。

- 基礎ができたら，質の高いコースを探して，個人的に練習を継続している教

師が，生徒にマインドフルネスを教えるためのトレーニングを受けられるようにしましょう（183 ページ参照）。

- このプロセスを急いで進めてはいけません。自然に成長していくようにしましょう。また，マインドフルネスを教える資格を持っている教師が同僚にトレーニングを始めることは期待しないでください。もし他の教師が関心を示した場合は，最初の重要なステップとして，まず自分自身で成人向けのマインドフルネスコースを受講するよう勧めてみましょう。これはとても重要なことです。そうしないと，教師は必要な専門知識や経験がないまま，急いで生徒に教えることになりかねません。マインドフルネスの指導はとても簡単そうに見えますが，適切に行われなければ，人々の反感を買うことにもなりかねません。
- さまざまなレベルのスタッフが，継続的にトレーニングを受けられるような計画を立てることを検討しましょう。この例としては，章末の Continuum を参照してください。
- スタッフのトレーニングコースについてはウェルビーイングに焦点を当てることを検討しましょう。これは，おそらく『Schools That Learn』のエクササイズに沿ったもので，学習において何が本当に大切なのかについての前提を検討するのに役立ちます。
- 保護者，教師，生徒をウェルビーイングについての話し合いに参加させ，学校というコミュニティとの対話を始めることを検討しましょう。
- カリキュラム開発計画を見て，生徒のためのマインドフルネス・トレーニングをどこに配置するのが最適かを検討しましょう。例えば，PSHE（訳注 29 参照）の一部として，アドバイスやチュートリアル・グループで，独立したクラスとして，あるいは最初はオプション・コースとして実施すること等があげられます。
- 生徒へのトレーニングを開始するのに最適な学年や，マインドフルネスの体験をどのように広めていくかについて検討しましょう。
- 学校全体の開発計画を検討する際には，この分野を学校の将来に組み込む最善の方法を考えてみましょう。ヘルス＆ウェルビーイングの見直しの時期かもしれません。
- マインドフルネスのトレーニングを，感情スキルや SEL，既存のコースや活

動とどのように，どこで織り交ぜるのがベストなのか，全体的で長期的な計画を立てることを検討しましょう。第6章の'フラリッシュ'では，生徒が学校生活を送る中で遭遇するスキルや，経験を一貫した形でマッピングした例を紹介しています。

- 学校でのマインドフルネスの研究に興味を持っている地元の大学との連携を検討してみましょう。最近では多くの研究者がこの分野の研究を望んでいます。
- 同じような道を歩んでいる他の校長や学校とつながりましょう。最初の一歩を踏み出す時，お互いに支え合い，学び合うことは非常に有効です。
- 学校の中で，この活動のためのコミュニティを作りましょう。やってよかったと思える日が来るでしょう。教師の感受性が高まり，衝動的な反応が少なくなり，生徒と教師の関係が良くなり，生徒が実践的な生活技能のツールキットを手に入れ，学校の環境がより健全になり，もしかしたら幸福度も改善するかもしれません。あなたは焦点をシフトさせているのです！

　この章の最後にある図7.1は，学校でマインドフルネスを導入するための可能なアプローチを簡略化したものです。

教育者からのアドバイス

　「マインドフルネスを定着させるには，時間をかけなければなりません。私たちの場合，スタッフにマインドフルネスを提供した時にこの旅が始まりましたが，スタッフが生徒に教えるためのトレーニングコースに参加できるようになったのはその1年後でした。時間が経つにつれ，大きな変化が生徒たちに現れ，またマインドフルネスについて彼らが語る言葉に現れます。生徒の声を聞くことは，教師にとっても大きな力になります」

（小学校の校長）

　「ゆっくりやってください。無理して何かをするよりも，本物を志向するほうがよいでしょう」

（中等学校教員）

「ゆっくりやってください。自分の練習に熱心な大人が数人いれば，興味と興奮を呼び起こすことができます。実践してください。自分自身の真摯な練習なしには，これはうまくいきません」

（中等学校教員・カウンセラー）

　教師のためにマインドフルネスをサポートするリーダーは，どこかの時点で直面する可能性のある矛盾を意識しておく必要があります。「学校は私にマインドフルネスを教えてほしい，もっとマインドフルになってほしいと言うが，同時に他にもやることをたくさん言われて，ストレスがたまる」と訴える教師がいるかもしれません。私は，これは見せかけではなく矛盾であり，学校生活の現実に直面しているのだと感じます。しかし，そうではあっても私たちは率直に以下を話し合うことが必要です。

- 私たち自身をより大切にすること。
- 私たち自身や生徒のストレスを可能な限り軽減する方法を見つけること。

私にとってのメリットは？

　マインドフルな学校がもたらすポジティブな変化に加えて，リーダーとして，仕事や私生活で「マインドフルに意識すること」を育むことによって，個人的にも多くのものを得ることができます。この本は基本的にそれをテーマにしているので，マインドフルネス自体の利点をここで振り返る必要はありません。しかし，管理者やスクールリーダーは，教師や生徒のためにマインドフルネスを身につけることの価値を理解していたとしても，自分自身のために時間と労力を費やしてみようとはあまり思わないことが多いのです。これは主に仕事や時間のプレッシャーによるものでしょう。しかし，自分自身のためにマインドフルネス・トレーニングを行うことで得られるプラスの効果は，努力する価値が十分にあることを示しています。自分のストレスを

効果的に管理する方法を知っていて，この分野で他の人をサポートする共感
能力と理解力を持つ，寄り添う感性の高いリーダーになることができれば，
あなたは教師や生徒にとって強力なロールモデルとなることができます。頭
の良さと賢明さ，分析力とコンパッション，頭脳と心，それぞれについてバ
ランスがとれた，ポジティブで賢く共感できるリーダーシップのモデルを，
私たちはとても必要としています。

受　　容

　私は昔から，感情や気分，身体の感覚に左右される人間だったと思います。
しかし，自分の考えをあまり意識したことはありませんでした。教師になっ
て，より直感で動くようになっていました。多くのストレスをもたらす指導
者の下で働いている時は，朝起きると吐き気に襲われていました。マインド
フルネスのトレーニングでは，何が原因なのかを1日中追跡調査していまし
た。そのトレーニングに参加していた一人が，それは誰にでもあることだと
教えてくれました。すべての考えが真実というわけではなく，さまざまな思
いや考えまた身体の感覚に支配される必要はないことを。だから，もし今朝
すごく気分が悪いとしたら，もしかしたらただ胃が痛いだけで，それがあっ
ても大丈夫，反芻するよりは受け入れようと。これは驚くべきことでした――
自分のさまざまな思いや考えや身体を俯瞰的に見たりコントロールしたりで
きるようになったことは，私にとって大きな転機となりました。私は自分の
心を表に出す人間ですが，マインドフルネスによって理解が深まったことで，
そうした感情から少し離れることができるようになりました。今でも感情が
ないわけではありません。ただ，共感能力や優れた情動知能を持つことは，
リーダーにとって重要なことであって，以前のように感情に左右されること
はありません。自分を落ち着ける能力がなければ，このような迅速な昇進は
実現しなかったでしょう。

（学校長）

　私自身マインドフルに注意を向ける能力を伸ばすことによって，自分の仕事，特に子どもや大人との日々のつながりに新たな熱意が与えられただけでなく，校長としての仕事にたくさん応用できることに気づきました。ここでは，マインドフルネスと社会性と情動の能力が重なり合っていること，そして個人の成長と専門家としての成長が重なり合っていることを示す，一つの実践例を紹介したいと思います。

難しい会話

　私は，自己認識力を高めることで，困難な状況での感情的な反応を調整できることを発見しました。人と人との衝突や難しい人間関係に対処することは，どの教師にとっても困難なことです。時には保護者と，特に同僚と「難しい会話」をすることは，管理職として最も試されることの一つです。これらのスキルは，どのようなキャリアや人間関係においても培う価値のあるものですが，驚くべきことに，教師や管理者のトレーニングではほとんど取り上げられません。

　プラハでの生活の中で，私は自分にとって非常に効果的なアプローチを開発しました。Crucial Conversations（Patterson et al., 2002）と Crucial Confrontations（Patterson et al., 2005）の本を参考にして，自分なりのマインドフルの要素を加えました。厄介な会話をしなければならない時，私はまず，メディテーションをしたり日記を書いたり，共感してくれる同僚と話し合ったりして，考えを巡らせました。その際，自分の心の状態の根底にある強い感情を特定することに集中しました。

- 私は同僚の何に対して腹を立てているのか？　私に伝えられたことか，その同僚の不適切，意地悪なあるいは卑劣な行動か？　ひょっとすると生徒に痛みあるいは不快感を与えたことに対してか？
- それとも，以前から問題に気づいていたのに，今になってようやく行動を起こそうとしている自分に罪悪感を感じているからか？
- その両方か，あるいは他の何かか？

いずれにしても，相手と対面する前に，その問題を言語化し，直視し，自分のものにすることで，対象となる会話の「感触」や「結果」を変えることができることを発見しました。

並んで座る

私はこれを「並んで座る」（横に並ぶ）と呼んでいます。なぜならそうすることで，私にとっても，また恐らく相手にとっても，問題そのものに対処することの障害となっている二人の間の緊張や力関係の感覚を取り除いてくれるからです。そうすることで，その同僚も取り組むことができる形で，問題を提示することができました。問題を明らかにし，テーブルの上に置き，お互いに（比喩的に，時には文字通り）並んで座り，相手を自己防衛的にさせることなく，問題にどうアプローチするかを考えるのです。重点はもちろんその同僚自らが問題に取り組むことですが，こうしたやり方によって同僚は自分自身で問題を把握し，より明確な理解と対処する決意をもってその場を立つことができたように思えます。

時には，こうして自分を振り返る時間を持つこと，また自分の中で何が起こっているのかを観察することが，貴重なスペースを与えてくれるかもしれません。今すぐこの問題を解決する必要はないこと，そして管理職としての自分の役割に過度のプレッシャーをかけないようにすることを許容するだけで，緊張がほぐれました。またさらに，解決策は相手にあると認識することが，自分で状況に対処しようとするやり方を変えることを助けてくれました。怒り，罪悪感，混乱，プレッシャーなどの感情を認めることは，必ずしもそれらがなくなるということではありませんが，それらとうまく付き合っていくことで，事態を混乱させないようにする可能性が生まれます。混乱した状況の中で冷静さを保つことは，スクールリーダーにとって重要であり，マインドフルネスは確実にこのことをサポートしてくれます。

保護者に対しては？

　学校にマインドフルネスのプログラムを導入する際には，どうしてもこの質問が出てきます。もちろん，それぞれの学校というコミュニティの状況にもよりますが，私の経験では，保護者が問題になることはありませんでした。むしろその逆で，保護者がこのようなプログラムを強く望んでいるのに，学校側が抵抗している場合もあるのです。

　プラハインターナショナルスクール（ISP）の場合，私がマインドフルネスを教え始めた当時（2008 年）は，すべてが新しく，前代未聞のことでした。しかし，私は校長だったので，ともかく両親に告げることなくまず始めました。とはいえ，保護者会で肩を叩かれたり，こんな変わったことをしていいのかという質問を受けたりすることは常に想定していました。特に，保護者がそれを何か宗教的なものだと思っている場合には。しかし，3 年目の中等部（11 ～ 14 歳）の保護者会では，想像していた通り，ある保護者が私のところに来て肩を叩き，「ホーキンス先生，あなたが教えている『マインドフルネス』というものですが」と言ったので，私は「ついに来たか！」と思いました。

　その保護者は続けて言いました。「先週，息子を学校に送る途中，渋滞に巻き込まれて遅刻してしまいました。私は渋滞に巻き込まれるのも遅刻するのも嫌いなので，渋滞について愚痴を言っていたのですが，息子が私の話を遮ってこう言うんです。「心配しないで，お母さん。ハンドルに手を添えて，指の力を少し抜いてみて」その通りにしたら，呼吸法を教えてくれて，それがすごく役に立ったので，「どこで習ったの？」と聞くと「ホーキンス先生」と。そして，私が全く知らなかったことについていろいろ話し始めたのです。そんなわけで，ホーキンス先生，息子にこのようなことを教えてくれてありがとうと言いたかったんです。息子は，特にスポーツでは本当に役に立つと言っていました」。

　すべての保護者がそう考えるわけではないかもしれませんが，実際には多くの親御さんがストレスを抱えており，自分や子どもがリラックスしたり集中したりするのに役立ちそうなことに興味を持っているのです。その後，保

護者の方にコースのことをお伝えするようになり，約1年後には，保護者会のメンバーから，中等部のコーヒーモーニングで「マインドフルに意識するトレーニング」について話してほしいと頼まれました。この月例会では，学校の進捗状況に関するセッションをよく行っていたので，私は「もちろんいいですよ」と答えました。ポスターを掲示したところ，通常の中等部のコーヒーモーニングでは，朝8時15分からのセッションに30〜40人の保護者が集まるのですが，この日は60人以上の保護者が集まり，会場は満員でした。

　セッションの終わりに，ある人が「もっとトレーニングを受けたい人がいるかどうか，受講希望をとってみてはどうか」と尋ねてきました。私は「もちろん」と答えたのですが，最後に名前を書くために部屋の隅に集まった人の多さには本当にビックリしました。受講希望用紙はすぐに3枚になり，45人の中学生の保護者が8週間のイブニングコースに申し込みました。

　英国のリバプールにあるイングリッシュ・マータ校のエマ・ナイツベット先生も，私と同じような経験をしています。

　「保護者たちも気づいてくれました。『うちの子は家でこんなことをしています』とか『息子からこのエクササイズをするように言われています』と言ってやってくるのです。両親が言い争いをしていると，子どもたちが『この練習をしたほうがいい』と勧めてくれることがあるそうです。ある親御さんが写真を送ってくれたのですが，子どもの部屋に入ると，子どもがフェイスタイムで友達と一緒に練習していたそうです。他の親御さんの話によると，ある女の子が地域のスポーツチームの大会に出場した時，チーム全員がとても緊張していたので，彼女が呼吸法のプラクティスを教えたのだそうです。私たちの学校に通っている子もいない子もみんな一緒に，彼女の指導で呼吸法をしていたのです」

　マンチェスターのイスラム教徒の割合は10％に満たないようです。

　エイミー・フットマンが校長を務めるスタンレー・グローブ小学校では，7歳から10歳までの子どもたちにマインドフルネスのトレーニングを義務付けることになりました。その際，イスラム教徒が90％を占める保護者からの反対があったのかどうかを私は知りたいと思いました。

　「ありませんでした。それは，私たちが地域社会と本当に良い関係を築いているからだと思います。私たちは地域の人々に向けて，このトレーニングについて情熱を込めた手紙を書きました。子どもたちにとって最善のことをしたいという私たちの姿勢を，地域の人々が信頼してくれていると感じています」

　マインドフルネスプログラムについて，最初から保護者に知らせている学校もありますが，多くのカリキュラムの取り組みと同様に，知らせない学校もあります。学校の状況にもよりますが，特にウェルビーイングについての対話の一環として行うのであれば，保護者向けの説明会を開催することは，良いアイデアだと思います。例外はあるかもしれませんが，マインドフルネス研修の最初の動機が保護者のコミュニティから生まれたという学校もあります。最近では，マインドフルネスはメディアでもよく取り上げられているので，多くの保護者がすでにマインドフルネスについて知っていますし，実際に友人や家族，あるいは職場での使用を通じてマインドフルネスを知った人も多いでしょう。グーグル，ゼネラルミルズ，アップルなどの大規模多国籍企業，多くの大学やメイヨークリニックなどを含む病院，警察，陸軍，アメリカ海兵隊などでは，スタッフのトレーニングプログラムにマインドフルネスを取り入れています。
　最終章では，学校でのマインドフルネスと感情スキルのトレーニングを発展させるために，どのような努力をすればよいかを考えます。

本当に大切なこと
- ゆっくりと進む。
- 深い対話のための安全な空間を作ること。
- 開放的で協力的な学校のリーダーシップ。
- 粘り強さ。

意識を高める 対話を始める	・職員、生徒、管理職向けのマインドフルネスや社会性と情動の学習の紹介（内部的には教師から、外部的には外部の専門家から）。 一保護者コミュニティ（または保護者と教師のコミュニティ）のワークショップ
トレーニングと プラクティス マインドフルで あること マインドフルに 教える マインドフルネスを 教える	**マインドフルであること** 初期トレーニングのオプション ・地元の成人トレーナーを探す（8週間のグループコース） ・マインドフルネスストレス低減法（Mindfulness-Based Stress Reduction：MBSR） ・マインドフルネス認知療法（Mindfulness-Based Cognitive Therapy：MBCT） ・マインドフルネス・イン・スクールズ・プロジェクト「.b ファウンデーションズ」（Mindfulness in Schools Project '.b Foundations'）（英国） ・ブレスワークスのマインドフルネスコース（Breathworks Mindfulness Courses）（英国） ・オンラインコースの受講 　マサチューセッツ大学メディカルスクール マインドフルネスセンター（University of Massachusetts Medical School Centre for Mindfulness, MBSR）[41] ・自習用コースを受講する 　「マインドフルネス」8週間コース「Finding Peace in a Frantic World」 プラクティス ・フォーマルおよびインフォーマルなプラクティス ・マインドフルネスメディテーションのアプリ ・マインドフルネスメディテーションのリトリート

＊訳注41）現在はブラウン大学マインドフルネスセンターがMBSRの主要なセンターとなっている。

	マインドフルに教える ● 教育における注意を向けるスキルと回復力の育成（Cultivating Awareness and Resilience in Education：CARE）」コース ● ストレス・マネジメントとレジリエンスの技法（Stress Management and Resiliency Techniques：SMART）コース ● その他のコースはまだあまりありませんが、参考になる書籍をいくつかご紹介します。参考文献　第4章，第5章
	マインドフルネスを教える ● マインドフルネス・イン・スクールズ・プロジェクト（Mindfulness in Schools Project）'.b'（11-18歳）Paws b（7-11歳） ● MBSR-T-Stressed Teens Programme（オンライン） ● スティル・クワイエット・プレイス（Still Quiet Place）（5-18歳）（オンライン） ● マインドフル・スクールズ（Mindful Schools）（5-18歳）（オンラインおよび対面）
埋め込み＆展開 学校全体の文化	● 教師の授業と個人的な実践の両方に対する学校支援 ● マインドフルネス教育のコーディネーションとスーパービジョン ● トレーニングニーズの連続的なプロセス（continuum）に基づいてスタッフのニーズを特定する（258ページ参照）。 ● マインドフルネスのカリキュラムを発展させる ● ウェルビーイングと SEL の大きな枠組みにつなげる ● 他の教科や学校行事との関連付け ● ミッション／ビジョン－教科学習と SEL の統合的計画

図 7.1　学校というコミュニティのためのマインドフルネスに基づく
ウェルビーイングへの道筋

注：ここでは、各段階ごとにいくつかの事例のみを掲載しています。

マインドフルネスの専門性開発の連続的なプロセス（Continuum）

作成者：Bart Dankaerts and Kili Lay（American School of The Hague：ASH）

　この育成ステップを使って，自分がどこにいるのか，どうすれば次のレベルに行けるのかを評価することができます。マインドフルネスのトレーニングを受けたいとお考えの方は，所属する部門の校長にご相談ください。

マインドフルであること
ステップ１：好奇心のある未経験者

　─該当者：マインドフルネスの経験がなく，マインドフルネスとは何か，どのように自分の生活に活用できるかを知りたいと思っている人のためのコースです。

　─適切なプログラム：学生にも教えている「.b」コースをベースにした８週間のコース（週に１時間程度のミーティング時間）。週に１時間のミーティングの他に，参加者は１日５〜15分程度，自宅でテクニックを練習することになります。

ステップ２：ビギナー

　─対象者：「好奇心のある未経験者」コースを修了した方，またはマインドフルネスの経験がある方で，自分のマインドフルネスの実践をさらに深めたい方。

　─内容：「ヘッドスペース」（www.headspace.com/）の１年間の利用権を購入し，個人的な練習を行う。そのためには，毎日20〜30分程度の練習が必要です。

ステップ３：好奇心旺盛な実践者

　─対象者：マインドフルネスの個人的な練習方法を確立していて，生徒に

マインドフルネスを教えるための資格取得を視野に入れて，自分自身の個人的な練習を深めたいと考えている人のためのコースです。

　—内容：8 週間の MBSR コース（週に約 2 時間のミーティングと自宅での個人練習）。このコースは，申し込み人数が多ければ ASH で教えることができます。

マインドフルに教える
ステップ 4：マインドフルな教師

　—対象者：マインドフルネスを日常的に実践している教師で，マインドフルネスを日々の授業に取り入れるための戦略と実践方法を身につけたい方。

　—内容：マインドウェルによるティーチング・マインドフリーの 1 日ワークショップ。

マインドフルネスを教える
ステップ 5：継続実践者

　—対象者：生徒にマインドフルネスを教えたいと思っている人のためのコース。このコースの受講資格を得るためには，MBSR コース（「好奇心旺盛な実践者」レベルで説明）が前提条件となります。

　—内容：4 日間の「.b」（11 歳〜 18 歳対象）または「Paws b」（7 歳〜 11 歳対象）の認定コース（http://mindfulnessinschools.org/）。このコースは年に数回，ヨーロッパを中心に世界各地で開催されます[42]。十分な関心があれば，ASH で開催することも可能です。

＊訳注 42）2021 年度より日本でも年に一度開催されています（https://mfcp.info 参照）。

試してみましょう！

自分のために：

- 正式なプラクティス
  - ➤ 座っている時間を長くする
  - ➤ マインドフル・ウォーキングを試す（93 ページ参照）。
  - ➤ あるいは，より長い時間ボディスキャンをする（93 ページ）。
- 日常のプラクティス
  - ➤ 95 ページの「一日の中に織り込む」のアイデアをいくつか試してみて，今週の学校生活で身体の感覚に意識を向けて，より今の瞬間に留まるようにしてみる。
  - ➤ 観察したことを記録する。
  - ➤ 試すことを忘れてしまっても，自分に優しくしてあげる。
  - ➤ もう一度やってみようという気持ちを新たにする。
- 地元の MBSR，MBCT などの大人向けマインドフルネス講座の受講を検討する。
  - ➤ 地元で受講できるコースがない場合は，オンラインや自己学習型のコースを調べてみましょう（図 7.1 参照）。
  - ➤ マインドフルネスメディテーションのリトリートに参加することを検討する。

あなたの学校で：

- ピーター・センゲ著『Schools That Learn』（238 〜 242 ページ）に掲載されているアプローチやエクササイズの使用を検討する。学校のニーズに応じて，学校教育全般や，ウェルビーイング，マインドフルネス，SEL，感情スキルの重要性についての仮説を明らかにすることから始めてもよい。
- 学校の指導者（および先駆者）。245 〜 248 ページの提案参照。道筋のフレームワーク（図 7.1）を使って，自分の学校ではどのような点

　が入口になりうるかを考える時間を持つ。始めるためのアイデアを話し合うのに，誰が協力してくれるか考える。

すでにマインドフルなメディテーションを実践している場合は，次のようなことを考えてみましょう：
- 教職員を対象とした短い練習セッションを放課後（または昼休み）に始める。
- 生徒向けの自由参加のセッションや放課後のアクティビティを設けて，興味のある生徒に一般的なマインドフルメディテーションを紹介する。
- マインドフルネスの教師になるためのトレーニングをする。

さらに学ぶための参考文献とリソース

Senge, P., Cambron-McCabe, N. Lucas, T., Smith, B., Dutton, J. and Kleiner, A. (2000) *Schools That Learn : A Fifth Discipline Fieldbook for Educators, Parents, and Everyone Who Cares About Education.* London : Nicholas Brealey.（リヒテルズ直子訳（2014）学習する学校―子ども・教員・親・地域で未来の学びを創造する．英治出版）
　センゲと彼のチームは教育システムを縛ってきた根本にある古い前提を解き放ち，深く，体系的に変化するためのコミュニティとしての方法を探求しています。

Marturano, J. (2014) *Finding the Space to Lead : A Practical Guide to Mindful Leadership.* New York : Bloomsbury.（田中順子訳（2019）THE SPACE―ビジネスを成功に導くリーダーシップは「心の置き場所」を見つけることから始まる．TAC 出版）
　マインドフルなリーダーシップのコーチはたくさんいますが，マーテゥラ

ノの活動はとりわけ学校のリーダーに適合しているように思われます。

Abbott, J. and MacTaggart, H.（2010）*Overschooled but Undereducated : How the Crisis in Education is Jeopardizing our Adolescents.* London : 21st Century Learning Initiative.
学校教育に関する急進的な考えと学校教育が思春期の脳の性質といかに相いれないかを論じています。

Goleman, D. and Senge, P.（2014）*Triple Focus : A New Approach to Education*（Kindle edn）. Florence, MA : More than Sound.
短時間で読めますが，学校教育の再構成についての示唆に富む論拠を展開しています。

Powell, W. and Kusuma-Powell, O.（2013）*The OIQ Factor : Raising Your School's Organizational Intelligence.* Woodbridge : John Catt Educational.
賢明で深い経験に富む教育者により書かれた知的かつ実際的なリソース："教師と学校のリーダーは日々より多くのことをこなし，結果を出すことに汲々とするのではなく，自らとグループの育成のために時間を見つけなければならない……組織としての知能（intelligence）を増進させることは学校の文化の再構築に他ならない……それは単に行動やスキルの変化を必要とするだけではなく，価値観，信念の変容とアイデンティティの変容すらも必要とする"

第8章

教室を越えて──より広い世界とつながる

この章では：

- 現在，起きている国内外の新しい展開を見てみます。こうした展開は，個人や学校や教育機関に連帯感と勇気を与えてくれるものです。
- 大学で先導されている興味深い検討に基づき，学校や大学において，学業成績と共に，ウェルビーイングを目標とし，評価するための新たな指標の確立について考えます。
- よりバランスのとれた教育を行うことの価値について，個人，社会，地球全体という視点から考えます。

　<u>本当に大切なことにフォーカスすること</u>は，教育というものの深い目的について，ぶれない視点を保つことに役立ちます。教室や学校という枠を超えて見てみると，人間の体験の情動の分野を学びのより中心に据えるようにフォーカスをシフトすることの価値を認めようとするさまざまな展開が，教育の内外に起きていることを見て取ることができます。教育界やより広い世界ですでに起きている変化と私たちの取り組みとをつないでいくことを通して，マインドフルネスを取り巻く文脈（コンテクスト）について考え，より大きな全体像を見て，幅広い視点を持てば，「マインドフルに意識するトレーニング」および社会性と情動の学習が有効に作用する範囲を広げ，その妥当性を強化することができます。

　私たちが「子どもたちと社会に対して本当に望んでいることは何か」と問いかける時，政府の目的についてより深い検討が必要になります。もし経済成長それ自体が目的ではないのだとしたら，何が目的となるのでしょうか？

健康で持続可能な社会を作ることを含むような，より高次の目標があるのでしょうか？　この問いを再び吟味し始めた政府もあり，ウェルビーイングの経済学に大きな関心が寄せられてきています。何を評価し測定するのかということは重要です。それは計画に影響し，それゆえ，結果に影響を及ぼします。GDP（国民総生産）だけではなく，ウェルビーイングに向けた進歩を測定し評価することで，この方向に向けた活動をより良く支援できるでしょう。経済が繁栄しても，安全や心地よい生活に必要なものを得ること以上の幸福が得られるわけではありません。もし私たちがより賢く，よりコンパッションに満ちた持続可能な社会に向けて自らを訓練し教育する方法についてさらに理解を深めれば，次世代の若者を育てるために果たす学校の役割が極めて重要であることが分かってくるでしょう。

ポジティブ心理学

　ポジティブ心理学に基づいた学習のアプローチが，とりわけオーストラリアにおいて，そして英国でも，私立学校を中心に多くの学校で開発されてきました。ウェリントン・カレッジの「幸福とウェルビーイング」はその一例です（www.wellingtoncollege.org.uk/2288/school-life/well-being/）。

　ポジティブ心理学の第一人者であるマーティン・セリグマンの仕事は，ビジネスや諸機関において，私たちが「フラリッシュする」能力を高める方法を見出すことへの関心を刺激しました。私たちを不調にする原因ではなく，私たちのウェルビーイングにフォーカスをあてることは，科学や社会のさまざまな分野において，大きな影響を及ぼしてきました。

　フラリッシュする社会をいかに測定評価し，促進するのかということに最近フォーカスがあたってきていますが，その背後には，経済学および社会学の本格的な研究が実施されてきたことがあります。フェリシア・ハパート（Felicia Huppert）はケンブリッジ大学のウェルビーイング研究所の設立者であり前所長ですが，健康な国家を作るのに必要な要素をさまざまに測定評価し比較する，欧州の主要な研究（欧州社会調査）に関与しました。レジリエンス（困難から立ち直る力）や関係性，エンゲージメント[*43]，自尊心な

どを数量化する方法が開発され，さまざまな国々の間でこうした特徴について比較する方法も開発されてきました。

　公共政策を評価測定し誘導する一つの方法として，幸福とウェルビーイングの指標を開発するということは，今やOECDやユニセフや国連が支援する分野の一つとなっています。2011年にはブータンによるイニシアチブのおかげで，国家の発展を示す国連の公式な指標に幸福（happiness）が加えられました。

教育におけるマインドフルネスの発展

　ウェルビーイングの促進のための意識的で戦略的な計画の重要性を認識する国や国際コミュニティや組織が出始めたことで，教育機関もまた重要性を認識し始めたのでしょうか？

　小さな歩みではあるものの，いくつかの重要な展開が起き始めています。私たちは世界各国の教育関係者と連携している中で，学校や教育機関がこうした方向にフォーカスをシフトしている様子を見てきています。教育におけるマインドフルネスは，メンタルヘルスの発展に続く傾向があります。マインドフルネスの活用がメンタルヘルスの分野で確立されている国であれば，教育の分野でマインドフルネスに対する関心が高まることによって，大人のマインドフルネスの指導者がそのスキルを教師に円滑に伝えることになります。

英国
　国のレベルでは，英国はマインドフルネス教育の発展において先導的な役割を果たしています。現在のところ，世界の他の多くの国々と比べて，英国の政府の上層部にはマインドフルネスに対するより深い理解があるように思えます。2012年にはジョン・カバットジンが首相官邸もある官庁街ダウニング・ストリートを訪ねています。2013年にはティク・ナット・ハンが貴族院でメディテーションをリードしています。それ以来，マーク・ウィリア

＊訳注43）活動に専念し，没頭して取り組んでいる心理状態。

ムズは英国議会にマインドフルネスを紹介しており，クリス・カレンやリチャード・バーネットと共に，国会議員に 8 週間のマインドフルネス・コースの研修を行い，人気を博したと言います。この経験が自分自身に及ぼした影響について，公に語る政治家も現れました。

　アンドリュー・ストーン卿（Lord Andrew Stone）は，最近のエジプト訪問で難しい交渉に従事した際にマインドフルネスのおかげでストレスに向き合うことが容易になったと語りました。また，保守党の国会議員，トレイシー・クラウチ（Tracey Crouch）は，抗うつ剤を服用しなければならないほど不安な精神状態になっていた時に，マインドフルネスのおかげでいかにしてそこから脱け出すことができたかについて語りました。このことについては，最近ようやく公にすることができると感じるようになったそうです（Halliwell, 2014）。

　「私は，過去 3 年半に国会のマインドフルネス・コースを経験した約 130 人の国会議員の一人です。同僚たちと同様，私にとってはこのコースはかけがえのないものとなりました。毎日の生活の中で個人的な恩恵を受けています。
　多くの研究を通して，注意を向けることが精神的機能にとってきわめて重要であることが示されています。マインドフルネスの 8 週間のコースを受講した国会議員たちは，今この瞬間に自分が体験していることにフォーカスし関与するために，自分たちの注意をいかに訓練したらよいのかを学びました。自分たちの注意をそのように安定させることで，日々の選択やチャレンジに，より澄んだ頭で，柔軟に創造的に対応できるようになるのです。ただ習慣や衝動にまかせるのではなく。このようなシンプルでわかりやすいメンタル・スキルは，誰に対しても教えることが可能です。ただし，多くのことがそうであるように，最も効果的に学べる時期というのは，子ども時代です」（国会議員　ニコラス・ダーキン（Nicholas Dakin），2016 年 9 月）

　2015 年には，「超党派国会議員マインドフルネス・グループ」（「Mindfulness All-Party Parliamentary Group」）は，刑務所，メンタルヘルス，および教育におけるマインドフルネスの力と可能性について調査した結果を英国

議会に報告しています（第5章参照）。

　ここ数年の間に，多くの公立学校を含む英国全土の学校において，教師や生徒に「マインドフルに意識するトレーニング」が始まるなど，相当な進展が見られています。

他の国々

　マインドフルネス教育は世界中で進展が見られます。以下にこのことを示すいくつかの例を示します。

- 米国では，さまざまな文脈でマインドフルネスを使う多くのアプローチが試みられています。『マインドフルな国家（A Mindful Nation）』（2012）を著した下院議員のティム・ライアン（Tim Ryan）は，現代社会においてマインドフルネスが貢献できるさまざまな方法を示しました。彼は，オハイオ州の彼の選挙区にある学校でマインドフルネスを教えるために，100万ドルの助成金を連邦政府から受けました。
- カナダでは，さまざまなイニシアチブが進行中です。特にブリティッシュ・コロンビアでは長年にわたり，子どものウェルビーイングを調査したり，社会性と情動の学習プログラムを導入してきています。今ではマインドフルネスをベースにしたものもあります。
- 欧州では，ドイツ，また特にオランダにおいて，マインドフルネス教育を確立するために完成度の高いアプローチがとられています。
- オーストラリアでは，ポジティブ心理学を進めてきた学校が多くあります。中にはマインドフルネスと組み合わせているところもあります。
- ニュージーランドでは，「メンタルヘルス財団」が「マインドフルネス・コース」を学校に提供しています。これは，同国の教育省の「すべての児童生徒たちのためのハウオラ（Hauora）[*44]・ウェルビーイング」というコンセプトをサポートするものです。
- アジアでは，言うまでもなく，多くの国々にとってメディテーションは宗教

＊訳注44）マオリ語で健康の意。

と文化の一部を成しています。シンガポールでは，第6章で見たように社会性と情動のスキルを優先しています。それによって，学校におけるマインドフルネスのトレーニングを新しい文脈で提供する可能性が生まれています。さらに，仏教団体の中にすら，西洋的で非宗教的なバージョンのマインドフルネスを学校で導入できるように，カウンセラーや心理士をトレーニングに派遣しているところも出てきています。

　上記のようなトレーニングの例として，香港大学で始めようという現在進行中の試みについて以下に紹介します。

香港大学心理学部

　非宗教的なマインドフルネスのトレーニングを成人に行う現代的アプローチは，主にヘレン・マー（Helen Ma）博士がオックスフォード・マインドフルネス・センターと共同して行ってきました。香港大学心理学部では，マインドフルネスを学校心理士，教師，生徒に教える基盤を準備しているところです。

　同大学（HKU）教育心理学プログラム・ディレクターのシュイ・フォン・ラム（Shui-fong Lam）教授は，以下のように述べています：

　　HKU 心理学部で私は，MBCT（マインドフルネス認知療法）を学部で12週間のプログラムとして組み込むことを意図しています。心理学部の学生なので，認知療法とマインドフルネスの理論的理解だけではなく，MBCT を体験的に学ぶことができると良いと思っています。

　　私がマインドフルネスに関心を持ったのは，博士論文の指導をした大学院生を通じてでした。私はその分野の専門家ではありませんでしたが，研究の有効性と方法については知っていましたし，マインドフルネスについても多少の知識は持ち合わせていました。彼の研究は，14〜15歳の児童にマインドフルネスとラビング・カインドネス（loving kindness：慈愛のメディテーション）のトレーニングを行い，対照群と比較するという

ものでした。私も試験にかかわりましたので，マインドフルネスが児童に
どのような影響を与えたのかに立ち会うことになりました。信頼のできる
データとエビデンスによって，マインドフルネスがストレスを抱えている
子どもたちの一助となることが示されました。また，ストレスを抱えてい
ない子どもにとっても，フラリッシュすることをサポートするものである
ことがわかりました。思春期の子どもたちにマインドフルネスがいかに作
用するかを見てとったので，マインドフルネスのプログラムを進める必要
があると痛感しました。

　マインドフルネスに対する強いニーズはありますが，香港は大変な競争
社会であり，人々はマインドフルネスの時間をとる余裕は全くないと感じ
ています。特に教育の競争は激しく，まるで圧力鍋の中にいるようだと感
じます。香港は試験中心の文化であり，学業ばかりが強調され，社会性と
情動の学習は重視されていません。大学入学の競争が厳しいので，生徒た
ちは大変なストレスを抱えています。教育が理由で，世界でも最年少の子
どもが自殺したという不幸な「記録」すらあります。最近のことですが，
7歳児が中国語の聞き取りテストの点数が悪かったことを理由に自ら命を
絶ったのです。

　私は通常の学校では適応できない生徒たちにマインドフルネスを教えて
きました。彼らは犠牲者です。最初彼らは無関心でしたが，そのうち関心
を示す者も出てきました。最も腕白で非協力的な子どもたちでさえ，やが
て多少の興味を示すようになるのを経験しました。この子どもたちは，緊
張やストレスが高く，自尊心が低い子どもたちでした。8週間の経験は彼
らが受けている他のコースとは，大いに異なるものでした。児童がマイン
ドフルネス・コースを好きになってくれたことを喜ばしく思っています。
将来この体験を思い出せるように，小さなドアを開いてくれたと思ってい
ます。

国際教育

- 「インターナショナルスクール欧州評議会」(The European Council for International Schools) では，健康と栄養に関する会議の部会を設けてきています。2014年以降は，「学校でのフラリッシュ」を促進するというテーマに特化した委員会を設置しています。
- インターナショナルスクールの審査認定を行う「インターナショナルスクール評議会」(The Council of International Schools) では，生徒および学校というコミュニティ全体のウェルビーイングを教育項目の一つとして設けています。
- 「国際バカロレア機構」(The International Baccalaureate Organization) では，最近になって学習へのアプローチを修正し，マインドフルネスと情動的なスキルを促進し始めています。
- 「インターナショナルスクール・カウンセラー連盟」(The International School Counselor Association) では，最近，カウンセラーのためのマインドフルネス・トレーニングの意義について強調しています。

「絵に描いた餅」？

　教育関係者が生徒児童の全領域のニーズに応じられるように学校を変えていこうとする際に，変化の速度が遅いことにしばしばフラストレーションを感じます。高等教育からの要請が，学校での大きな変化を妨げているようにも見受けられます。中等教育の真の目的が，人生や仕事への準備なのか，あるいは大学へのふるい分けのシステムなのかという点についての混乱が，重大な連鎖反応を引き起こしています。私たちは，生徒たちの幸福というものを議題のトップにおくことが本当に可能でしょうか？　それともこれらはすべて「絵に描いた餅」のように理想的すぎることなのでしょうか？

　そうかもしれませんが，状況は変わりうるものでもあります。たとえ高等教育制度であっても。

大学入学制度——「流れを変える？」

　学校における根源的な変化に対する最大の障壁の一つは，おそらく大学入学要件とその過程に由来していると言ってよいでしょう。それにより，若者と学校は大変なプレッシャーを受けています。学校は，ますます厳しくなる大学の入学要件，および急速に変化している就職市場に対して，生徒たちが十分に準備できるように懸命に対応しています。

　小さな変化の兆候はここでも見ることができます。2015年にジョージ・ワシントン大学は入学者選抜においてテスト・スコアを要件にすることをやめました。米国において125以上の私立大学が，よりホリスティックな指標を使って入学者を選抜しようとしています（Anderson, 2015）。

　2015年にハーバード教育大学院が主導し，全米のトップクラスのカレッジの学長や入学部長100人以上からの支持を受けて，「ハーバード大学が流れを変える」という報告書が出されました。これは入学者選抜のプロセスを通して高校生に届けるメッセージを変えようとするものでした。ハーバード教育大学院の2014年の研究で，若者に思いやりがなくなってきているということが示され，主にその研究に対応してこの報告書が作成されたのです。同時にこの報告書では，標準テストの得点に重きを置かないように勧めています。報告書では，裕福な家庭の子弟が集まる高校において，大学入試のアドバンス・プレイスメント（AP）[45]の準備の負担が大きく，これが睡眠不足や不安やうつの「犯人」としてよく挙げられると述べられています（Bruni, 2016）。ノースキャロライナ大学チャペル・ヒル校のスティーブン・ファーマー（Stephen Farmer）（学部入試担当副学長）は，「大学志願者は，目標達成のためなら，させようと思えばなんでもします。だからと言って，そんなふうには強制したくないのです。特に，志願者に大学による独断的なものが求められている場合には，なおさらのことです」と語っています（Bruni, 2016）。

＊訳注45）アドバンス・プレイスメント（AP）：高校生に大学の初級レベルのカリキュラムと試験を提供する早期履修プログラム。

フィルタリング・システム

　大学は入学基準がどのように志願者や学校教育にネガティブな影響を及ぼしているのかをよく見る必要があります。入試委員会もこの点においてもっと責任を負うべきです。SAT[46]やGCSE[47]あるいは英国のAレベル試験を受験する生徒たちが抱える高いレベルのストレスに対する懸念は高まっています（Stone, 2015）。国際バカロレア・ディプロマ・プログラムでは，最近，「IBの学習量とストレス調査」を実施し，こうした側面に焦点を当て始めました。2年に及ぶ研究で，IBディプロマ・プログラムが生徒に及ぼす影響を評価しようというものです。

　国際バカロレアの主任教務部長，デイビッド・ホーリー（David Hawley）は，教育の旅路において大学入学準備期にある生徒たちは多大なストレスを経験することを認識し，以下のように述べています。「生徒の認知能力を我々はよく評価しています。ですが，社会性と情動，ウェルビーイングや健康面には十分に着目していません。『思いやり』があり，『オープン・マインド』で，『バランスがとれている』か否かといった側面です。『社会性と情動の学習（SEL）』に関するすべての進展について着目するように，学校には注意を促したいと思っています。また，この分野に関する教師用の文献を提供する良い方法を見つけたいと考えています。マインドフルネスや，注意（attention）やタイム・マネジメントなどへのアプローチで成功しているものも紹介したいと考えています」（Hawley, 2016）。（現在，国際バカロレアの学校の教師は，IBオンライン・カリキュラム・センターおよびプログラム・リソース・センターにおいてSELとマインドフルネスの進展を支えるリソースにアクセスすることができます）

　もし大学が変わり始めれば，学校がストレスを軽減し，ウェルビーイングのライフ・スキルをさらに高めることの後押しとなるでしょう。同時に，初

＊訳注 46）SAT：大学進学のための標準テスト（Standard Test）

＊訳注 47）GCSE：義務教育終了時に受ける統一テスト（General Certificate of Secondary Education）

等教育（5 〜 10 歳）と中等教育（11 〜 14 歳）では，その先，学年が進むに
つれて生じるプレッシャーに過度に影響を受けないように，発達段階に合わ
せた適切な学びがしっかり保持される必要があります。ジョン・デューイ
（John Dewey）が 1897 年に述べたように。

　　　「教育とは人生のための準備なのではない。教育は，人生そのものであ
　　　る。教育は，それゆえ，生きる過程であり，未来に生きるための準備では
　　　ないのである」

　私たちはただ将来の時点で必要である可能性があるという理由だけで，あ
る時点で何かを教えることを正当化することはできません。焦点を当てるべ
きことは，<u>今</u>，何が大切で，意味があり，必要なのかということでなければ
なりません。
　もし私たちがこのプレッシャーを減じることができれば，私たちは学校教
育を生徒（そして教師）にとってストレスの少ないものに変え始めることが
できるでしょう。そしてより正直に，もっとオープンに，創造的に<u>本当に大
切なものが何なのか</u>を，生徒の視点から見始めることになるでしょう。単純
に，社会に認知された必要性の視点からとらえるのではなく。

大学におけるウェルビーイング──新たな基準になるか？

　世界中の多くの大学が，現在，マインドフルネスのプログラムやウェル
ビーイングのプログラムを設置しています。その理由としては，大学がマイ
ンドフルネス・トレーニングの持つ潜在的な恩恵に関心を持っているだけで
はなく，学生がメンタルヘルスの面でますます憂慮すべきレベルに陥ってい
ることを懸念していることも挙げられます。
　大学教育における最近の進展の例をいくつか以下に挙げてみます。

- カナダのモントリオール大学では，医師になるには，ウェルビーイングの
　コースをとる必要があり，その中には，自分自身のためにマインドフルネス

の方策を学ぶことが含まれています。それは，極度に過酷な職業においてセルフケアがますますその重要度を増しているためであり，また，臨床研修において学生のストレス・レベルが高いためでもあります。

- 米国のロチェスター大学医歯学部や豪州のモナシュ大学医学部では，マインドフルネスをカリキュラムの中に取り入れています。少なくとも世界には他に 12 の医学部で学生にマインドフルネス・トレーニングを行っています。「研究では，これらのプログラムに参加した学生において心理的な痛みの低減と，生活の質の向上が示された」（Dobkin and Hutchinson, 2013）とされています。

- 多くの大学が今やマインドフルネスのコースを学部学生のために提供しています。例えば，米国ノースキャロライナ州のデューク大学ではコル（Koru）・マインドフルネスというエビデンスに基づくカリキュラムを導入しています。これは大学生や青少年層に対象を絞ってマインドフルネス，メディテーション，ストレス・マネジメントを教えるプログラムです。

- アメリカ・バージニア州のジョージ・メイソン大学は，現在，教授陣や学生たちと協働でウェルビーイングに焦点を当て，ポジティブ心理学とマインドフルネスを活用しています。ギャロップ社はこのプロジェクトに関する研究を行っています。同社の教育部門のディレクター，ブランドン・バスティード（Brandon Busteed）は以下のように述べています（Watts, 2014）。

「大学の学位があることを見せるだけでは，将来の通貨にはならない。『取得した学位のおかげで，自分が素晴らしい職を得て，素晴らしい人生を送る可能性が大きく高まったか』ということが問われることになる。どの大学が将来評価されるのかという点において，こうしたことが新しい基準となるかもしれない」

　ジョージ・メイソン大学における「ウェルビーイングに基づく大学」を築くステップについての動画を，以下のサイトで視聴できます。https://www.youtube.com/watch?v=/8RLB3cymsfl

学びの真髄

　世界をリードする思想家たちは，従来の主流の教育制度——中等教育終了後にさらに加工しやすいよう，生徒を都合の良い束に入れることにいまだに注力する制度——の中では見過ごされてきた，学びの重要な領域について注意を促しています。ケン・ロビンソン卿（Sir Ken Robinson）による，産業社会時代の時代遅れの教育アプローチについての TED トークが，この一例です。

　『学校には長い間在籍しているが，十分な教育は受けていない者たち（Overschooled but Undereducated）』（Abbott and MacTaggart, 2010）という著書の中で，ジョン・アボット（John Abbott）は以下のように述べています。「今，私たち人類が直面している世界的危機は，他の時代に他の目的のために設計された教育制度が引き起こした，意図されなかった結果である。その教育制度は今や人間のニーズにも地球のニーズにも全く不適合なものとなっている」。アボットは生涯を教育——すなわち教えること，そして効果的な人間の学びについての情報を統合すること——に捧げてきました。そして政府や教育機関に学校教育へのアプローチを変える緊急の必要性について訴えてきました。彼は教育家であり，かつ木工職人でもあります。彼の言葉の中で私が最も好きなものは，学びの必要について述べた「脳の穀物」（grain of the brain）という表現です。「21 世紀型学びのイニシアチブ」の代表であるアボット氏は，ラジカルで人を鼓舞する思想家でもあります。彼が始めた「教育の魂を求めた戦い」という運動については，以下のサイトをご参照ください。www.21learn.org

　ピーター・センゲは，最近，画期的な著書『Emotional Intelligence』（1995）（邦訳：『EQ—こころの知能指数』講談社，1996）を著したダニエル・ゴールマンと共同で，『三つのフォーカス—教育への新しいアプローチ（Triple Focus : A New Approach to Education）』（Goleman and Senge, 2014）という小さな本を出版しました。この中で，二人は，効果的な教育のコアを形成すべき三つの主要な領域について論じています。

- 内面にフォーカスして自分自身を理解すること。
- 他の人々を理解し，つながりのある関係性をいかに築くかを理解すること。
- より大きな世界を理解し，その世界と統合・調和するために，自分の外側にフォーカスすること。

そのコンセプトは，基本的にはマインドフルネスと SEL（社会性と情動の学習）とシステム思考を組み合わせたものです。これは，シンプルですがパワフルな組み合わせです。複雑な世界にあって，若者たちにこれらの入り組んだ重複する分野について理解するスキルを教えることは，ますます重要になっています。たとえば，つい最近まで，人類の技術的進歩が，環境やおそらくは種としての持続可能性にさえも与える影響について，私たちは十分に理解していなかったのです。今ではそうしたことを理解するに至ったので，私たちは地球温暖化や気候変動といった複雑なシステムを理解し，そしてそれについて行動を起こすという両面において，責任を負い，果たすべき役割を持っているのです。

　人間というのは極めて高い解決能力を持った存在です。私たちには高い創意工夫の才能と知性が備わっているので，人類が直面している課題に私たちの心を一つにして取り組めば，大方の問題が解決するか，少なくとも対応可能になるでしょう。とは言え，私たちはそのことを強く望まなければなりません。人類の未来に関する深い恐れについては広く報道されており，このことと若者の不安の増大が無縁ではないかもしれません。子どもたちは，難しい地球的課題を解決するために，内面的な備えや能力といった深い道具箱を必要とするでしょう。こうした問題には，環境，政治，宗教，心理などが含まれますが，いずれもすぐに解決されてなくなるような問題ではありません。

　ニール・ポストマン（Neil Postman）は，『教育の目的——学校の価値の再定義（The End of Education : Redefining the Value of School）』（1995）という著書において，「現在私たちが抱いている学校というものの概念の根底にある物語（narratives）は，私たちの役には立たないものである」と述べています。ポストマン氏は，大方の教育改革は，内容をいかに効率よく伝えるかという点にかかわる「工学（engineering）」であり，「学校とは何なの

か，という問いにはほとんど触れない」ものだと言います。

　私たちには，教育の「方法」だけではなく，「なぜ」ということを考える新しい物語が必要です。もし私がゼロから新しい学校を作るとしたら，その中核に来る理念は以下のようなものとなるでしょう。

> 　生徒たちが，このコミュニティという文脈において，
> この地球を最良の形で分かち合うための学習を
> 支援すること

　すべての学びの主要な分野——学業，テクノロジー，身体面，社会性——は，この中心的テーマに取り組む努力の中で，生まれてくることになります。この文脈において，21世紀の人生の旅路を歩んでいくのに必要な内的バランスとレジリエンスを築くのに必要な基礎的スキルを育てることが可能です。

　学校の教師たちや保護者をマインドフルネスの導入セッションに招待する時によく感じることは，このような体験は必要である，という共通の感覚を参加者が抱いているということです。私たちは皆少しずつバランスを欠いた生活をしており，静けさやスペースの深い感覚に対する渇望や，自分の身体や感情とつながり直したり，また，おたがいにつながり直すことに対する渇望を共通の感覚として持っていることを感じるのです。こうしたことは，英国の裕福な私立の学校や豊かな資本力のある欧州のインターナショナルスクールだけではなく，余力がなくストレスの多いインナーシティ（都心に隣接した恵まれない地域）の学校の教師たちや，米国やアジアやオーストラリアの学校や組織においても同様に見られるのです。

　私たちはますます孤立したポケットの中で暮らしているように思えます。あらゆるものが密接に繋がる時代において，人はかつてほどには孤立していないと考えるかもしれません。これはある意味正しいかもしれませんが，全

体像の一部でしかありません。人は，バーチャルな意味では，よりつながっているかもしれません。ですが，「バーチャルに」という言葉の定義の一つは「まだまだ」というものです。過去数世紀にわたる産業革命や技術革命の間に，私たちは何かを失ってしまったのでしょうか？　もしかすると，それは何か大きなものの一部であることやグループや部族や民族の一部であること，帰属感といったものかもしれません。

　こうした伝統的共同体基盤が侵食されていることと，自己啓発・感情の意識・バランスの保持に対する人々の昨今の関心の高まりとは，無縁ではないかもしれません。マインドフルネスのような訓練は，よりしっかり地に足をつけさせる一助となり，孤立感を高めるような反芻思考を手放す試みを支えてくれるかもしれません。誰もがあまりに忙しそうで，しばし立ち止まって少しゆっくりするよう促してくれる人はほとんど存在しません。そのような中，マインドフルネスは，重要なペースの変化を与えてくれるように思えます。忙しい一日の中に静かな瞬間を持つことで，自分自身に立ち返ることができるかもしれません。他の人たちと沈黙の時間を一緒に過ごすことは，思いがけない心の滋養になるかもしれません。またより深い自分につながっている感覚があると，他の人とより親しい関係を作ることができるかもしれません。

　この自己がつながる感覚こそが，分断され，不当で，現実との乖離を感じるようなこの世界で，多くの若者がさまよいつつ体験する虚無感を埋める一助となるのかもしれません。十分認識されてはいませんが，この虚無感が，若者を略奪（性的，政治的，あるいは宗教的）を助長するような状況に置いたり，ドラッグや，アルコールや，その他の強迫的・依存症的な行動に走らせる可能性があるように思います。

　この取り組みにおいて私たちが常に意識すべき重要な問いかけは，「私たちは，自分自身とおたがいをよく理解することによって，物事への対処やフラリッシュの方法を学ぶことができるか」ということです。自分自身（すなわち自分の頭脳（mind），身体，感情）を理解するというマインドフルネスを，進化する学校文化の中心となる織物に織り込んでいくと，注意を向けるスキルの向上や，より深い自己認識，感情制御の向上，協働するスキルの向上などをサポートすることが可能となります。他者を理解し，私たちが暮ら

し，活動する環境や過程における自分の場所を理解することにもフォーカスを拡げ，マインドフルネスのトレーニングがこれらと組み合わされるなら，「マインドフルに意識するトレーニング」は，21世紀の教育の貴重な構成要素となるでしょう。

> 私たちは教師ではありません。
> 私たちは教師である前に人間です。
> 教える人間なのです。

　私たちは若者が最大限のことができるような学びを支援するために，最大限の努力をしています。教師として，また個人としてこの世界でできることには限りもあります。しかし，自分が本来の自分であること（authenticity）やつながりを実現するためのあらゆるステップは，自分自身および生徒とより深く関わっていくステップでもあります。教える人間としての私たちの役割はきわめて重要です。

　マインドフルネスは人生のすべての問題の答えとなるでしょうか？　私はそうとは思いません。しかし，確信をもって言えることは，生徒と教師の内面の体験の価値を認め，それを支えることを探求することは，自らへの深い問いかけである，ということです。そしてまたそれは，学校というものを組織化する方法や，教師のキャリアの持続可能性や，教師と生徒に役立つことについて，本質的で変容を生み出すような問いかけであるということです。それはすなわち，教育において本当に大切なことは何かを問うことになるのです。

文　　献

Abbott, J. and MacTaggart, H. (2010) *Overschooled but Undereducated: How the Crisis in Education is Jeopardizing our Adolescents*. London: 21st Century Learning Initiative.

Ali, A. (2016) 'Childline expresses concern over rise in number of students under exam stress', *Independent*, 11 May. Available at www.independent.co.uk/student/student-life/ health/childline-expresses-concern-over-rise-in-number-of-students-under-examstress-a7023746.html (accessed 6/12/16).

Allen, M. (2012) 'Mindfulness and neuroplasticity - a summary of my recent paper', *Neuroconscience*, 23 November. Available at https://neuroconscience.com/2012/11/23/ mindfulness_and_plasticity/ (accessed 6/12/16).

American Mindfulness Research Association (2016) 'AMRA resources and services'. Available at https://goamra.org/resources/ (accessed 6/12/16).

Anderson, N. (2015) 'George Washington University applicants no longer need to take admissions tests', *Washington Post*, 27 July. Available at www.washingtonpost.com/ news/grade-point/wp/2015/07/27/george-washington-university-applicants-no-longer-need-totake-admissions-tests/?utm_term=.a9fef78d19f5 (accessed 6/12/16).

Andrews, G., Poulton, R. and Skoog, I. (2005) 'Lifetime risk of depression: restricted to a minority or waiting for most?', *British Journal of Psychiatry*, 187 (6) : 495-6.

Aspen Institute (2016) 'National Commission of Social, Emotional, and Academic Development'. Available at www.aspeninstitute.org/programs/national-commission-on-social-emotional-and-academic-development/ (accessed 6/12/16).

Biegel, G.M., Brown, K.W., Shapiro, S.L. and Schubert, C.M. (2009) 'Mindfulness-based stress reduction for the treatment of adolescent psychiatric outpatients: a randomized clinical trial', *Journal of Consulting and Clinical Psychology*, 77 (5) : 855-66. Available at www.kirkwarrenbrown.vcu.edu/wp-content/pubs/Biegel et al JCCP 2009.pdf (accessed 6/12/16).

Bloom, B., Engelhart, D., Hill, W.H., Furst, E.J. and Krathwohl, D.R. (1956) *Taxonomy of Educational Objectives: The Classification of Educational Goals*. Boston: Allyn and Bacon.

Brown, P.L. (2007) 'In the classroom, a new focus on quieting the mind', *New York Times*, 16 June. Available at http://www.nytimes.com/2007/06/16/us/16mindful.html

（accessed 6/12/16）.

Bruni, F.（2016）'Turning the tide', *New York Times*. Available at https://www.nytimes.com/2016/01/20/opinion/rethinking-college-admissions.html（accessed 25/1/2017）.

Burns, T.（2016）Educare. Available at www.timburnseducare.com/（accessed 6/12/16）.

Callard, F. and Margulies, D.（2011）'The subject at rest: novel conceptualizations of self and brain from cognitive neuroscience's study of the "resting state"', *Subjectivity*, 4（3）: 227-57. Available at http://link.springer.com/article/10.1057/sub.2011.11（accessed 6/12/16）.

Council in Schools（2010）'The Ojai Foundation', 18 November. Available at www.youtube.com/watch?v=fKSh73dO49s（accessed 6/12/16）.

Cozolino, L.（2013）*The Social Neuroscience of Education: Optimizing Attachment and Learning in the Classroom*. New York: Norton.

Dakin, N.（September 2016）Available at https://www.theyworkforyou.com/whall/?id=2016-09-06b.111.1（accessed 25/1/2017）.

Davidson, R.（2016）'The four keys to well-being', *Greater Good*, 21 March. Available at http://greatergood.berkeley.edu/article/item/the_four_keys_to_well_being（accessed 6/12/16）.

de Bruin, E.I., Blom, R., Smit, F.M.A., van Steensel, F.J.A. and Bogels, S.M.（2015）'MYmind: mindfulness training for youngsters with autism spectrum disorders and their parents', *Autism*, 19（8）: 906-914. Available at http://aut.sagepub.com/content/19/8/906（accessed 6/12/16）.

Dewey, J.（1897）'My pedagogic creed', *School Journal*, 54（January）: 77-80. Available at http://dewey.pragmatism.org/creed.htm（accessed 6/12/16）.

Diamond , D.M., Campbell, A.M., Park, C.R., Halonen, J. and Zoladz, P.R.（2007）'The Temporal Dynamics Model of Emotional Memory Processing: A Synthesis on the Neurobiological Basis of Stress-Induced Amnesia, Flashbulb and Traumatic Memories, and the Yerkes-Dodson Law', *Neural Plasticity*, vol. 2007, Article ID 60803, 2007. doi:10.1155/2007/60803.

Dobkin, P. and Hutchinson, T.（2013）'Teaching mindfulness in medical school: where are we now and where are we going?', *Medical Education*, 47: 768-79. Available at www.mcgill.ca/wholepersoncare/files/wholepersoncare/teaching_mindfulness.pdf（accessed 6/12/16）.

Durlak, J.A., Weissberg, R.P., Dymnicki, A.B., Taylor, R.D. and Schellinger, K.B.（2011）'The impact of enhancing SEL, A meta-analysis of school-based universal interventions', *Child Development*, 82（1）: 405-432. Available at http://static1.squarespace.com/static/513f79f9e4b05ce7b70e9673/t/52e9d8e6e4b001f5c1f6c27d/1391057126694/meta-analysis-child-development.pdf（accessed 6/12/16）.

Dweck, C.（2007）*Mindset: The New Psychology of Success*. New York: Ballantine.（今西康子訳（2016）マインドセット―「やればできる！」の研究. 草思社）

Elbert, T., Pantev, C., Wienbruch, C., Rockstroh, B. and Taub, E.（1995）'Increased cortical representation of the fingers of the left hand in string players', *Science*, New Series, 270（5234）: 305-7. Available at www.ncbi.nlm.nih.gov/pubmed/7569982（accessed 6/12/16）.

Elias, M. and Zins, J.E.（1997）*Promoting Social and Emotional Learning: Guidelines for Educators*. Alexandria, VA: ASCD.（小泉令三編訳（1999）社会性と感情の教育—教育者のためのガイドライン 39. 北大路書房）

Farb, N., Segal, Z.V., Mayberg, H., Bean, J., McKeon, D., Fatima, Z. and Anderson, A.（2007）'Attending to the present: mindfulness meditation reveals distinct neural modes of self-reference', *Social Cognitive and Affective Neuroscience*, 2（4）: 313-22. Available at www.ncbi.nlm.nih.gov/pubmed/18985137（accessed 6/12/16）.

Feinberg, C.（2013）'The placebo phenomenon', *Harvard Magazine*, January-February. Available at http://harvardmagazine.com/2013/01/the-placebo-phenomenon（accessed 6/12/16）.

Felver, J.C., Celis-de Hoyos, C.E., Tezanos, K. and Singh, N.N.（2015）'A systematic review of mindfulness-based interventions for youth in school settings', *Mindfulness*, 7(1). Available at www.researchgate.net/publication/273349460_A_Systematic_Review_of_Mindfulness-Based_Interventions_for_Youth_in_School_Settings（accessed 6/12/16）.

Fielding, M.（2005）'Putting hands around the flame: reclaiming the radical tradition in state education', *FORUM*, 47（2）: 61-70. Available at www.wwwords.co.uk/rss/abstract.asp?j=forum&aid=2555（accessed 6/12/16）.

Gallagher, R.P.（2015）'National Survey of College Counseling Centers 2014'. Available at http://0201.nccdn.net/1_2/000/000/088/0b2/NCCCS2014_v2.pdf（accessed 25/1/17）.

Ginott, H.（1994 [1972]）*Teacher and Child: A Book for Parents and Teachers*. New York: Simon & Schuster.（久富節子訳（1983）先生と生徒の人間関係—心が通じ合うために 新版. サイマル出版会）

Goldsmith, S.K., Pellmar, T.C., Kleinman, A.M. and Bunney, W.E.（eds）（2002）*Reducing Suicide: A National Imperative*, Committee on Pathophysiology and Prevention of Adolescent and Adult Suicide. Washington, D.C.: National Academies Press. Available at www.nap.edu/read/10398/chapter/1#ii（accessed 6/12/16）.

Goleman, D.（1995）*Emotional Intelligence: Why It Can Matter More Than IQ*. New York: Bantam.（土屋京子訳（1998）EQ—こころの知能指数. 講談社）

Goleman, D.（2013）*Focus: The Hidden Driver of Excellence*. New York: HarperCollins.（土屋京子訳（2015）フォーカス. 日本経済新聞出版社）

Goleman, D. and Senge, P.（2014）*Triple Focus: A New Approach to Education*（Kindle edn）. Florence, MA: More than Sound.（井上英之監訳（2022）21 世紀の教育—子どもの社会的能力と EQ を伸ばす 3 つの焦点. ダイヤモンド社）

Gunaratana, B.（2011）*Mindfulness in Plain English*. Somerville, MA: Wisdom.（出村佳子訳（2012）マインドフルネス—気づきの瞑想. サンガ）

Halevi, Y.（2002）'Introspection as a prerequisite for peace', *New York Times*, 7 September. Available at www.nytimes.com/2002/09/07/opinion/introspection-as-a-prerequisite-forpeace.html（accessed 6/12/16）.

Halliwell, E.（2014）'Can mindfulness transform politics?', *Mindful*, 23 May. Available at www.mindful.org/can-mindfulness-transform-politics-2/（accessed 6/12/16）.

Harari, Y.N.（2014）*Sapiens: A Brief History of Humankind*. New York: Harper Collins.（柴田裕之訳（2016）サピエンス全史―文明の構造と人類の幸福（上・下）．河出書房新社）

Harvard Graduate School（2014）'The children we mean to raise'. Available at http://mcc.gse.harvard.edu/the-children-we-mean-to-raise（accessed 6/12/16）.

Harvard Graduate School（2015）'Harvard turning the tide: inspiring concern for others and the common good through college admissions'. Available at http://mcc.gse.harvard.edu/files/gse-mcc/files/20160120_mcc_ttt_execsummary_interactive.pdf?m=1453303460（accessed 6/12/16）.

Hawley, D.（2016）'Investigating stress in the DP', *IB World*, Issue 73. Available at https://issuu.com/internationalbaccalaureate/docs/ibo_eng_mar16_digi-mag4mb（accessed 6/12/16）.

Helliwell, J., Layard, R. and Sachs, J.（eds）（2015）*World Happiness Report 2015*. New York: Sustainable Development Solutions Network. Available at http://worldhappiness.report/wp-content/uploads/sites/2/2015/04/WHR15.pdf（accessed 6/12/16）.

Hennelly, S.（2010）'The immediate and sustained effects of the .b mindfulness programme on adolescents' social and emotional well-being and academic functioning', Thesis submitted for Master of Research in Psychology, Oxford Brookes University.

Huppert, F.A. and So, T.T.C.（2011）Soc Indic Res. 110: 837. First available online 15 December 2011, DOI: 10.1007/511205-011-9966-7.

Huxter, M.（2016）*Healing the Heart and Mind with Mindfulness*. London: Routledge.

Ingersoll, R. and Stuckey, D.（2014）'Seven Trends: The Transformation of the Teaching Force', CPRE Report（RR#-80）. Philadelphia: Consortium for Policy Research in Education, University of Pennsylvania.

James, W.（1890）*The Principles of Psychology*, Vols 1 and 2. New York: Holt.（松浦孝作訳（1940）心理學の根本問題．三笠書房）

Jennings, P.（2015）*Mindfulness for Teachers: Simple Skills for Peace and Productivity in the Classroom*. New York: Norton.

Jennings, P., Brown, J., Frank, J. Doyle, S., Oh, Y., Tanler, R., Rasheed, D., DeWeese, A., DeMauro, A., Cham, H., Greenberg, M.（2015）'Promoting teachers' social and emotional competence and classroom quality: a randomized controlled trial of the CARE for Teachers professional development program', draft submission EDU-2015-1078R2, *Journal of Educational Psychology*.

Jensen, E., Bengaard Skibsted, E. and Christensen Vedsgaard, M.（2015）'Educating teachers focusing on the development of reflective and relational competences', *Educational Research for Policy and Practice*, 14: 201. Available at http://link.springer.com/article/10.1007/s10671-015-9185-0（accessed 25/1/17）.

Johnson, D.C., Thom, N.J., Stanley, E.A., Haase, L., Simmons, A.N., Shih, P.B., Thompson, W.K., Potterat, E.G., Minor, T.R. and Paulus, M.P.（2014）'Modifying resilience mechanisms in at-risk individuals: a controlled study of mindfulness training in marines preparing for deployment', *American Journal of Psychiatry*, 171（8）: 844-53. Available at www.ncbi.nlm.nih.gov/pubmed/24832476（accessed 6/12/16）.

Kabat-Zinn, J.（1991）*Full Catastrophe Living: How to Cope with Stress, Pain and Illness using Mindfulness Meditation.* London: Piatkus.（春木豊訳（2007）マインドフルネストレス低減法．北大路書房）

Kabat-Zinn, J.（2013）'Mindfulness in education'. Available at www.youtube.com/watch?v=Qm-qnkclUyE（accessed 6/12/16）.

Kaiser-Greenland, S.（2010）*The Mindful Child: How to Help Your Kids Manage Stress, Become Happier, Kinder and More Compassionate.* New York: Free Press.

Kallapiran, K., Koo, S., Kirubakaran, R. and Hancock, K.（2015）'Effectiveness of mindfulness in improving mental health symptoms of children and adolescents: a meta-analysis', *Child and Adolescent Mental Health*, 20（4）: 182-94. Available at http://onlinelibrary.wiley.com/doi/10.1111/camh.12113/full（accessed 6/12/16）.

Kemeny, M.E., Foltz, C., Cavanagh, J.F., Cullen, M., Giese-Davis, J., Jennings, P., Rosenberg, E.L., Gillath, O., Shaver, P.R., Wallace, B.A. and Ekman, P.（2011）'Contemplative/emotion training reduces negative emotional behavior and promotes prosocial responses', *Emotion*, 12（2）: 338-50. Available at www.paulekman.com/wp-content/uploads/2013/07/Contemplative-emotion-training-reduces-negative-emotional-behavior-and-promotesprosocial-responses.pdf（accessed 6/12/16）.

Kessler, R.（2000）*The Soul of Education: Helping Students Find Connection, Compassion and Character at School.* Alexandria, VA: ASCD.

Killingsworth, M.A. and Gilbert, D.T.（2010）'A wandering mind is an unhappy mind', *Science*, 330（6006）: 932. Available at http://science.sciencemag.org/content/330/6006/932.full（accessed 6/12/16）.

Kornfield, J.（1993）*A Path with Heart: The Classic Guide Through the Perils and Promises of Spiritual Life.* New York: Bantam.

Kuyken,W., Weare, K., Ukoumunne, O., Vicary, R., Moton, N., Burnett, R., Cullen, C., Hennelly, S. and Huppert, F.（2013）'Effectiveness of the Mindfulness in Schools Programme: non-randomised controlled feasibility study', *British Journal of Psychiatry*, 203（2）: 126-31. Available at http://bjp.rcpsych.org/content/203/2/126.full.pdf+html（accessed 6/12/16）.

Kyriacou, C.（2001b）'Teacher stress: directions for future research', *Educational Review*, 53: 28-35.

Lantieri, L.（2008）*Building Emotional Intelligence.* Boulder, CO: Sounds True.

Lau, H. and Rosenthal, D.（2011）'Empirical support for higher-order theories of conscious awareness', *Trends in Cognitive Sciences*, 15（8）: 365-73. Available at http://neurocognitiva.org/wp-content/uploads/2014/04/Lau-2011-Empirical-support-forhigher-order-theories-of-conscious-awareness.pdf（accessed 6/12/16）.

Lueke, A. and Gibson, B.（2014）Mindfulness meditation reduces implicit age and race bias: The role of reduced automaticity of responding. *Social Psycho-*

logical and Personality Science SAGE Journals. http://journals.sagepub.com/doi/abs/10.1177/1948550614559651（accessed 5/2/2017）.

Magee, R.（2015）How mindfulness can defeat racial bias. *The Greater Good, Science of a Meaningful Life*. http://greatergood.berkeley.edu/article/item/how_mindfulness_can_defeat_racial_bias（accessed 5/2/2017）.

Maguire, E.A., Woollett, K. and Spiers, H.J.（2006）'London taxi drivers and bus drivers: a structural MRI and neuropsychological analysis', *Hippocampus*, 16: 1091-1101. Available at www.ucl.ac.uk/spierslab/Maguire2006Hippocampus（accessed 6/12/16）.

Marturano, J.（2014）*Finding the Space to Lead: A Practical Guide to Mindful Leadership*. New York: Bloomsbury.（田中順子訳（2019）THE SPACE―ビジネスを成功に導くリーダーシップは「心の置き場所」を見つけることから始まる．TAC出版）

Marzano, R.J. and Pickering, D.J. with Heflebower, T.（2011）*The Highly Engaged Classroom*. Bloomington, IN: Marzano Research Laboratory, pp. 5-7.

Massachusetts General Hospital（2011）'Mindfulness meditation training changes brain structure in 8 weeks', *News Release*, 2 January. Available at www.massgeneral.org/news/pressrelease.aspx?id=1329（accessed 6/12/16）.

Mental Health Foundation（2015）'Fundamental facts about mental health'. Available at www.mentalhealth.org.uk/sites/default/files/fundamental-facts-15.pdf（accessed 6/12/16）.

Microsoft Canada（2015）'Attention spans', *Consumer Insights*. Available at http://docplayer.net/13720026-Microsoft-attention-spans-spring-2015-msadvertisingca-msftattnspansattention-spans-consumer-insights-microsoft-canada.html（accessed 24/1/17）.

Mindfulness All-Party Parliamentary Group（MAPPG）（2015）*Mindful Nation UK*. London: The Mindfulness Initiative. Available at http://themindfulnessinitiative.org.uk/images/reports/Mindfulness-APPG-Report_Mindful-Nation-UK_Oct2015.pdf（accessed 13/12/16）.

Moffitt, T.E., Arseneault, L., Belsky, D., Dickson, N., Hancox, R.J., Harrington, H.L., Houts, R., Poulton, R., Roberts, W., Ross, S., Sears, M.R., Thomson, W.M. and Caspi, A. 'A gradient of childhood self-control predicts health, wealth, and public safety', PNAS, 2011, 108（7）: 2693-2698; published ahead of print January 24, 2011. doi:10.1073/pnas.1010076108

Murphy, M. and Fonagy, P.（2012）'Chapter 10: Mental health problems in children and young people', from Annual Report of the Chief Medical Officer, *Our Children Deserve Better: Prevention Pays*. Available at www.gov.uk/government/uploads/system/uploads/attachment_data/file/252660/33571_2901304_CMO_Chapter_10.pdf（accessed 6/12/16）.

NASUWT（2016）'Urgent action needed to reduce stress faced by teachers' Available at https://www.nasuwt.org.uk/article-listing/action-needed-to-reduce-stress-faced-byteachers.html（accessed 26/1/17）.

National Education Association（NEA）（2015）'Research spotlight on recruiting and retaining highly qualified teachers'. Available at www.nea.org/tools/17054.htm（accessed

6/12/16）.

National Institute for Health and Care Excellence（2009）'Depression in adults: recognition and management', NICE guidelines CG90 last updated April 2016. Available at https://www.nice.org.uk/guidance/cg90（accessed 26/1/17）.

Parks, T.（2010）*Teach Us to Sit Still: A Sceptic's Search for Health and Healing*. London: Vintage.

Pattakos, A.（2004）*Prisoners of Our Thoughts*. Oakland, CA: Berrett-Koehler. Available at www.bkconnection.com/static/Prisoners-of-our-Thoughts-EXCERPT.pdf（accessed 6/12/16）.

Patterson, K., Grenny, J., McMillan, R. and Switzler, A.（2002）*Crucial Conversations: Tools for Talking When Stakes are High*. New York: McGraw-Hill.（山田美明訳（2019）クルーシャル・カンバセーション─重要な対話のための説得術. パンローリング）

Patterson, K., Grenny, J., McMillan, R., Switzler, A.（2005）*Crucial Confrontations: Tools for Resolving Broken Promises, Violated Expectations and Bad Behaviour*. New York: McGraw-Hill.

Pbert, L., Madison, J.M., Druker, S, Olendzki, N., Magner, R., Reed, G., and Carmody, J.（2012）'Effect of mindfulness training on asthma quality of life and lung function: a randomised controlled trial', *Thorax*, 67（9）: 769-76. Available at www.ncbi.nlm.nih.gov/pmc/articles/PMC4181405（accessed 6/12/16）.

Pinger, L. and Flook, L.（2016）'What if schools taught kindness?', The Greater Good Science Centre, University of California, Berkeley, CA. Available at http://greatergood.berkeley.edu/article/item/what_if_schools_taught_kindness（accessed 13/12/16）.

Postman, N.（1995）*The End of Education: Redefining the Value of School*. New York: Vintage.

Powell, K. and Kusuma-Powell, O.（2010）*Becoming an Emotionally Intelligent Teacher*. London: Corwin.

Powell, W. and Kusuma-Powell, O.（2013）*The OIQ Factor: Raising Your School's Organizational Intelligence*. Woodbridge: John Catt Educational.

Rechtschaffen, D.（2014）*The Way of Mindful Education: Cultivating Well-being in Teachers and Students*. New York: Norton.

Research Autism（2016）'Mindfulness and autism publications'. Available at http://researchautism.net/autism-interventions/types/psychological-interventions/cognitiveandbehavioural-therapies/mindfulness-training-and-autism/mindfulness-and-autismpublications（accessed 6/12/16）.

Robinson, K.（2010）'Changing education paradigms'. Available at www.ted.com/talks/ken_robinson_changing_education_paradigms（accessed 6/12/16）.

Rock, D.（2009）'The neuroscience of mindfulness', *Psychology Today*, 11 October. Available at www.psychologytoday.com/blog/your-brain-work/200910/the-neuroscience-mindfulness（accessed 6/12/16）.

Rodenburg, P.（2009）*Presence: How to Use Positive Energy for Success in Every Situation*. London: Penguin.

Ryan, T.（2012）*A Mindful Nation: How a Simple Practice Can Help Us Reduce Stress, Improve Performance and Recapture the American Spirit*. Carlsbad, CA: Hay House.

Saltzman, A.（2014）*A Still Quiet Place: A Mindfulness Program for Teaching Children and Adolescents to Ease Stress and Difficult Emotions*. Oakland, CA: New Harbinger.

Sanger, K. and Dorjee, D.（2016）'Mindfulness training with adolescents enhances meta-cognition and the inhibition of irrelevant stimuli: evidence from event-related brain potentials', *Trends in Neuroscience and Education*, 5（1）: 1-11. Available at www.sciencedirect.com/science/article/pii/S2211949316300011（accessed 6/12/16）.

Sapolsky, R.（2004）*Why Zebras Don't Get Ulcers*. New York: Holt.（栗田昌裕監修，森平慶司訳（1998）なぜシマウマは胃潰瘍にならないか―ストレスと上手につきあう方法. シュプリンガー・フェアラーク東京）

Saron, C.（2013）'Chapter 19: The Shamatha Project Adventure: a personal account of an ambitious meditation study and its first result', in *Compassion - Bridging Practice and Science*. Munich: Max Planck Society. Available at www.compassion-training.org/en/online/files/assets/basic-html/page345.html（accessed 6/12/16）.

Scelfo, J.（2015）'Teaching peace in elementary school', *New York Times*, 14 November. Available at www.nytimes.com/2015/11/15/sunday-review/teaching-peace-in-elementa-ryschool.html?_r=2（accessed 6/12/16）.

Schank, R. and Cleave, J.（1995）'Natural learning, natural teaching: changing human memory', in H. Morowitz and J.L. Singer（eds）, *The Mind, the Brain, and Complex Adaptive Systems*. Reading, MA: Addison-Wesley. Available at https://searchworks.stanford.edu/view/2996709（accessed 6/12/16）.

Schoeberlein, D.（2009）*Mindful Teaching and Teaching Mindfulness: A Guide for Any-one who Teaches Anything*. Somerville, MA: Wisdom.

Schonert-Reichl, K.A., Oberlee, E., Lawlor, M.S., Abbott, D., Thomson, K. and Diamond, D.（2015）'Enhancing cognitive and social-emotional development through a simple-toadminister mindfulness-based school program for elementary school children: a ran-domized controlled trial', *Developmental Psychology*, 51（1）: 52-66. Available at www.ncbi.nlm.nih.gov/pmc/articles/PMC4323355/（accessed 6/12/16）.

Seligman, M.（2011）*Flourish: A Visionary New Understanding of Happiness and Well-being*. New York: Free Press.（宇野カオリ監修・翻訳（2014）ポジティブ心理学の挑戦 "幸福"から"持続的幸福"へ. ディスカバー・トゥエンティワン）

Senge, P.（1990）*The Fifth Discipline: The Art and Practice of the Learning Organiza-tion*. London: Random House.（枝廣淳子・小田理一郎・中小路佳代子訳（2011）学習する組織―システム思考で未来を創造する. 英治出版）

Senge, P., Cambron-McCabe, N. Lucas, T., Smith, B., Dutton, J. and Kleiner, A.（2000）*Schools That Learn: A Fifth Discipline Fieldbook for Educators, Parents, and Everyone Who Cares About Education*. London: Nicholas Brealey.（リヒテルズ直子訳（2014）学習する学校―子ども・教員・親・地域で未来の学びを創造する. 英治出版）

Srinivasan, M.（2014）*Teach, Breathe, Learn: Mindfulness In and Out of the Classroom*. Berkely, CA: Parallax.

Stone, J. (2015) 'Over focus on exams causing mental health problems and self-harm among pupils, study finds', *Independent*, 6 July. Available at www.independent.co.uk/news/uk/politics/over-focus-on-exams-causing-mental-health-problems-and-self-harm-amongpupils-study-finds-10368815.html (accessed 6/12/16).

Teasdale, J.D., Segal, Z.V., Williams, J.M., Ridgeway, V.A., Soulsby, J.M. and Lau, M.A. (2000) 'Prevention of relapse/recurrence in major depression by mindfulness-based cognitive therapy', *Journal of Consulting and Clinical Psychology*, 68 (4) : 615-23. Available at www.radboudcentrumvoormindfulness.nl/media/Artikelen/Teasdale2000.pdf (accessed 6/12/16).

Twenge, J. (2000) 'Age of anxiety? Birth cohort changes in anxiety and neuroticism 1952-1993', *Journal of Personality and Social Psychology*, 79 (6) : 1007-21. Available at www.apa.org/pubs/journals/releases/psp7961007.pdf (accessed 6/12/16).

Vickery, C. and Dorjee, D. (2016) 'Mindfulness training in primary schools decreases negative affect and increases meta-cognition in children', *Frontiers in Psychology*, 12 January. Available at http://journal.frontiersin.org/article/10.3389/fpsyg.2015.02025/full (accessed 6/12/16).

Wake Forest Baptist Medical Center (2015) 'Mindfulness meditation trumps placebo in pain reduction.' *ScienceDaily*, 10 November 2015. Available at: https://www.sciencedaily.com/releases/2015/11/151110171600.htm (accessed 14/03/17).

Watts, T. (2014) 'George Mason's "Well-Being University" (extended cut) ', *Vimeo*. Available at https://vimeo.com/114250339 (accessed 6/12/16).

Weare, K. (2013) 'Developing mindfulness with children and young people: a review of the evidence and policy context', *Journal of Children's Services*, 8 (2) : 141-53. Available at https://mindfulnessinschools.org/wp-content/uploads/2013/03/children-and-mindfulnessjournal-of-childrens-services-weare.pdf (accessed 6/12/16).

Weare, K. (2014) 'Evidence for mindfulness: impacts on the wellbeing and performance of school staff', Mindfulness in Schools Project, University of Exeter. Available at https://mindfulnessinschools.org/wp-content/uploads/2014/10/Evidence-for-Mindfulness-Impact-on-school-staff.pdf (accessed 6/12/16).

Weaver, L. and Wilding, M. (2013) *The Five Dimensions of Engaged Teaching: A Practical Guide for Educators*. Bloomington, IN: Solution Tree Press.

Willard, C. (2016) *Growing Up Mindful: Essential Practices to Help Children, Teens, and Families Find Balance, Calm, and Resilience*. Boulder, CO: Sounds True.

Williams, J.M.G. (2010) 'Mindfulness and psychological process', *Emotion*, 10 (1) : 1-7. Available at www.oxfordmindfulness.org/dev/uploads/Williams-2010-Mindfulness-and-psychologicalprocess.pdf (accessed 6/12/16).

Williams, J.M., Barnhofer, T., Crane, C., Duggan, D.S., Shah, D., Brennan, K., Krusche, A., Crane, R., Eames, C., Jones, M., Radford, S. and Russell, I.T. (2012) 'Pre-adult onset and patterns of suicidality in patients with a history of recurrent depression', *Journal of Affective Disorders*, 138 (1-2) : 173-9. Available at www.bangor.ac.uk/mindfulness/documents/earlyonsetdepression.pdf (accessed 6/12/16).

Williams, M. and Penman, D. (2011) *Mindfulness: A Practical Guide to Finding Peace in a Frantic World*. London: Piatkus. (佐渡充洋・大野裕監訳 (2016) 自分でできるマインドフルネス—安らぎへと導かれる 8 週間のプログラム. 創元社)

Williams, M., Teasdale, J., Segal, Z. and Kabat-Zinn, J. (2007) *The Mindful Way Through Depression: Freeing Yourself from Chronic Unhappiness*. New York: Guilford Press. (越川房子・黒澤麻美訳 (2012) うつのためのマインドフルネス実践—慢性的な不幸感からの解放. 星和書店)

World Health Organization (WHO) (2012) 'Depression: A Global Crisis - World Mental Health Day, October 10 2012'. Available at www.who.int/mental_health/management/depression/wfmh_paper_depression_wmhd_2012.pdf (accessed 6/12/16).

World Health Organization (WHO) (2016) 'Adolescents: health risks and solutions', Fact Sheet 345. Available at www.who.int/mediacentre/factsheets/fs345/en/ (accessed 6/12/16).

Yerkes, R.M. and Dodson, J.D. (1908) 'The relation of strength of stimulus to rapidity of habitformation', *Journal of Comparative Neurology and Psychology*, 18: 459-82.

Zeidan, F., Emerson N.M., Farris, S.R., Ray, J.N., Jung, Y., McHaffie, J.G. and Coghill, R.C. (2015) 'Mindfulness meditation-based pain relief employs different neural mechanisms than placebo and sham mindfulness meditation-induced analgesia', *Journal of Neuroscience*, 35 (46): 15307-325. Available at www.ncbi.nlm.nih.gov/pubmed/26586819 (accessed 6/12/16).

索　引

訳者一覧（敬称略）

（第1章）
伊藤　靖 （いとう　やすし）
MBSR 研究会・関西医科大学心療内科学講座

（第2章）
山本和美 （やまもと　かずみ）
MBSR 研究会・関西医科大学心療内科学講座

（第3章）
丸山　勇 （まるやま　いさむ）
国際文化会館

（第4章）
小松由美 （こまつ　ゆみ）
東京外国語大学大学院国際日本学研究院

（第5章）
渋沢田鶴子 （しぶさわ　たづこ）
麻布ウェルネス

（第6章）
芦谷道子 （あしたに　みちこ）
滋賀大学教育学部

（第7章）
小林朋子 （こばやし　ともこ）
静岡大学教育学部

（第8章）
木村明子 （きむら　あきこ）
昭和女子大学附属昭和中学校・昭和高等学校

翻訳編集者略歴

伊藤　靖（いとう　やすし）
北海道大学医学部卒業。医学博士。
内科研修（沖縄県立中部病院・メイヨークリニック），腎臓内科研修・研究（シンシナチ大学），代謝・栄養学臨床・研究（スローアンケタリング癌センター・ロックフェラー大学），治療薬の研究開発（アムジェン社等）を経て，現在マインドフルネスの教育・研究（関西医科大学心療内科学講座）に従事。2000 年より長岡禅塾（故浅井義宣老師，北野大雲老師）通参。

マインドフルネス・ストレス低減法（MBSR）マサチューセッツ大学 Qualified teacher（2015 年），Certified teacher（2019 年），ブラウン大学トレーナー（2021 年）Mindfulness in Schools Project（.b・Paws b・.b Foundations）講師

芦谷道子（あしたに　みちこ）
大阪大学人間科学研究科博士課程単位取得退学，博士（医学）。
さまざまな医療機関や教育機関，福祉機関で心理士として心理療法に携わり，2007 年より滋賀大学特任講師，2012 年より同大学准教授，2018 年より同大学教授。主に，子どもの心身症に対する心理的支援，およびマインドフルネスについての研究に従事。

臨床心理士，公認心理師，Mindfulness in Schools Project .b 講師
マインドフルネス・ストレス低減法（MBSR）Foundations 修了
関西医科大学非常勤嘱託，大阪大学非常勤講師，株式会社イヴケア CKO 等兼務

マインドフルな先生，マインドフルな学校

2023 年 3 月 1 日　印刷
2023 年 3 月 10 日　発行

翻訳編集者　伊藤　靖
　　　　　　芦谷道子

発行者　立石　正信

発行所　**株式会社金剛出版**
　　　　〒 112-0005　東京都文京区水道 1-5-16
　　　　電話 03-3815-6661　振替 00120-6-34848

装幀　臼井新太郎
装画　カガワカオリ
印刷・製本　太平印刷社

ISBN978-4-7724-1941-3　C3011　　　　　　　　　　©2023 Printed in Japan

トラウマセンシティブ・マインドフルネス
安全で変容的な癒しのために

［著］＝デイビッド・A・トレリーヴェン
［訳］＝渋沢田鶴子 海老原由佳

●A5判 ●並製 ●272頁 ●定価 **3,520** 円
● ISBN978-4-7724-1903-1 C3011

「現在にとどまれ」とマインドフルネスは言う。
トラウマは人を
「苦痛に満ちた過去に連れ戻す」。
瞑想とトラウマの微妙な関係。

マインドフルネス・ストレス低減法
ワークブック

［著］＝ボブ・スタール エリシャ・ゴールドステイン
［訳］＝家接哲次

●B5判 ●並製 ●240頁 ●定価 **3,190** 円
● ISBN978-4-7724-1330-5 C3011

ストレスフルな生活から抜け出し
人生に安らぎと幸福をもたらす，
ヨーガと瞑想による体験重視の
マインドフルネス実践ワークブック！

ティーンのための
マインドフルネス・ワークブック

［著］＝シェリ・ヴァン・ダイク
［監訳］＝家接哲次 ［訳］＝間藤 萌

●B5判 ●並製 ●168頁 ●定価 **3,080** 円
● ISBN978-4-7724-1620-7 C3011

マーシャ・リネハンの弁証法的行動療法（DBT）と
マインドフルネスを使って
感情と上手につきあい
こころもからだも楽になるためのワークブック。

価格は10%税込です。

ティーンのための
セルフ・コンパッション・ワークブック
マインドフルネスと思いやりで，ありのままの自分を受け入れる

［著］=カレン・ブルース
［監訳］=岩壁 茂　［訳］=浅田仁子

●B5判　●並製　●180頁　●定価 **3,080** 円
● ISBN978-4-7724-1888-1 C3011

強い怒り，失望，恥，孤独など，
さまざまな感情を抱える心の中を理解し，
それをうまく扱うためのセルフ・コンパッションの手引き。

マインドフルネスのはじめ方
今この瞬間とあなたの人生を取り戻すために

［著］=ジョン・カバットジン
［監訳］=貝谷久宣　［訳］=鈴木孝信

●A5判　●並製　●200頁　●定価 **3,080** 円
● ISBN978-4-7724-1542-2 C3011

読者に考えてもらい
実践してもらうための
簡潔な言葉と5つのガイドつき瞑想で
体験的にマインドフルネスを学べる入門書。

マインドフル・カップル
パートナーと親密な関係を築くための実践的ガイド

［著］=ロビン・D・ウォルザー　ダラー・ウェストラップ
［監訳］=野末武義　［訳］=樫村正美　大山寧寧

●A5判　●並製　●172頁　●定価 **2,970** 円
● ISBN978-4-7724-1898-0 C3011

本書ではワークを通して
自分がマインドフルになり，
自分自身と向きあうことで，
いきいきとしたパートナーとの関係を目指していく。

価格は10%税込です。

セルフ・コンパッション 新訳版
有効性が実証された自分に優しくする力

[著]=クリスティン・ネフ
[監訳]=石村郁夫 樫村正美 岸本早苗　[訳]=浅田仁子

●A5判 ●並製 ●322頁 ●定価 **3,740** 円
● ISBN978-4-7724-1820-1 C3011

セルフ・コンパッションの実証研究の
先駆者である K・ネフが，
自身の体験や学術的知見などを踏まえて
解説した一冊。新訳版で登場！

大人のADHDのためのマインドフルネス
注意力を強化し，感情を調整して，目標を達成するための 8つのステッププログラム

[著]=リディア・ジラウスカ
[監訳]=大野裕 中野有美

●A5判 ●並製 ●232頁 ●定価 **3,520** 円
● ISBN978-4-7724-1851-5 C3011

ADHDでみられる特徴に悩んでいる人に
役立つツールとしてマインドフルネスを紹介。
実践方法を解説したCD付！

コーピングのやさしい教科書

[著]=伊藤絵美

●四六判 ●並製 ●220頁 ●定価 **2,420** 円
● ISBN978-4-7724-1827-0 C0011

自分に合ったストレス対処法が
きっと見つかる！
5つのレッスンでやさしく学べる
自分を助ける（セルフケア）コーピングの技術。

価格は10%税込です。

コンパッション・マインド・ワークブック
あるがままの自分になるためのガイドブック

[著]=クリス・アイロン　エレイン・バーモント
[訳]=石村郁夫　山藤奈穂子

●B5判　●並製　●380頁　●定価 **3,960** 円
● ISBN978-4-7724-1804-1 C3011

コンパッション・マインドを育てる
具体的なステップと方法が学べる，
コンパッション・フォーカスト・セラピーの
実践「ワークブック」。

子どものための認知行動療法ワークブック
上手に考え，気分はスッキリ

[著]=ポール・スタラード
[監訳]=松丸未来　下山晴彦

●B5判　●並製　●288頁　●定価 **3,080** 円
● ISBN978-4-7724-1749-5 C3011

小・中学生を対象とした
子どものための認知行動療法ワークブック。
子どもでも理解できるよう平易に解説。
ワークシートを使って段階的に CBT を習得できる。

若者のための認知行動療法ワークブック
考え上手で，いい気分

[著]=ポール・スタラード
[監訳]=松丸未来　下山晴彦　[訳]=浅田仁子

●B5判　●並製　●256頁　●定価 **3,080** 円
● ISBN978-4-7724-1760-0 C3011

中学生以上の思春期・青年期を読者対象とした
認知行動療法ワークブック。
ワークシートを使って
CBT を身につけていく。

価格は 10%税込です。